Albert Görres / Karl Rahner

Das Böse

Albert Görres / Karl Rahner

Das Böse

Wege zu seiner Bewältigung
in Psychotherapie und Christentum

Herder

Freiburg · Basel · Wien

Vierte Auflage

Herstellung: Freiburger Graphische Betriebe 1984
ISBN 3-451-19683-2

Inhalt

Zweiter Teil:

Karl Rahner

Schuld, Vergebung und Umkehr im christlichen Glauben

Erster Teil

Albert Görres

Das Böse
und die Bewältigung des Bösen
in Psychotherapie und Christentum

Vorwort

Da sich ein heikleres Thema nicht leicht finden läßt, sollte ich zunächst eingestehen, worauf ich hinauswill. Ich möchte natürlich erstens fragen, was Christentum und was Psychologie, insbesondere Psychoanalyse, über das Böse lehren und warum sie dagegen sind. Zweitens ist zu fragen, warum wir Böses tun und in welchem Sinn der Mensch böse ist. Die dritte Frage ist, ob es einen vernünftigen Sinn haben kann, eine Bewältigung des Bösen in uns selbst für erstrebenswert und für möglich zu halten. Denn das ist gewiß ein psychologisches Naturgesetz: Wir können nur wirksam wollen, was wir für möglich halten und was wir für wirklich gut halten. *Nur das Erreichbare und Wünschenswerte ist auch erstrebbar.*

Viele resignieren bei der Bewältigung des Bösen, weil sie das Gute nicht für wirklich auch für sie gut halten können; vor allem aber, weil sie es nicht als möglich ansehen. Damit ist das Wollen seiner beiden Hauptstützen beraubt. Da niemand gern seine Kräfte an unlösbare Aufgaben verschwendet, ist die Frage entscheidend, ob eine Bewältigung oder Eindämmung des Bösen eine lösbare Aufgabe ist oder ein überzogenes Ideal für Romantiker und Neurotiker. Es kommt mir also darauf an, die Kräfte des Christentums und der Psychologie zu beschreiben, die eine Bewältigung des Bösen möglich machen; aber auch jene Kräfte nicht zu verschweigen, die eine Bewältigung eher behindern. Das gibt es nämlich auch: Fördernisse des Bösen im Christentum und in der Psychoanalyse. Mein Thema könnte auch heißen: Das Gute ist erreichbar. Das gründlich Böse muß nicht sein. Auch Christsein geht, wenn auch nicht immer ganz schnell.

Der etwas zögerliche Gehorsam von Kindern und Hunden nötigt uns ein Lächeln ab. Dieses nachsichtige Lächeln meine ich auch in dem Gleichnis zu spüren, das Jesus von den zwei Söhnen erzählt: Der Vater sagt zu dem einen: Geh und arbeite im Weinberg! Der Sohn antwortet: Ja, ich gehe – und er ging nicht. Der andere antwortet: Nein, ich will nicht! Später reute es ihn und er ging (Mt 21, 28). Denselben Sinn für die Geduld und wachsende Dringlichkeit der Gnade verrät eines der gewagtesten Gebete der Christenheit, das Augustinus als leichtsinniger junger Mann gebetet hat: Herr, gib mir Keuschheit – aber noch nicht gleich!

Dieses Buch ist ein Versuch, das Böse zugleich so ernst und so leicht zu nehmen, wie es seiner wirklichen Macht und Ohnmacht entspricht. Darf man das versuchen?

Es enthält in meinem Beitrag kaum einen Satz, der nicht von anderen schon besser gesagt worden wäre. Mir geht es aber so, daß ich vieles erst begreife, wenn der Autor schreibt: „Mit anderen Worten …". Nicht nur schreibend, auch als Leser liebe ich Wiederholungen mit „anderen Worten".

Um es kurz zu machen, muß ich auch manchmal die klappernde Begriffsmühle der Moralsprache treten. Das mißfällt mir, aber ich kann es nicht ändern. Es gibt abgegriffene Worte, die unersetzlich sind. Nun bleibt noch das Eingeständnis, daß ich nicht einmal diese Sprache korrekt zu gebrauchen weiß. Ich bin in Philosophie und Theologie das, was einer meiner Kronzeugen, Clive S. Lewis, sich selbst einschließend einen „blökenden Laien" nennt[1]. (Der Verfasser des zweiten Teils ist für keinen meiner Irrtümer mitverantwortlich.)

So wäre es ratsam gewesen, im Rahmen des für Naturwissenschaftler gebotenen „methodischen Atheismus" zu bleiben, der es verbietet, z. B. in einem Physikbuch theologische Vokabeln zu gebrauchen. Das Folgende wird zeigen, warum eine solche Abstinenz unmöglich ist und schlechte Psychologie wäre. Bei diesem Thema von Theologie absehen heißt, es überhaupt nicht eigentlich in den Blick nehmen.

Ich schreibe für Leser, die es für denkbar halten, daß in der Psychologie und im christlichen Glauben Mittel zur Bewältigung des Bösen zu finden sind; die aber doch, wie ich auch, nicht so sicher sind, daß sie diese Mittel gut kennen.

Also für Gläubige, die das Christliche oft unverständlich finden, und für Ungläubige, die ihrer Sache nicht so ganz sicher sind und vielleicht auch den Unglauben für eine Weile in der Schwebe lassen können. Für Halbgläubige, die mit ihrer Hälfte unzufrieden sind. Für Wissenschaftler, die es spannend finden, ihren Gegenstand einmal aus einer ungewohnten Perspektive zu sehen: Anything goes![2] Vor allem für die, denen ich aus wenig triftigen Gründen Gespräche und Briefe schuldig geblieben bin.

Mein Anteil an diesem Buch ist weder systematisch, noch methodisch, noch gelehrt. Er möchte nur nachdenklich sein und zu Gedankensprüngen anregen. Manche Grundgedanken dieses Buches sind in anderen Veröffentlichungen ausführlicher dargestellt und begründet. Die mir wichtigsten sind zu finden in „An den Grenzen der Psychoanalyse" (Kösel-Verlag, München 1968) und in: „Kennt die Psychologie den Menschen?" (Piper-Verlag, München 1978).

„Tu Gutes und rede darüber": Ich möchte sagen, daß mir in diesen beiden Büchern manches besser gelungen ist als hier – und umgekehrt. Wer in diesem Buch das sucht, was unsere Zeit sich in allen Dingen wünscht und in vielen auch schafft, nämlich technische Anleitungen, die bisher Mühsames ganz leicht machen: etwa Psychotherapie in wenigen Wochenend-Gruppen, mystische Erfahrung in esoterischen Schnellkursen, neues Menschsein im Handumdrehen, der wird enttäuscht sein. Bewältigung des Bösen bleibt mühsam. Dennoch kann sie durch einige einfache Einsichten ebenso erleichtert werden, wie sie durch geringe Irrtümer verhindert wird. Dies ist eine Hoffnung.

Herzlich dankbar bin ich Karl Rahner, daß er mir den theoretisch und praktisch schwierigsten Teil der Aufgabe abgenommen hat.

Albert Görres

13

I. Was ist das Böse?

Das Böse – gibt es das noch?

Das Wort „böse" hat einen Kursverlust erlitten, wie alle Worte, die zuviel und zu oft am falschen Platz gebraucht wurden. Es scheint ein Fossil der alten heilen Welt zu sein. Junge Leute ersetzen es gern durch den milderen Ausdruck: „Das finde ich echt nicht gut", wenn sie nicht eine kräftigere Wortmarke bevorzugen, die das gute alte „Böse" unauffällig ersetzt[1]. Ohne den Begriff des Bösen oder irgendwelche moralisch wertenden Ersatzworte kommt die Umgangssprache nicht aus, weil wir alle uns jene Intuitionen und Gefühle nicht abgewöhnen können, die hartnäckig darauf bestehen, das Verhalten anderer und das eigene als gut oder böse, lieb oder lieblos, fair oder unfair zu empfinden und entsprechend enttäuscht, verletzt, empört zu reagieren, als ob es Böses gäbe.

Warum also sind wir in Bezug auf dieses unersetzliche Wort manchmal prüde, ja heuchlerisch, warum wird es unter Wissenden peinlich gemieden wie vor hundert Jahren unanständige Ausdrücke?

Die Scheu vor dem Wortgebrauch kommt aus vielen Quellen. Reifende Lebenserfahrung und Menschheitserfahrung zeigen, daß viele Taten und viele Täter besser sind, als sie scheinen. Die moderne Psychologie hat entdeckt und gezeigt, wieviele zunächst sehr böse aussehende Verhaltensweisen und Persönlichkeitszüge bei genauer Kenntnis der Vorgeschichte sich als schicksalhafte Verkettung von unglücklichen Entwicklungsbedingungen zeigen. Die böse Tat und der schlechte Charakter des Täters sind so vielschichtig und so unbewußt determiniert durch Erbfaktoren, durch ungute

Kindheitseinflüsse und vor allem durch den Mangel notwendiger Voraussetzungen der sittlichen Entwicklung, den Ausfall von Vorbildern und liebevoller Zuwendung, daß in solchen Fällen so etwas wie ein guter Charakter gar nicht zustandekommen konnte. Wo aber notwendige Voraussetzungen zum Guten fehlen, ist die sittliche Fehlleistung und Fehlhaltung unausweichlich. Das Böse ist vorgegeben und darum nicht mehr wirklich böse. Die psychologische oder psychoanalytische Untersuchung findet den festen Punkt niemals, und sie kann ihn nicht finden, an dem der Ursprung des Bösen in einem Leben festgemacht werden könnte. Freiheitsentscheidungen sind ungegenständlich. Sie entziehen sich jeder Erfahrungswissenschaft. Wir merken, daß wir früher mit der schnell gefällten Wertung oft nur unseren Mangel an Verständnis ersetzt haben. Und wir fallen sogleich in den entgegengesetzten Fehler, mit dem wachsenden Verständnis den Sinn für die Dimension der Verantwortlichkeit zu verlieren, in der gut und böse wohnen. Der böse Akt kann zwar immer aus seinen Motiven verstanden, aber darum vom Handelnden doch keineswegs schon verantwortet werden.

Das gilt auch dann, wenn wir im Einklang mit der heutigen Psychoanalyse und der gesamten moralphilosophischen Tradition zugeben, daß unser Verhalten und unser Charakter häufig mehr in der Grauzone des „Durchwachsenen" als im eindeutigen Schwarz oder Weiß liegen.

Dazu kommt, daß zu Unrecht immer mehr nur das als beachtenswert anerkannt wird, was wissenschaftlich faßbar ist. Moralische Qualitäten, gut und böse, sind zwar massive Gegenstände der alltäglichen Erfahrung, aber kaum solche der wissenschaftlichen; schon gar nicht sind sie zählbar, meßbar und mathematisierbar oder in Ja-Nein-Fragen zu fassen; dies sind die Kriterien der sogenannten exakten unter den Wissenschaften. Aber auch jene, die zwar „streng", aber nicht exakt arbeiten, wie die Geschichte, die Rechtswissenschaft und die Verstehende Psychologie, überhaupt die meisten Geisteswissenschaften, haben kein sicheres Mittel für die Diagnose: gute oder böse Handlung, guter oder böser Mensch.

In der Psychologie gilt eine Handlungsweise als verstanden, wenn ihre bewußten und unbewußten Motive gesehen werden und wenn das Gewicht der Motive für diese bestimmte Person aus biologischen oder lerngeschichtlich erklärbaren Eigenschaften ihres Charakters und ihrer Situation folgt. Das ist kein möglicher Weg zur Erkenntnis des Bösen, weil er nie in die Mitte der Person vordringt.

Der Mangel einer allzu glatten Psychologie ist, daß sie immer funktioniert. Sie versteht und erklärt, warum sich einer so verhält wie er sich verhält, aber wenn er das unterlassen hätte, was er getan hat, wäre eben dieses auch zu verstehen[2].

Das Böse ist die eigentlichste Fehlleistung, deren der Mensch fähig ist. Wozu soll es gut sein, dieses Negative zu bedenken?

Es gibt ein fasziniertes Angaffen aller Arten des Bösen, das böse macht. Aber es gibt auch „das Theater als moralische Anstalt", ein tieferes Erfassen der Liebenswürdigkeit und Anziehungskraft des Guten im Medium seines Gegensatzes, in der Nichtswürdigkeit des Gemeinen. Ohne die Kraft der entschiedenen Ablehnung des Bösen bringt der Mensch es nicht weit auf dem Weg zu seinem Glück und zur Liebe des Guten. Wer das Böse nicht hassen kann, bleibt lau oder cool. Er findet keine Wärme für das einzige, was das Leben lebenswert macht, die Liebe und die Freude an dem wirklich Liebenswerten, an dem was „echt gut" ist[3].

Josef Bochenski, Wissenschaftstheoretiker und Vertreter der Logik und Logistik, hat bei der Arbeit mit der Zeichensprache der mathematischen Logik gelernt, sich kompakt und einfach auszudrücken. In einem kostbaren, schmalen Taschenbuch mit dem Titel „Wege zum philosophischen Denken"[4] schreibt er am Ende des Kapitels über die Werte folgendes: *„Das Licht, das Verständnis der Werte und die Kraft, sie zu verwirklichen, das ist es, was wir für das geistige Leben am meisten begehren sollten."* Ist das Licht, das Verständnis der Werte zu haben? Ist die Kraft, sie zu verwirklichen, zu finden – wenn ja, wo?

Diese Frage ist die wichtigste, die eine existentielle Biologie, Psychologie, Philosophie und Theologie dringlich zu beantworten hätten, wenn wir auf eine Bewältigung des Bösen hoffen wollen. Sie ist die Grundfrage des Humanismus und des Christentums.

Wenn wir das Böse bewältigen könnten, gäbe es noch viele Übel: Krankheit, Tod, Schmerz. Aber die Phantasie reicht kaum aus, eine Welt zu denken, in der kein Mensch jemals einem anderen Unrecht täte, Hilfe und Freundlichkeit vorenthielte, lieblos oder neidisch wäre. Wir sind geneigt, das Böse für unausrottbar, seine Bewältigung für eine Utopie zu halten.

Vielleicht gibt es Menschen, die im Ernst glauben, die klassenlose Gesellschaft nach der Diktatur des Proletariats werde dieses Paradies bringen, wenn sie mit der Überführung der Produktionsmittel in Gemeineigentum die Wurzel alles Bösen ausgerissen und den Menschen radikal geändert habe. Wer diese Hoffnung auf Bewältigung des Bösen nicht ganz teilen kann, wird sich nach anderen Möglichkeiten umsehen, wenigstens eine Minderung des Bösen zu erreichen[5].

Ich fürchte aber, alle übrigen Antworten ärgern durch ihre Einfachheit. Sie laufen auf die Banalität hinaus, daß wir das Böse lassen und das Gute tun sollen. Ein anderes Mittel gegen das Unkraut des Bösen scheint nicht auffindbar zu sein.

Auch die Antworten, die das Christentum, die Jesus gibt, sind von dieser enttäuschend einfachen Art. „Was muß ich tun, um das ewige Leben zu haben?" fragt da einer. „Willst Du zum Leben eingehen, so halte die Gebote – nicht Töten, nicht Ehebrechen, nicht Stehlen, kein falsches Zeugnis geben, Vater und Mutter ehren" (Mk 10, 17 ff).

In dem furchtbaren Gerichtsgleichnis (Mt 25, 42), in dem die Verdammten ausschließlich wegen Unterlassungssünden der versäumten Hilfeleistung verurteilt werden, scheint alle Rettung im Aktivismus der Einzelhilfe zu liegen. Hungrigen zu essen, Durstigen zu trinken, Fremden Unterkunft und Kleidung geben, Kranke versorgen, Gefangene besuchen, etwas tun für kleine Leute.

Bewältigung des Bösen wäre dann vor allem: tätige Nothilfe. Dieses schlichteste aller Rezepte ist so unersetzlich wie unfehlbar. Wer immer aufmerksam Augen und Hände aufmacht für fremde Not, trocknet gleichzeitig bei sich die

Selbstsucht aus, die Wurzel alles Bösen. Eines Tages wird sich auch sein Herz öffnen. Wer immer die minima moralia der tätigen und täglichen Nothilfe ausläßt oder zu karg bemißt, hat keine Chance, mehr zu werden als ein herzloser Tugendbold. Ohne Einschränkung zugunsten Bedürftiger gibt es keine Bewältigung des Bösen.

Indes, tätige Hilfe ist nicht das Gute, sondern nur ein wesentlicher Teil davon. Ihn anstelle des Ganzen zu setzen heißt behaupten, daß der Körper mit Knochen allein leben könnte. Dennoch bleibt diese Nothilfe ein unfehlbarer und unerläßlicher Zugang zur Bewältigung des Bösen.

Wenn wir alle Weisheitslehrer der Welt bitten würden, ihren Rat zur Bewältigung des Bösen in ein Wort zu fassen, würde wahrscheinlich das folgende breite Zustimmung finden: Tu etwas für den Mitmenschen, für Dich selbst und für die Gottheit; wenn möglich, tu es gern. Außerhalb dieses Konsenses liegt die Barbarei des Unmenschlichen.

Diese nur leicht verfremdete Fassung des Hauptgebotes der Gottes- und Nächstenliebe hat den Vorteil, daß wir nur auszubauen haben, was wir ohnehin schon tun, z. B. in unserer Berufsarbeit. Wir tun sie als Dienstleistung für andere, die sie brauchen und wünschen. Als Unterhalt, vielleicht sogar unterhaltend, für uns und die unseren; wir können sie ohne Aufwand dem Göttlichen widmen wie Bruckner sein Werk „dem lieben Gott" zugeeignet hat. Wir können versuchen, niemand zu schädigen. Das alles klingt schlicht bis zur Langeweile.

Was hindert uns an der Bewältigung des Bösen?

Es sind zunächst drei Hindernisse, die der Bewältigung des Bösen entgegenstehen:

Die Furcht, wir würden das Beste im Leben versäumen und unser Glück zerstören, wenn wir vom Bösen lassen. In psychoanalytischer Sprache heißt diese Furcht Verlustangst, Trennungsangst.

Das zweite Hindernis ist das Kleben (Freud und Jung würden sagen: der Libido) am Kontakt mit „Dingen" und Personen, die wir für unaufgebbare Bedingungen unseres Glücks halten: Genuß, Sex, Geld, Prestige, Macht, Geliebtwerden und Dazugehören. Die Sprache der Tradition nennt diese Wurzel des Bösen: ungeordnete Anhänglichkeit an endliche Werte und an sich selbst. (Es gibt auch geordnete Anhänglichkeit!)

Diese Wurzeln des Bösen können wir in zwei Stichworte zusammenfassen: *Verlustangst und Selbstverwöhnung.* Wer es vorzieht, mag auch von übermäßiger Objektbesetzung, narzißtischer Besetzung usw. reden. Nicht die Terminologie ist entscheidend, sondern der Blick auf den schlichten Sachverhalt, den sie freigibt. Hängen, Halten, Kleben an ... ist ein Urphänomen. „Bindung" beginnt schon im Atom. Böse, falsch wird das alles nur im Unmaß und am falschen Ort.

Das dritte Hindernis ist der *Mangel einer erleuchtenden und kraftspendenden Motivation,* der Mangel einer herzhaften und ausdauernden Liebe zum Guten, das doch für jeden Menschen anziehend und liebenswürdig ist. *Das Gute ist das Liebenswürdige.*

Wer wissen will, wie das Böse zu bewältigen ist, muß fragen, ob es Mittel zur Befreiung von Angst und von klebriger Selbstsucht gibt, die einen Freiraum schaffen, in dem die Liebe zum Guten gedeiht. Sie ist die Quelle aller Bewältigung des Bösen.

Die Liebe zur Wahrheit und zum Guten ist kein Monopol der Christen. Die Liebenswürdigkeit des Guten war den Menschen niemals ganz verborgen. Der Satz des heiligen Augustinus „die Tugenden der Heiden sind glänzende Laster" mag manchmal zutreffen – es gibt narzißtische Scheintugenden voller Hochmut – in der Verallgemeinerung aber ist der Satz falsch und böse.

Außerhalb des Christentums gibt es Güte, Treue, Opferbereitschaft, Selbstlosigkeit und also auch auffindbare Motive zu alledem. Das Licht des Guten leuchtet wie ein Feuer in der Nacht. Wo immer der Mensch die Wahrheit und das Gute sucht, folgt er, auch ohne es zu wissen, der Fackel Gottes in der Welt, wie das Volk Israel der Feuerwolke und wie die drei heidnischen Weisen aus dem Morgenland ihrem Stern folgten. Er führte sie, ohne einen Namen zu nennen, am Ende ihrer Wege dahin, wohin sie gehörten.

Das Böse – was ist das eigentlich?

Die Worte gut und böse gehören zu den Urvokabeln, die sich in allen Sprachen finden und die jeder Mensch schon von Kindheit an versteht. Jeder, auch der sogenannte gemütlose Psychopath, auch der verkommenste Verbrecher, auch der verschrobenste Ideologe hat spätestens in dem Augenblick ein recht genaues Wissen vom Bösen, in dem ihm selbst Unrecht geschieht. Jeder, wie immer seine Philosophie oder sein Skeptizismus beschaffen sein mag, empfindet sich als Inhaber von Rechten, die kein anderer verletzten darf. Er findet sich rechtswürdig. Das ist die Menschenwürde, die selbst dem Unmenschen nie genommen werden kann. Wenn ein Mitgefangener des Kriminellen dessen Verpflegungsportion wegnimmt, ihn herumschubst oder ohne Grund schlägt, dann findet der das gemein und böse, selbst wenn er ebenso mit Schwächeren umgeht. Es ist für sein Denken und Fühlen unbezweifelbar, einfach und selbstverständlich. Dieses sichere Wissen gehört zu der eisernen Ration von Wahrheiten, die keinem Menschen gänzlich verlorengehen. *Es gibt Ideen, denen mit Vernunft nicht widersprochen werden kann,* sagt Fichte. Eine davon heißt: Personen haben Rechte.

Das Böse besteht also zunächst darin, daß eine Person einer oder mehreren Personen wissentlich und einigermaßen freiwillig Unrecht tut oder zum Unrecht bereit ist. Da wir auch Pflichten gegen uns selbst haben, kann auch ein Verhalten gegen das eigene Wohl Unrecht genannt werden. Daß Unrecht auch im Unterlassen, im Vorenthalten einer geschuldeten Handlung oder Haltung bestehen kann, ist selbstverständlich.

Auch das Unrecht im Unterlassen kann dem Zweifel entzogen sein. Wer in einem Unfall gefährlich verletzt wurde und hilflos am Boden liegt, weiß mit intuitiver Sicherheit, daß er nicht nur ein Bedürfnis nach Hilfe spürt, sondern einen ursprünglichen Anspruch auf Hilfe jedem gegenüber hat, der zu helfen imstande ist. Dieser Rechtsanspruch wird nicht erst von einem Gesetzgeber eingeführt. Die lebensdringlichen Bedürfnisse des Mitmenschen rufen nicht nur spontane Gefühlsreaktionen der Hilfsbereitschaft hervor, denen wir folgen können oder auch nicht; sie appellieren nicht nur an Gefühl und Instinkt, sondern sie verpflichten den anderen, indem sie jenes *ursprüngliche Wissen um uns selbst als Träger von Rechten und Pflichten* anrühren, das wir Gewissen nennen. Es gibt Bedürfnisse, die von sich aus schon Rechtsansprüche sind. Das sind natürlich nicht alle Bedürfnisse. Der in Lebensgefahr Befindliche aber weiß in sicherer Überzeugung, daß er einen solchen Anspruch hat und also auch, daß es solche Rechte und Pflichten gibt. Ihre Mißachtung ist böse und macht böse. Auch in der Psychotherapie habe ich noch keinen Patienten kennengelernt, der nicht ein lautstarkes Gewissen gehabt hätte, sobald seine eigenen Rechte betroffen waren. Das ist eine banale, aber wichtige Beobachtung. Eine kaum übersehbare Selbstwahrnehmung zeigt uns allen, daß wir selber Rechte haben und daß also jeder Mensch Rechte hat. Diese moralische Intuition ist evident und schier unzerstörbar. Hier zeigt sich bei jedem schon etwas unausrottbar Gutes, ein fester Ansatzpunkt zur Bewältigung des Bösen; die Fähigkeit einer elementaren sittlichen Urteilskraft, die den Unterschied von Recht und Unrecht, Gut und Böse grundsätzlich zu erkennen vermag, selbst wenn sie in unzähligen Einzelfällen versagt. Diese Erkenntnisfähigkeit für das Fundament des sittlichen Verhaltens, dieses *Urgewissen* entsteht, wie immer die komplizierten psychologischen Vorgänge und Ergebnisse der Gewissensbildung in verschiedenen Kulturen und Lebensumständen aussehen mögen[6].

Während das Empfinden für eigene Rechte in unserem Kulturraum kaum jemals ganz abhanden kommt, kann die unmittelbare Konsequenz, jeden Menschen als Inhaber von Rechten anzuerkennen, gelöscht werden. Es ist psychologisch möglich, anderen willkürlich die Menschenwürde des

Rechtsträgers zu entziehen, wie man Verbrechern die „bürgerlichen Ehrenrechte" abspricht. Man kann Juden, Farbige, Gastarbeiter, Andersgläubige, unerwünschte Ungeborene, Kapitalisten, Kommunisten, politische Gegner und Feinde, noch viel leichter aber Rechtsbrecher zu Nicht-Personen, Halb- oder Untermenschen erklären, ohne sich mit diesem Willkürakt immer ein deutlich schlechtes Gewissen zuzuziehen; zumal wenn die Entrechtung von Autoritäten befohlen oder gebilligt wird. Die fundamentale Entdeckung des Unrechts und des Bösen ist aber mit der Selbstwahrnehmung schon geschehen, in der ich mich als Inhaber von Rechten entdecke, über die niemand verfügen kann.

Der Philosoph Ludwig Wittgenstein hat einmal gesagt, wenn es einen sicheren Satz in der Ethik gäbe, würde dieser ethische Satz alle Sätze über bloße Tatsachen zertrümmern[7]. Nun, da ist er: Ich habe Rechte, *Menschen haben Rechte, also gibt es gut und böse.* Kein Tatsachensatz wird zertrümmert. Wenn ich vom Bösen spreche, meine ich genau nicht mehr und nicht weniger als das Unrecht[8]. Ob es noch einen anderen Begriff des Bösen geben könnte, mag offen bleiben. Ich meine nur diesen. Krankheit, Leid, Angst und Tod sind große Übel, aber nicht jedes Übel ist auch böse. So nennen wir nur das Übel im Bereich des Sittlichen. Der Irrtum, die Unwissenheit und die Dummheit sind auch Übel. Sie müssen nicht, aber sie können sehr wohl auch böse sein. Der Begriff des Bösen schließt Irrtum und Dummheit ein, soweit in ihnen vermeidbares Unrecht enthalten ist. Wer in wichtigen Fragen schlampig denkt, obwohl er es auch sorgfältiger könnte, tut Unrecht; z. B. der Statiker, der eine Brücke nachlässig berechnet, so daß sie einstürzen kann. Es gibt gewiß unschuldige Irrtümer, es gibt aber auch solche, die böse sind und zum Bösen führen müssen. In der Politik z. B. jeder Totalitarismus oder Rassismus. Nachlässiges Denken bei Leuten, die auch behutsam und sorgfältig denken können, kann gefährlicher und böser werden als Mord und Totschlag.

Die Gleichsetzung des Bösen mit der Verletzung von Rechten klingt vielleicht allzu juristisch. Aber die Rechtslehre ist in ihren Grundlagen nichts anderes als ein großes

Stück angewandter Anthropologie. Im Christentum ist die Bereitschaft, das Recht anderer anzuerkennen, anständig mit ihnen umzugehen, Voraussetzung und schon *solider Anfang der Liebe.* Der Grundbegriff der Gerechtigkeit, in dem Rechtswissenschaft, Philosophie, Soziallehre, Psychologie und alle Wissenschaften vom Menschen konvergieren, ist auch ein Zentralbegriff des Alten und Neuen Testaments. Erst auf seinem Hintergrund erhält eine Überbietung durch Gnade und Liebe ihren Sinn. Ohne diesen Grund fällt das alles ins Bodenlose. Gnade und Liebe sind nicht Auflösung, sondern Erfüllung der Gerechtigkeit. Recht und Gerechtigkeit sollten nicht mit Gesetzlichkeit, Legalismus und Beachtung von Regeln gleichgesetzt werden. Die Rücksicht auf Personen, die Beziehung von Personen, ist eine ursprünglichere, tiefere Grundlage des Guten als die Einhaltung von Regeln[9].

Eine anders lautende Definition des Bösen finden wir bei dem evangelischen Theologen Paul Tillich und vor ihm bei der Mystikerin Teresa von Avila. Die von den beiden Genannten angebotene Bestimmung, *das Böse sei die Gottesferne,* ist in der unseren enthalten. *Gottesferne ist Folge von Unrecht* und gleichzeitig Quelle von Unrecht. Alles Böse entspringt letztlich aus ihr. In der festgehaltenen Gottesnähe kann Böses nicht wachsen. Gottesnähe zulassen, annehmen und suchen in der Gestalt des menschlich Guten, im „Sakrament" der von jeder Stunde angebotenen Chance zu guten Gedanken und Taten – das ist wirksame Bewältigung des Bösen.

Das Bewußtsein von Recht und Unrecht, von gut und böse, ist eine unauslöschbare Dimension von Bewußtsein überhaupt, sie fehlt jenseits der frühen Kindheit bei keinem Menschen unseres Erfahrungsraumes völlig.

Was nun aber Unrecht ist, darüber gibt es in vielen Einzelheiten keine Einmütigkeit. So z.B. halten bei uns viele die Abtreibung in jedem denkbaren Fall für ein großes Unrecht; viele andere halten Abtreibung unter gewissen Umständen für eine sittliche Pflicht und also ihre Unterlassung für ein Unrecht, das vielleicht sogar bestraft werden sollte.

Das liegt einfach daran, daß unser sittliches Urteil, unser

Gewissen, noch viel weniger gegen Irrtum geschützt ist als alle anderen Urteile über Gott und die Welt, weil in die Bildung sittlicher Urteile unsere geschichtliche Vorprägung und unsere leidenschaftlichen Interessen viel handgreiflicher hineinregieren als, sagen wir, in die Erforschung von mathematischen oder physikalischen Gesetzen[10].

Das Böse ist also beim Einzelnen immer das, was er für Unrecht hält, es ist das, was sein Gewissen ihm verbietet; dies aber genau dann und nur dann, wenn er es auch lassen könnte.

Es gibt objektives Unrecht, das subjektiv nicht böse ist, wenn Einsicht und Freiheit fehlen oder gemindert sind. Ein Terrorist z. B. kann ohne jede Schuld sein, wenn er in unverschuldetem Irrtum seine Tat als eine von seinem Gewissen befohlene aufgefaßt hat, sei es aus religiösem Fanatismus in einem vermeintlichen von Gott kommenden Auftrag; oder in einem Irrtum, nur durch terroristische Bekämpfung mit Feuer und Schwert eines von ihm für verderblich gehaltenen Irrglaubens, der den Fortschritt der Welt nach seiner Meinung hindert wie nichts sonst, sei die Bewältigung des Bösen und damit eine schönere Zukunft und eine bessere Welt erreichbar.

Mißverständnis von Moral

„Das Böse" ist ein Begriff der Moral. Sie wird häufig als ein Katalog von zum Teil fragwürdigen oder sinnlosen Verboten aufgefaßt, als Einschränkung von Freiheit und Befriedigung meist im Interesse der Herrschenden oder anderer Moralitätsgewinnler. „Moralist" ist dann ein Schimpfwort für Neidische, die anderen die Lebensfreude versauern. Natürlich gibt es als moralisch geltende Gesetze, die sich zugunsten von egoistischen Interessen gebrauchen lassen, auch solche, die nur innerhalb einer Kultur sinnvoll sind und durch geschichtlichen Wandel ihre Geltung verlieren, wie z. B. das Zinsverbot des Alten Testaments. Andere hingegen beziehen sich auf Grundverhältnisse des Menschen zu seiner Welt.

25

Das Verfügungsrecht des einzelnen über seinen Aufenthaltsort, seine Religionsausübung, seine Ehewahl wird ihm von vielen Kulturen und Zeiten bestritten; wir glauben aber heute klar zu sehen, daß z. B. Sklaverei niemals moralisch Rechtens sein kann, wenn *Moral als die Summe der vernünftigen Verhaltensprinzipien* und Leitgefühle verstanden wird, die zum Wohl, zum Frieden und Heil, zum menschenwürdigen Leben und zur Freiheit notwendig sind.

Moral ist Freiheitskunde, weil alles Böse Freiheit vermindert. Je mehr Raum das Unrecht im Einzelnen und in der Gesellschaft gewinnt, umso mehr schwindet Freiheit, Zwang und Gewalt dringen vor. Der letzte Grund liegt wohl darin, daß jedes Unrechttun aus einer inneren Nötigung entweder mißbilligt und bereut wird oder aber gerechtfertigt werden muß. Das führt jedoch zu einer Trübung des Blickes für die ethische Wahrheit. Damit schrumpfen die Wahlmöglichkeiten; denn das Gute verliert seine Anziehungskraft und Wählbarkeit. *Das Böse ist das Freiheitswidrige.* Alles Böse, alle Unfreiheit beginnt mit dem Verdacht: Das Gute ist nicht wirklich gut. Alle Moral beginnt mit der Einsicht: Das Gute ist echt gut; es tut uns gut.

Zu dieser Einsicht gehört aber mindestens im Ansatz, daß es sich um wirklich gefühlte Einsicht handelt. Das Böse sollte nicht nur als böse erkannt werden, sondern sich auch schlecht anfühlen und das Gute nicht nur als notwendig oder geboten mit dem Verstand eingesehen, sondern auch in seiner Liebenswürdigkeit gespürt werden als anziehend, herausfordernd, wünschenswert, erfreulich.

Die Definition des Bösen bei Sigmund Freud

Wo keine Rechte verletzt werden, ist nichts Böses im Himmel wie auf Erden. Diese simple Alltagsweisheit ist auch der Kern der Definition, die Sigmund Freud uns vorlegt. Das Böse ist für ihn das, was die Gesellschaft verbietet und bestraft, weil es das menschliche Zusammenleben stört, besonders in der Form von Eigensucht, Grausamkeit, Aggression

und Perversion, aber auch durch andere Weisen der Bedürf-
nis- und Triebbefriedigung[11].

Freud hat gelegentlich von der Triebdreiheit Egoismus, Li-
bido und Aggression gesprochen. Vielleicht versteht man ihn
am besten, wenn man Aggression und Libido als Lebens-
werkzeuge versteht, die erst im Dienst einer sie beseelenden
Selbstsucht böse werden, wie sie im Dienst einer beseelenden
Liebe gut sind. Auch aggressionsarme Weisen der Bedürfnis-
befriedigung, z.B. Flucht, Unterlassen von Hilfeleistung,
Faulheit oder Geiz können böse sein. Leben rein nach der
Richtschnur der eigenen Triebbedürfnisse und nach dem
Lustprinzip ist böse, weil es unvermeidlich das menschliche
Zusammenleben und die Rechte anderer stört. Wer als Autofahrer nur seinem im Augenblick vordringlichen Bedürfnis
folgt, so schnell sein Wagen es erlaubt ans Ziel zu rasen, behindert und gefährdet notwendig die anderen Verkehrsteil-
nehmer und sich selbst.

Das Böse ist das Rücksichtslose. Trotzdem ist auch nach
Freud nicht die Aggression selbst das Böse, sondern die Aggression, soweit sie zur Störung des Zusammenlebens führt.
Das ist keineswegs ihre einzige Wirkung, sie hat ihre guten
Seiten. Diese sind in der philosophischen Tradition seit langem bekannt. Die Freudsche Zweiteilung der Triebsphäre in
Libido und Aggression stammt von Plato und Aristoteles, sie
wird in die christliche Tradition durch Augustin in der Unterscheidung „Libido et Ira" übernommen. Hier wird Aggression als die vitale Triebkraft verstanden, Widerstände,
die dem Menschen auf dem Weg zu seinen Zielen entgegenstehen, mit angreifendem leibseelischem Schwung zu überwinden. Wer leben will, muß beißen, zerstören, töten und
kämpfen, sich behaupten. Wer bauen will, muß Erde und
Bäume ausreißen, Steine brechen, sich anstrengen, Gewalt
anwenden, wenigstens gegen Sachen. Wer erkennen will,
muß auseinandernehmen.

Die positiven Seiten der Aggression wurden in der Neo-
Psychoanalyse, z.B. bei Harald Schultz-Hencke, deutlich
herausgestellt[12]. Eine in der Psychologie gelegentlich ver-
wandte Definition der Aggression im Sinne des Schadenwol-

lens scheint mir allzu eng[13]. Sie würde den Gebrauch des Wortes in der Zoologie geradezu verbieten.

In einer Welt, in der es Kampf ums Dasein gibt, Fressen und Gefressenwerden, wird häufig der Kampfbereitere eher überleben. Dieses nur sogenannte Böse ist eine Grundbedingung des an Materie gebundenen Lebens. Sie wirkt bei Pflanzen und Tieren ohne die den Menschen auszeichnende Qualität des Unrechts, das erst dort beginnt, wo geistiges Bewußtsein und mit ihm Freiheit und Recht beginnen. In der Biologie und Psychologie wird das Böse allzuoft auf das Aggressive eingeschränkt. Aber weder ist das Böse immer aggressiv, noch ist die Aggression immer böse. Allerdings ist die ungerechte Aggression ein Paradefall des Bösen, weil in ihr Grundzüge alles Bösen besonders deutlich werden. Aggression wird nämlich häufig ausgelöst durch Frustration, Versagung, Vereitelung und Begrenzung eines Strebens. Ungerechte Aggression ist immer eine Grenzverletzung, das Überschreiten jener Grenze, die jedem Bedürfnis, jedem Wünschen und Begehren nicht nur durch die Macht des anderen und die Furcht vor ihm, sondern auch durch das oft machtlose Recht der anderen gesetzt wird.

Freiheit als Voraussetzung des Bösen

Der Begriff des Bösen steht und fällt mit der Voraussetzung, daß unter allen unzweifelhaften Determinierungen des menschlichen Handelns ein gewisser, für jeden einzelnen verschiedener, freilich niemals meßbarer Raum von Entscheidungsfreiheit bleibt. Wo gar keine Freiheit ist, da gibt es viele Übel, aber nicht das geringste Unrecht, und ohne große Freiheit keine große Bosheit. Die Verleugnung unserer spärlichen Willensfreiheit wäre die radikalste Bewältigung des Bösen, weil es mit ihr einfach aus der Welt geschaffen wäre. Wir hätten eine heile, freilich auch sinnlose Welt. Der Mensch wäre unzurechnungsfähig wie der Wirbelsturm oder das Tier. Ich kenne viele liebe und kluge Menschen, die einen solchen Determinismus theoretisch vertreten. Denn gerade

Menschen von zartem Gewissen leiden schwer unter Schuldgefühlen. Ihre Seele ist einer großen Last ledig, wenn sie sich durch eine deterministische Auffassung mit einem Schlag von allen Schuldgefühlen erlösen könnten. Für manche ist der Determinismus als Weltanschauung aus diesem Grunde lebensrettend; er erleichtert Depressionen und bewahrt vor Verzweiflung. Jesus konnte Sünden nur vergeben, Freud hat sie abgeschafft. Determinismus ist das Opium der Gebildeten.

Es gibt keine experimentellen oder empirischen Tatsachen, die den Determinismus stützen. Determinismus ist eine „metaphysische" Theorie, die erstaunlicherweise besonders gern von sonst metaphysikfeindlichen Positivisten vertreten wird. Meist wird dabei unterstellt, die Willensfreiheit bedeute eine Aufhebung des universal gültigen Kausalitätsprinzips und also ein ursachloses Geschehen[14].

Doch sollten wir einen Schritt zurücktreten und noch einmal nachfragen. Kommt es vor, daß ein Mensch wissentlich und freiwillig einer anderen Person Unrecht tut? Darf ein Psychoanalytiker so naiv reden? Oder sollte er nicht wissen, daß sich das sogenannte Böse und das sogenannte Unrecht bei sorgfältiger Analyse immer in eine unübersehbare Unzahl von determinierenden Faktoren der Erbanlage, der Kindheitseinflüsse, der gesellschaftlichen Kräfte auflöst, die solche moralistischen oder gar theologischen Begriffe als ganz unangemessen erweisen? Sind das nicht unerlaubt vorkritische, vulgärpsychologische Anschauungen? Gibt es die freie und verantwortliche Persönlichkeit überhaupt, dieses Wunschgebilde des Bürgertums? Oder ist das eine jener vorwissenschaftlichen Annahmen, die den Fortschritt der Menschheit mehr hindern als fördern? Wäre nicht alles besser, wenn wir die Schuldzuweisung, die unvermeidlich mit allen diesen Vokabeln verbunden ist, aus unserem Wortschatz streichen und nüchtern an eine wissenschaftliche Analyse des Verhaltens herangehen würden, ohne ständig alles moralisch zu bewerten? Vielleicht wird unsere Welt viel besser, wenn wir jenseits von gut und böse endlich ohne Schuldgefühle und damit auch mindestens ohne jene schlimmsten aller Aggressionen leben dürfen, die oft und gern aus Schuldgefühlen entstehen. Gerade sie werden von den intoleranten Abrahamsreligionen Judentum, Christentum, Islam, unmäßig verstärkt. Das ist ein Grund, warum so viele junge Menschen zu dem Guru in Poona pilgerten, der sie zu einer neuen Frömmigkeit ohne Schuldgefühle zu führen schien. Wird da nicht Bewältigung des Bösen unvergleichlich leichter? Die Menschen würden viel friedlicher, wenn man den so leicht gekränkten lieben Gott und die ewig beleidigte Übelnehmerei seiner vielen Stellvertreter endlich aus dem Spiel ließe. Reden wir künftig von gesellschaftlich wünschenswertem und gesellschaftlich weniger wünschenswertem Verhalten, lassen wir den Unsinn mit Freiheit und Würde, Recht und Unrecht, das alles ist höchst überflüssige Romantik. So sagt es der Psychologe Bhurrus Frederik Skinner in seinem Buch „Jenseits von Freiheit und Würde"[15].

Indes, es gibt eine menschliche Grunderfahrung, die nicht alle, aber viele Jugendliche und Erwachsene kennen: Ich sehe ein, daß ich dies oder jenes tun oder lassen sollte. Es wäre vernünftig, notwendig, vielleicht verpflichtend. Ich könnte es auch mit einiger Mühe, mit zumutbarer Unlust – aber ich tue es trotzdem nicht, weil ich gerade jetzt nicht mag, weil ich meine Abneigung gegen Widriges nicht überwinden möchte.

Das „*Pathische Hexagramm*"[16]: Können, Dürfen, Sollen, Müssen, Mögen, Wollen, enthält die Benennung von sechs Grundzuständen, von denen keiner ungestraft verleugnet wird. Es gibt sie und sie sind von der Art, daß sie auch in der Verneinung von dem noch bestätigt werden, der sie verneint.

Die oben beschriebene Erfahrung: Ich kann etwas Widriges jetzt tun, obwohl es unangenehm ist; ich kann es aber auch jetzt lassen, weil es unangenehm ist, ist *die* Selbsterfahrung von Wahlfreiheit, die wichtigste ihrer Grundformen.

Diese einfache Freiheitserfahrung, das *Mögen nicht gleich Müssen* ist und Nichtmögen nicht gleich Nichtkönnen, fehlt dem Kleinkind und dem, der sich am Kleinkindsein festklammert. Besser gesagt, sie fehlt beim Erwachsenen nicht, sie bleibt aber oft unbeachtet und kann leicht wegdiskutiert werden, wie alle unerwünschte Selbsterfahrung. Dies freilich selten ohne die mehr oder weniger unbewußten Schuldgefühle, die jede Lebenslüge mit sich bringt. Mit dieser Freiheitserfahrung ist die ursprüngliche Erfahrung von gut und böse schon unlöslich mitgegeben. Ich weiß, daß es Dinge gibt, die ich nicht tun darf und solche, die ich tun soll. Ich weiß, daß ich schon getan habe, was ich nicht tun durfte und hätte lassen können. Ich weiß daher, was böse ist, nicht nur abstrakt und theoretisch, sondern aus eigenster Erfahrung. Dieser einfache Sachverhalt wird im psychotherapeutischen Prozeß leicht bis zur Unkenntlichkeit verdeckt durch das Gegenbeispiel der Neurose und Psychose, in denen diese Erfahrung in den Hintergrund treten kann.

Ich kann mich mit praktisch ausreichender Sicherheit überzeugen, daß ich bei mir mit Verantwortlichkeit rechnen muß. Mir selbst ist ausreichend sicher, daß ich nicht selten eine Alternative in mir vorfinde, Rechte anderer zu respektieren oder zu verletzen, Argumente anderer nachdenklich zu würdigen oder arrogant wegzuwischen. Dessen bin ich gewiß trotz aller zugegebenen Unübersehbarkeit der unauflösbar verknoteten Determinationen meines Charakters, die ich meinen Chromosomen, dem komplizierten Labyrinth meiner Lebensprägung, den Zufällen des Schicksals, den Suggestionen meines Bildungsweges verdanke. Das alles gilt nicht nur für mich, sondern auch für die Menschen, die ich am besten kenne, z. B. meine Patienten. Denn in der Psychotherapie gibt es ja den Patienten nicht, der auf Dauer in der Illusion Trost findet, daß der Mensch keine Freiheit habe, und daß darum alle seine Schuldgefühle unberechtigt seien. Jeder Patient, auch der scheinbar durch Determinismus entlastete, sagt sich untergründig und „beiseite": Natürlich bin ich trotzdem an irgendetwas schuld. Und Recht hat er. Man hilft ihm nicht mit dem Alles-oder-nichts-Prinzip, sondern nur, wenn man ihm einigermaßen ermöglicht, seine Verantwortung in etwa realistisch abzuschätzen[17]. Die ausradierte Verantwortung, die verdrängte, kommt wieder, wie die Schrift an der Wand des Königs von Babylon. Gewogen, zu leicht befunden und verworfen. Kulpabilisierung, Schuldzuweisung an sich oder andere, stellt der Mensch im Eigenbau her.

31

Ohne die Unterscheidungen, an denen die lange Geschichte der Moralpsychologie arbeitet, kann dieses Schuldgefühl leicht verhängnisvoll werden.

Das Böse ist das Gottwidrige

In allen Religionen finden wir die Überzeugung, daß mit dem Bösen die Sphäre des Göttlichen berührt wird, der Gott oder die Götter „beleidigt" werden. Schuld ist nicht nur etwas, was das Miteinander des Zusammenlebens der Gemeinschaft in Familie, Gruppe und Staat verletzt, sondern auch die Beziehung des Menschen zum Göttlichen verdirbt. Der Mensch verdirbt sich selbst durch die Schuld, er verdirbt die Atmosphäre der Gemeinschaft, aber er verdirbt auch die Gesamtordnung des Kosmos, er wird ein Stück metaphysischer Umweltverschmutzung. Das wissen die Religionen der Völker um die ganze Erde: Jede mitmenschliche Verfehlung, jedes soziale Fehlverhalten berührt den göttlichen Bereich, stört die Beziehung des Menschen zu Gott. Schuld hat es immer auch mit Gott zu tun[18]. Unrecht ist Sünde.

Wenn ich die Erfahrungen der Tiefenpsychologie richtig deute, geschieht Unrecht mindestens unbewußt auch „vor dem Angesicht Gottes", oder angesichts eines absoluten namenlosen Seins und Sinnes, der durch die Person des Nächsten gewissermaßen durchschimmert. Diese Person ist für uns ein Symbol des Sinnganzen, sie scheint das Absolute zu repräsentieren. Die Würde des Menschen ist unantastbar als Analogon der Majestät der Gottheit. So fühlt sich der Mensch an. Darum ist das bewußte und das unbewußte Gottesbild so entscheidend. Von daher wird eine rein psychologische Behandlung des Bösen, die von Theologie abzusehen versucht, dem Ganzen der psychologischen Situation nicht mehr gerecht. In unserem Erfahrungsraum gibt es kein Bewußtsein und kein Unbewußtes, das mit dem in jedem Gedächtnis gespeicherten Wort „Gott" nicht auch eine Gottesvorstellung, ein Bündel von mit dieser Vorstellung gegebenen Gefühlen, kurz einen „Gotteskomplex" enthielte[19].

Unrecht wird immer auch mitnotiert als Sünde, als ein Tun, mit dem man der Gottheit, dem Gott mißfallen, seine Nähe verlieren, seinen Frieden und das eigene Glück zerstören kann. In der Schuld ist mitgegeben, daß nicht nur das Wohl des Menschen, sondern auch das Heil aufs Spiel gesetzt wird. Diese Hintergrundsahnung kann verdrängt werden. Sie fehlt nie völlig; auch der Atheist fühlt sich als „Sünder", möglicherweise nur noch in seinen Träumen und Assoziationen. Der religiöse Aspekt bleibt auch in seiner Verleugnung in Betracht gezogen.

Edith Stein berichtet aus ihrer Kindheit den unvergeßlichen Eindruck der flammenden Augen und der Stimme ihrer Mutter, die bei einem Unrecht sagte: „Aber das ist Sünde!" Im Einflußbereich der biblischen Geschichte wachsen viele Menschen heran, die irgendwie von einer solchen Stimme nah oder von Ferne erreicht worden sind. Auch wer sich nicht als Sünder versteht, fühlt sich dann als Sünder.

Das Böse ist immer eine *Abweichung von der Bestimmung* des Menschen. In der Studie: ‚Der Moses des Michelangelo' schreibt Freud, der Künstler habe die Gestalt des Moses zum Ausdrucksmittel gemacht für die *„höchste psychische Leistung, die einem Menschen möglich ist, für das Niederringen der eigenen Leidenschaft zugunsten und im Auftrag einer Bestimmung, der man sich geweiht hat"*[20]. Sie lesen richtig. Auch dies ist ein Satz von Freud.

Moses freilich hatte sich nicht einer Bestimmung geweiht, sondern die Bestimmung angenommen, die ihm durch sein Menschsein und seine Berufung als Führer des auserwählten Volkes vorgegeben war. Abweichung von der Zielbestimmung steht immer in einem theologischen und zielbezogenen Zusammenhang. „Solange der Mensch auf Erden lebt, steht es in seiner Macht, das letzte Ziel zu wollen oder nicht zu wollen, und zwar in dem Sinne, daß er nicht gezwungen wird, über seine letzte Zielbestimmung nachzusinnen. Er kann sich sogar weigern, über diese Frage überhaupt nachzudenken. Das Geheimnis der Sünde besteht darin, daß der menschliche Geist es unterläßt, über die Güte Gottes nachzudenken, und daß der menschliche Wille diese Güte nicht entsprechend liebt." So faßt R. E. Brennan die Quintessenz der klassischen Lehre über das Böse in der Zusammenfassung des Thomas von Aquin dar.[21]

Auch in der religiösen Sicht ist das Böse als Sünde zunächst dasselbe wie in der profanen, nämlich Unrecht. In der Religion wird das Böse beschrieben als freiwillige und vermeidbare Auflehnung gegen den erkannten Willen Gottes, als Abwendung von Gott.

Hier muß sogleich ein Mißverständnis besprochen werden. Angleichung an den Gotteswillen, das klingt nach sklavischer Unterwerfung unter fremde Autorität, nach Heteronomie, also nach radikaler Selbstentfremdung. Aber der genannte Satz leugnet nicht ein Selbstbestimmungsrecht, eine Autonomie des Menschen, sondern er setzt beides voraus. Er sagt, daß dieses Selbstbestimmungsrecht nur im Einvernehmen mit dem Herrn aller Welt sinnvoll gebraucht wird, weil Er allein den Sinn des Menschseins und der Welt völlig durchschaut, der ihn gestiftet hat. So wird der Freiheitsraum und das Selbstbestimmungsrecht einfach schon dadurch begrenzt, daß es andere Personen mit ihren Interessen und Rechten gibt, daß alle sie selbst sein sollen und daß alle zur gegenseitigen Hilfe berufen sind.

In der christlichen Sicht ist Menschsein und Bestimmung des Menschen vor allem *Begabung zur Freundschaft,* Freundschaft mit Menschen, mit der Welt, mit Gott. Weil Gott jeden Menschen besser kennt und mehr liebt als der Mensch sich selbst kennt und liebt, weil der Geist Gottes dem Innersten des Menschen näher ist als dieser sich selbst, ist es auch irreführend, im Gottesverhältnis von Fremdbestimmung, von Heteronomie zu reden. Es gibt keine größere Autonomie, keine innigere Selbstidentität für den Menschen, als das Einvernehmen mit dem ersten seiner Freunde[22].

Das Christentum als psychologische Religion und die profane Psychologie

Das Christentum ist eine in gewissem Sinne psychologische Religion; denn sein Ziel ist das Einverständnis und Einvernehmen mit einer anderen Person, mit dem sinngebenden Schöpfer. Einverständnis setzt aber das Verstehen der Person voraus, mit der man einverstanden sein will. Wenn der Apostel Paulus sagt „Seid so gesinnt wie Christus Jesus" (Phil. 2, 5), dann ist dieser Aufruf, der das Christentum in fünf Worte zusammenfaßt, nicht zu verwirklichen ohne daß man versucht, sich in die Gesinnung dieses Christus Jesus hineinzuversetzen. *Christentum ist nur möglich als eine lebenslange Übung von verstehender Psychologie.* Wie verhält sich dazu nun aber die profane Psychologie, wie begegnen sich beide Sichtweisen des Bösen?

Eine rein empirische, wissenschaftliche Psychologie des Bösen gibt es nicht und kann es nicht geben. Der Begriff des Bösen ist nur dann in einer eigentlichen Bedeutung verwendbar, wenn es für den Menschen einen Sinnhorizont gibt, zu dem er sich in Widerspruch setzen kann. Das Böse ist alles mögliche, aber vor allem ist es *das Sinnwidrige.*

Sinn von Menschsein, Sinn des Ganzen, das sind aber philosophische und theologische Begriffe, zu denen eine empirische Psychologie mit ihren Mitteln nichts zu sagen weiß. Tut sie es dennoch, so muß sie sich entschließen, eine existentielle, und das heißt, auch eine philosophische und theologische Psychologie zu werden oder von dem zu schweigen, von dem sie nicht reden kann.

Die Psychologie der christlichen Tradition, die uns in der Dogmatik, der Moral- und Pastoraltheologie, der Aszetik und Mystik, und in der Dichtung begegnet, ist die Lehre von den leibseelischen Vorgängen, die den zentralen Akt und die Haltung des Einverständnisses vorbereiten, fördern oder behindern: eine Psychologie, die noch in keinem Handbuch zusammengefaßt ist.

Was hat die profane Psychologie, insbesondere die wissenschaftliche der letzten hundert Jahre zu dieser Tradition kritisch, ergänzend oder bestätigend zu sagen? Hat sie die Überlieferung überholt und korrigiert – wie die Naturwissenschaft der Neuzeit die Naturkunde der Bibel und der christlichen Tradition überholt und korrigiert hat? Hat sie neue und andere Gesetze entdeckt, vor allem Gesetze, die den Umgang des Menschen mit sich selbst betreffen? Hat sie die alten Lebensregeln mehr oder weniger außer Kraft gesetzt? Gibt es eine „christliche Psyche", gibt es psychische Akte, Vorgänge, Zustände, die bei Nichtchristen einfach gar nicht vorkommen? Die erst von Christus in das seelische Verhaltensrepertoire eingeführt wurden?

Meine Meinung ist vorläufig: Alle psychischen Vorgänge, die im Christentum vorkommen, sind auch außerhalb des Christentums in ihren naturalen Grundelementen zu finden. Sie können darum weitgehend mit einer Alltagspsychologie verstanden, aber auch in etwa mit psychologischen Methoden beschrieben werden. Sie lassen sich mit den Vokabeln der vorchristlichen und außerchristlichen Sprachen oft ebenso annähernd angemessen wiedergeben, wie sich die Sprache des Alten Bundes, das Hebräische, oder die aramäische Rede Jesu in Worte der griechischen und aller Sprachen übersetzen ließ.

Die Grundworte des Christentums sind keine Fachausdrücke, sondern Grundworte des Menschen. Um für's erste zu verstehen, was Glaube, Hoffnung und Liebe ist, was Sünde, Reue, Bekehrung, Vergebung, was gut und böse, was Gebet und Opfer bedeutet, bedarf es keiner Offenbarung. Der psychologische und religionspsychologische Grundkurs der Menschheit ist das Erlernen der Sprache und mit ihr das Hinblicken auf die Erfahrungen, die in den Wörtern geronnen sind.

Den Grundkurs der christlichen Psychologie hat jeder Mensch begriffen, wenn er verstanden hat, was Einverständnis mit einem anderen Menschen bedeutet, und wenn er von daher zu begreifen beginnt, was Einverständnis mit dem Denken und Wollen Gottes ist. Einverständis mit dem „Denken" Gottes ist ein Teil dessen, was wir Glauben nennen.

Einverständnis mit dem Willen Gottes nennen wir Liebe und Hoffnung. Christentum ist Zustimmungskunde.

Sowohl die innere Logik der Sache des Einverständnisses wie die ursprüngliche Haß-, Zorn- und Kampfbegabung des Menschen ergänzen dieses Einverständnis wie von selbst mit dem Abscheu vor allem Gottwidrigen, vor dem Bösen. Einverständnis mit dem, was Gott will, enthält notwendig auch Ablehnung dessen, was Gott ablehnt.

In solchem Einverständnis mit dem Bejahen und mit dem Verneinen Gottes besteht psychologisch die Verähnlichung, die Angleichung an die Gottheit, die Nachahmung Gottes, die nach Paulus die Pointe des Christseins ist (Eph 5, 1).

Der Mensch ist ein Analogon Gottes im Stoff (E. Gilson).

Widerstand

Widerstand gegen den Willen Gottes ist böse, unter anderem, weil er auch immer eine Ablehnung des Verstehens enthält. Der Mensch will und soll aber ein Versteher und ein Verständiger sein. Dazu hat er Verstand. In jedem Widerstand behauptet der Mensch, daß er, der Erfundene und Entworfene, besser wisse, was seine Selbstverwirklichung fördert, was für ihn gut und bekömmlich ist, als sein Erfinder und Konstrukteur das weiß. Er verhält sich wie einer der, mißtrauisch gegen Gebrauchsanweisungen, einmal ausprobiert, ob er sein neues Auto nicht auch ohne die vorgeschriebene Ölfüllung fahren könne. Der Nebenbefund ist wichtig: Das Böse enthält immer einen Kern von Unverständnis. Ist dieses Unverständnis einigermaßen unverschuldet, dann ist das Böse jedenfalls subjektiv entgiftet; es ist nicht mehr gründlich und ernstlich böse, nur noch ein sogenanntes Böses. Es tut der Liebe keinen Abbruch.

Anders ausgedrückt: Einverstanden sein mit dem Willen Gottes kann nur, wer mit dem Wesen Gottes einverstanden ist. Jedes Einverständnis von Personen setzt vor allem anderen einen ersten Blick des Vertrauens voraus, der sieht und sagt: Du bist richtig. Du bist gut und Du bist mir gut. Das

Aufgehen der schattenlosen Liebenswürdigkeit, der Heiligkeit Gottes, ist die erste Bedingung für solches Einverständnis[23]. Das vertrauende, arglose Glauben an die Gutheit und Güte des anderen, dieses Urvertrauen ist der Ausgangspunkt, ohne den nichts geht, weder zwischen Menschen noch im Verhältnis zu Gott. Es ist die Wurzel alles Guten und aller Bewältigung des Bösen. Darum ist das Glauben als Vertrauen der fundamentale beziehungstiftende Akt. *Der Ursprung alles Bösen ist das Verkennen, das Mißverstehen Gottes,* jenes Urmißtrauen, das den Gott für kleinlich und gefährlich hält, das von ihm eine unzumutbare Realität erwartet. Wo Gott für mies und brutal oder für ungerecht und unfair gehalten wird, wäre der Glaubensgehorsam menschenunwürdig. Dann macht das Glauben und das Gehorchen selbst Schuldgefühle, und zwar mit Recht.

Eine besonders unangenehme Seite der Lehre des Evangeliums ist es, daß in ihr *das Böse gleich dem Mittelmäßigen* ist. Auch diesen Sachverhalt hat am schärfsten Thomas formuliert: „Wie unter dem Wort ‚gut‘ das Vollkommene verstanden wird, so unter dem Wort ‚böse‘ nichts anderes, denn der Verlust des Vollkommenseins."[24] Wenn Jesus sagt: „Ihr, die Ihr böse seid, wißt Euren Kindern gute Gaben zu geben" (Mt 7, 11) bezieht sich dieser Vorwurf des Böseseins nicht nur auf moralische Fehlleistungen und Fehlhaltungen, sondern auch auf das Zurückbleiben des Menschen hinter den ihm angebotenen Möglichkeiten. Keiner ist in dem Sinn vollkommen, daß er so gut ist wie möglich, so gut wie er sein könnte. Bösesein heißt Getrödelthaben, Zurückgeblieben sein als ein fauler Knecht.

Ein Sterbender im Krankenhaus sagte mir: „Ich verstehe nicht, warum ich so viel leiden muß, wo ich doch keinem Menschen etwas zuleide getan habe." Er hatte wohl die Frage nicht gut gestellt. Wenn wir am Ende fragen, was wir wem zuliebe getan haben, dann sitzt die Frage richtiger, und niemand bleibt unter der Last dieser Frage ungebrochen in seinem Stolz. Wer so fragt, kann sich nicht in Selbstgefälligkeit sonnen. Er wird zugeben müssen, daß er etwas schuldig bleibt, daß es einen Nachholbedarf gibt. Das peinliche Eingeständnis und die Mißbilligung dieses verbummelten Zurückbleibens ist schon eine Form der Reue und Bekehrung, auch wenn keine deutliche Gemütsbewegung damit verbunden ist.

Ist Gott gut?

Viele Probleme, die Zeitgenossen mit dem Christentum haben, sind in der Unfähigkeit begründet, den Gott Abrahams und Jesu Christi oder überhaupt irgendeinen Gott der Ehrfurcht und Liebe würdig zu finden. Der erschreckend unverständliche Urheber des Universums, seiner Evolution und seiner Geschichte flößt uns Schaudern und Grauen ein. Das Liebenswerte in seiner Schöpfung scheint uns äußerst sparsam ausgestreut, wie kleine Inseln im All. Wir können für diese Majestas tremenda oft kein Verständnis, keine Sympathie, keine liebende Ehrfurcht aufbringen.

Der Ursatz des Glaubens, mit dem alle anderen stehen und fallen, daß Gott gut sei, ist für uns jener, gegen dessen Unglaubwürdigkeit alle anderen schwer glaublichen Sätze verblassen. Dennoch ist gerade dieser unglaublichste aller Sätze gleichzeitig einer, der wegen seiner Selbstverständlichkeit schier kein Glaubenssatz mehr ist, sondern eine evidente Einsicht werden kann. Wenn Gott ist, muß er das unendlich Gute in Person sein. Bosheit hat Ansatz und Raum nur in mangelhaften, entbehrenden, machtarmen endlichen Wesen, die nahe an das Nichts gebaut sind.

Hier liegt eine interessante Parallele zu der psychotherapeutischen Behandlung. Freud hat beschrieben, daß jeder Patient in der Analyse seinem Arzt neben einiger Mitarbeit auch einen zähen Widerstand entgegensetzt, der vorwiegend drei Wurzeln hat: Furcht vor dem Vater, Trotz gegen den Vater, Mißtrauen gegen den Vater, die auf den Arzt übertragen werden[25]. Daß hier nur vom Vater die Rede ist, als hätte Freud keine bösen Mütter gekannt, lassen wir einmal beiseite, es ist 19. Jahrhundert, Psychoanalyse im Patriarchat. Dieselben Widerstände aus denselben Wurzeln nun finden wir im Gottesverhältnis. Ohne ihre Überwindung kein Einverständnis, keine Freundschaft und keine Bewältigung des Bösen. Übrigens müßten wir zu Freuds drei Wurzeln zwei weitere fügen, nämlich den Neid auf den Vater und den Haß gegen ihn. Auch dies finden wir, vielleicht sogar als tiefste aller Wurzeln, in unserer Gottesbeziehung: die neidische Unwilligkeit, unendliche Überlegenheit zu ertragen. Diese Wurzeln alles Bösen hat schon Freuds großes Vorbild Moses unübertrefflich in der früher ihm zugeschriebenen Geschichte vom Sündenfall geschildert. In dieser Geschichte liegt auch ein Ursprung vieler psychoanalytischer Erkenntnisse Freuds, der als junger Mensch ein eifriger Bibelleser war[26].

Eine verblüffende Definition

Eine verblüffende Beschreibung des Bösen als der Sünde finden wir bei Thomas von Aquin in dem unerwarteten Basissatz einer durch und durch menschenfreundlichen, einer humanistischen Moral. Er geht von der überlieferten Auffassung aus, die Sünde sei eine Beleidigung Gottes. Thomas fragt, wie ein so unbedeutender Winzling im Kosmos, das endliche Geschöpf, den von ihm gänzlich unabhängigen und keiner Anerkennung bedürftigen Schöpfer beleidigen könne. Thomas sagt dazu: *„Gott wird durch nichts beleidigt als durch das, was wir gegen unser eigenes Wohl* (bonum) *tun."*[27]

Hier wird das Wohl des Menschen zum Maß aller Dinge. Diese Bestimmung des Bösen ist grundsätzlicher als die Definition Freuds, aber sie widerspricht ihr nicht, sondern nimmt sie in sich auf und rundet den Kreis. Böse ist alles, was sich gegen das Wohl und Heil von Menschen richtet, gegen das eigene und gegen das der anderen, damit natürlich auch gegen das der Gesellschaft und gegen den das Wohl des Menschen wollenden Gott.

II. Motive des Bösen

Warum handeln wir böse?

Warum handeln wir manchmal gegen unser eigenes Wohl?
Die Antwort in einem Wort: Weil die Sünde viel für sich hat.
Das Böse ist in seinem metaphysischen Ursprung ein uner-
gründliches Geheimnis und bleibt es trotz einer gewissen
Plausibilität mancher philosophischen und theologischen
Spekulationen. Die Offenbarungsschriften geben keine Aus-
kunft über den letzten Ursprung. Sie sagen nur klar, daß in
Gott selbst kein Schatten von Unrecht zu finden sein kann.

Für die Psychologie ist das Böse auf den ersten Blick nichts
besonders Geheimnisvolles, kein unbegreifliches Mysterium,
sondern meist von alltäglicher, banaler Verständlichkeit. Wo
immer man dem Bösen begegnet, auch bei „Unmenschen"
wie Hitler, findet man schließlich einfühlbare Motive für böses Denken und Handeln, nämlich die Gegenstände aller
sinnlichen und geistigen Begierden. Niemals finden wir böses Wollen nur um des Bösen willen. Das kann nicht einmal
der Teufel. Wer böse ist, um böse zu sein, findet den Widerspruch gegen das Gute gut. Die Motive sind wie alle Motive
ausnahmslos einleuchtende Werte und Güter[1]. Der Dieb
stiehlt, weil er das Hab und Gut des Opfers für sich will, weil
das Abenteuer des Verbrechens ihn reizt oder weil er einen
Nachholbedarf an Kindheitswünschen aufholen muß. Er will
einen Wert. Augustinus hat als Knabe Birnen gestohlen, die
er nicht mochte, um ein Gebot zu mißachten. Der Mensch ist
gar nicht in der Lage, einen Unwert als Unwert zu wollen.

Das Böse zeigt sich von der angenehmen Seite. In der Geschichte vom Sündenfall steht: „Das Weib schaute an, daß
von dem Baum gut zu essen wäre, und lieblich anzusehen,

daß ein lüstiger Baum wäre, weil er klug macht."[2] Die erste Formulierung des Lustprinzips übrigens, die der kleine Sigmund Freud in der Bibel gelesen hat. Das Böse wird getan, weil es dem Täter etwas bringt. Ein englisches Sprichwort sagt: Dirt is matter on the wrong place – Dreck ist Materie am falschen Platz. Das Böse ist ein Gutes am falschen Platz.

Es ist freilich nicht nur eine Fehlleistung der Wertsuche, sondern oft auch eine Fehlleistung des Vermeidungsverhaltens, wie das die experimentelle Psychologie nennt. Vermeidung oder Flucht vor zugemutetem Übel, vor Leid, vor Entbehrung und Anstrengung da, wo das Gewissen nicht Flüchten, sondern Standhalten verlangt.

Auch in den scheinbar rein negativen Regungen, im Haß, in der Rachsucht, in der Grausamkeit und Schadenfreude will der Mensch etwas Positives. Heinrich Heine schreibt einmal, sein tiefster Wunsch sei ein Haus in einem französischen Park mit wunderschönen Bäumen – und an jedem Ast einen seiner liebsten Feinde aufgeknüpft. Eine Welt, in der alle Feinde, alle Ungeliebten und Unsympathen vernichtet oder wenigstens gequält werden, ist eine bessere, gerechtere Welt als die, in der abgelehnte Menschen leben und genießen dürfen.

Auch wo der Täter das Böse tut, weil es bös ist, kann er nicht vermeiden, darin die Selbstherrlichkeit, die souveräne Unabhängigkeit gegenüber Gesetzgeber und Gesetz, die Macht, gesetzesfromme Bürger zu ärgern und vieles andere mehr zu genießen. Max und Moritz quälen anscheinend harmlose Mitmenschen grundlos und grausam; aber für unterlegene, ohnmächtige Kinder sind alle Erwachsenen Feinde, deren Demütigung gut tut – und sei es nur durch Mißachtung von Tischmanieren. Der Vandalismus der Rokker ist nicht unbegreifliche Perversion, sondern ein Guerillakrieg gegen eine Welt, die als ganze Feindtönung angenommen hat[3]. Telefonhäuschen oder S-Bahn-Züge demolieren heißt Zeichen der Überlegenheit setzen, heißt die eigene Würde wieder herstellen durch Rache. Die Macht, mutwillig anderen Leiden zuzufügen, gibt ein Gefühl von gottähnlicher Stärke und Hoheit, von Kraft und Mut. Grausamkeit ist verstehbar, auch wenn sie keinen im engeren Sinn sadistisch sexuellen Lustgewinn enthält. Das Böse macht gottähnlich.

Schließlich kann jede Unrechtstat das Gefühl der Freiheit bieten, der souveränen Unabhängigkeit vom Gesetz und vom Gesetzgeber, der Unabhängigkeit auch von der Diktatur einer Rangordnung der Werte, die wir nicht gesetzt haben, über die wir nicht verfügen können, wenn nicht in der Weise der vernichtenden Nivellierung.

Das gilt nicht nur bei Außenseitern der Gesellschaft, sondern auch für viele ihrer sogenannten Stützen. Die Rücksichtslosigkeit des Eigennutzes, des nationalen und des Gruppenegoismus etwa gegenüber dem Hunger in der dritten Welt, kann auch ein Gefühl von Überlegenheit vermitteln, das ähnlich zum Daseinsgenuß beiträgt wie die Qualen der Gladiatoren im römischen Zirkus. Es ist gut, daß es andere gibt, denen es schlechter geht als mir.

Was mein höchster Wert ist, bestimme ich – der Satz fühlt sich fabelhaft gottähnlich an. Der Gesetzesbrecher ist nicht nur Gott ähnlich, er ist ihm überlegen, er kann sich leisten, zu tun und zu genießen, was Gott verbietet, aber nicht verhindern „kann". Manches Unrecht wird als eine gelungene, triumphierende Revolution gegen den Herrscher des sittlichen Reiches kalt oder heiß genossen; der Rang dessen, gegen den man rebelliert und sich behauptet, gibt dem Triumph seine Bedeutung. Der geschaffene, endliche „Gott" – der Mensch, trotzt mit Erfolg dem ungeschaffenen, unendlichen oder seinen Stellvertretern. Das Böse ist immer scheinbar glücksfördernd – sonst würde es nicht getan. Es ist in Wahrheit das Glückswidrige schlechthin – sonst wäre es nicht bös. Auch Freud beschreibt das Böse als *das „Unzweckmäßige" im Hinblick auf Glück* und Wohlbefinden[4].

Das Böse als falsches Ichideal

Das Böse besteht darin, daß die Lebensgestalt, die uns vorschwebt, das Ichideal, eine falsche Gestalt ist. Der Mensch, der es gut findet, stark alle Widerstände niederwalzend seine

Überlegenheit zu erweisen oder wie ein verwöhntes Kind alle anderen zu seinem Dienstpersonal zu machen oder geil möglichst viele Sexualobjekte für seinen Genuß auszubeuten oder habsüchtig jeden erdenklichen Wert an sich zu raffen; der Eitle, der möglichst viele als Verherrlichungszwerge um sich sammeln möchte; der Willensstarke, der im Genuß seiner eigenen Macht aufgeht, sie alle sind betrogene Betrüger eines ihnen vorschwebenden Ichideals. Aber auch der Ästhet, der für das Schöne und Angenehme alles andere vernachlässigt, der Snob, der den Schein des Vornehmen, die Zugehörigkeit zur großen Welt über alles schätzt, richtet sein Sinnen und Trachten auf eine schlechte Gestalt seines Daseins. Er pflegt falsche Wünsche, fördert an sich richtige Bedürfnisse ohne Rücksicht auf ihren sinnvollen Zusammenhang.

Das Böse ist der falsche Daseinsentwurf. Die Gesamtgestalt, die in Umrissen vorschwebt, enthält immer einen richtigen Ansatz: Wir wollen ein geglücktes und glückliches, ein befriedigendes und wünschenswertes Leben und haben darin Recht. *Wir suchen wachsende Gottähnlichkeit* in Genuß, Macht, Erkenntnis, Lebensfülle, Liebe und Weltverbesserung – und auch dieser Motivhorizont ist nicht nur gut, sondern so zwingend, daß selbst der Selbstmörder ihn nicht verläßt. Niemand kann ihn verlassen. Wir können nur verzweifeln an der Möglichkeit, das zu erreichen, ohne das unser Leben uns nicht mehr lebenswert erscheint. Wäre aber Glück möglich, wäre es auch für den Selbstmörder ein unbezweifelbares Ziel. Nur die Art und Weise, wie wir diese Allgemeingestalt des geglückten Lebens spezifizieren, wird leicht schief und krumm, falsch in der Weise der Krankheit oder des Bösen.

Solche Spezifizierungen lassen sich manchmal wie in einem Skript auf einen Satz bringen: „Das Unglück unserer gegenwärtigen Existenz rührt daher, daß wir ständig Herrschaftsbeziehungen zu den Dingen und Menschen herstellen wollen."[5] Die entsprechende Skriptformel heißt: Allen Menschen bin ich gut, wenn man meinen Willen tut. Eine andere Spezifizierung wäre das Verabsolutieren des Fühlens. Simone Weil schreibt in einem Brief: „Ihr Brief hat mich erschreckt. Sollten Sie als wichtigstes Ziel beibehalten, alle möglichen Gefühle kennenzulerenen, dann werden Sie nicht weit kommen ... Manche Leute lebten nur von Gefühlen und für Gefühle, z. B. André Gide. In Wirklichkeit sind sie die Betrogenen des Lebens, und weil sie dies undeutlich fühlen, verfallen sie in eine tiefe Melancholie ... Diejenigen, welche nur ihren Gefühlen leben, sind materiell und moralisch nichts als Parasiten angesichts der Arbeiter und der schöpferisch Tätigen, die allein tatsächlich Menschen sind. Ich füge hinzu, daß diese, obwohl sie keine Empfindungen suchen, weit lebhaftere, tiefere, weniger künstliche erlangen als jene, die nach ihnen jagen. Gefühle zu suchen schließt einen Egoismus ein, der mich entsetzt. Natürlich verhindert dies nicht zu lieben, aber es impliziert, die geliebten Wesen für bloße Anlässe des Genusses oder des Leidens anzusehen und vollständig zu vergessen, daß sie selbständig, an sich und für sich existieren."[6] Existenzprogramme wie die dargestellten haben besonders Alfred Adler, Fritz Künkel und andere Individualpsychologen beschrieben. Viele dieser Leitlinien lassen sich in einer guten Gewissenserforschung auch ohne Psychoanalyse aufdecken. Ein praktischer Weg dazu ist von einem Lehrer des inneren Lebens gewiesen, der den Rat gibt, mehrmals täglich oder wöchentlich zu fragen: Wo ist mein Herz?

Die paradoxe Verfassung des Menschen

Die paradoxe Verfassung des Menschen, der mit dem Verstand, wenn es gut geht, noch Gott als das höchste Gut, und das sittliche Gute als den höchsten Wert erkennen, aber die Erkenntnis nicht mehr mit dem Herzen, dem Gemüt und allen Kräften fassen kann, dieser Mangel an Gespür für das eigentlich Liebenswerte in Welt und Gott macht ihn anfällig für Ersatzobjekte jeder Art. Die Lebensformel heißt: Zeitvertreib mit Ersatzobjekten, denen eben das Engagement, die seelische Energie oder auch Libido zugewandt wird, die nur den das Wohl und Heil des Menschen hier und jetzt wirklich fördernden Werten zustehen.

Die Herzenszuwendung des Menschen verliert ihre Bündelung und Ausrichtung. Sie zerfällt in Zerstreuung auf ein Vielerlei von Ersatzobjekten, die schon ein Anfang von Unrecht ist, weil ihr die Einheit und Einordnung im letzten Sinn und Ziel der Freundschaft und des Gottesdienstes fehlt. In jedem Unrecht werden Werte als Ersatzobjekte am falschen Platz erstrebt. Das Böse ist die Verabsolutierung des Relativen, die Vergötzung des Endlichen und des Ich, die Anbetung von Allotria. Das alles klingt recht überweltlich. Darum ein Beispiel: Ich kann diese Seiten schreiben aus dem Bedürfnis, mich als ein seltenes Exemplar eines theologischen Psychoanalytikers zu profilieren und der psychoanalytischen Originalität Freuds meine eigene aparte Synthese zuzufügen. Diese größenwahnähnliche selbstsüchtige Strömung kann starke Kräfte, viel Fleiß und Arbeitsfreude hervorbringen. Ich kann aber auch versuchen, diese narzißtische Motivation umzubauen. Meine Arbeit könnte ja auch dem einen oder anderen Leser eine nützliche Einsicht vermitteln, eine förderliche innere Bewegung anregen, die zu unserem Wohl und Heil ist und zur Ehre Gottes. Denn das Tun ist von sich aus geeignet, in den Zusammenhang des Gottesdienstes gestellt zu werden. Niemand kann mich hindern, es in diese Ordnung zu bringen und vor diesen Horizont zu stellen. Auch dies kann ich so, daß nur äußerlich in einem Firmierungsschwindel eine gute Absicht aufgeklebt wird. Aber wiederum kann mich auch nichts hindern, die ganze Tätigkeit, an deren Vollzug keine große Änderung eintritt, sozusagen von innen zu verwandeln, so gut es eben geht, sie jemand zuliebe zu tun.

In ähnlicher Weise kann ich widerwillig meine Berufsarbeit verrichten, weil ich schließlich für Unterhalt und Ferienreisen Geld verdienen muß. Ich kann mir aber auch sagen, daß ich für meine Arbeit bezahlt werde, weil irgend jemand sie braucht oder haben möchte, und ich kann sie ihm zuliebe gern tun, weil er meinen Dienst benötigt und von meiner Arbeit etwas hat. Jede Arbeit ist Dienstleistung. Ich kann erfreut zustimmen, daß Gott meinen Dienst am Mitmenschen als für Ihn getan annimmt. Weil das Gute immer etwas ist, was Menschen zugute kommt, zum Wohl und Heil dient, ist die Liebe zum Guten immer auch Menschenliebe[7], Nächstenliebe. Weil die wohlwollende Liebe zum Menschen sozusagen die Interessensphäre Gottes berührt, der das Urbild und die Schutzmacht aller Personen ist, darum kann ein an gut und bös orientiertes Gewissen eine Form des oft unbewußten Gottesdienstes und der Gottesliebe sein. Das Gute ist ein Lichtstrahl, der zur Lichtquelle führt.

Es ist nicht gut, Gegner der eigenen Meinung sozusagen von hinten her zu vereinnahmen. Ich darf trotzdem vermuten, daß jeder, der die wesentlichen Rechte anderer Personen in seinem Gewissen als unverletzlich anerkennt, in der majestätischen Unverfügbarkeit des Rechts von Menschen ahnend an ein Göttliches rührt, auch wenn er sich als Atheist bezeichnet.

Ich glaube Atheisten des empfindlichen Gewissens zu kennen, denen der Gottesglaube kaum erträglich ist, weil für ihre moralische Sensibilität die Last ihrer vermeintlichen oder wirklichen Schuld, mehr noch aber die Last dessen, was sie diesem Gott schuldig wären, untragbar erscheint. Vielleicht ist ihr Gottesbild blendender und wahrer, als ein Mensch es schutzlos ertragen kann. Dieser Atheismus wäre dann der Versuch, von der Last eines untragbar erscheinenden Gottes loszukommen. Er kann eine Station auf dem Weg zu einem Gott sein, der größer und schwerer ist als der von der Umgebung vorgestellte.

Daß es Atheismus außerdem auch als zynische oder leichtfertige Unverschämtheit des „Ich bin der Größte"-Menschen gibt, der keinen größeren über sich haben kann, soll damit nicht bestritten werden. Aber niemand weiß, welche von beiden Formen im Einzelfall vorliegt.

Das Böse als Unterlassung

Das Interesse für das Böse wendet sich meist mehr dem aktiven Unrecht zu. Möglicherweise sind aber die Unterlassungssünden oft wichtiger, jenes Vakuum, das mit seinem Sog das Unrechttun in Fluß bringt.

Der Wille kann das Nichtwollen und Nichtstun als Gut ergreifen: Dolce far niente, „bloß dasitzen". Die Kunst angenehmer Untätigkeit ohne Langeweile ist nicht jedermann gegeben. In der westlichen Zivilisation werden die verhängnisvollen Unterlassungen meist durch aufwendige und aufreibende Ablenkungsaktivität verdeckt. Der zutiefst Träge erscheint vor sich und anderen tätig und eifrig. Hektische Ersatzaktivität verbirgt diese Trägheit, lebensnotwendige, aber ungewohnte Tätigkeiten innerer, meditativer oder auch nur nachdenklicher Art anzugehen. Mancher Gelehrte führt lieber hundert mühsame Experimente durch und schreibt drei Bücher, ehe er eine halbe Stunde des Nachdenkens, der Meditation oder gar des inneren Gebetes an die Frage wendet, wozu er letztlich auf der Welt ist oder an ähnliche Fragen. Ohne ein Minimum eines solchen Nachdenkens, ohne ein Minimum von Meditation kann Bewältigung des Bösen, kann Menschsein nicht gelingen.

Dazu kommt, daß eine der üppigsten Quellen des Bösen das Unterlassen des Vorausbedenkens der Folgen ist, die unser Tun und Lassen für andere haben kann. Besonders gern versäumen wir in Trägheit des Herzens das vorausschauende Einfühlen in das Leid, den Ärger, die Versuchung, die Mühe, die unser Verhalten anderen zufügt. Wer nicht nur hie und da, sondern immer nur „ganz entspannt im Hier und Jetzt" leben will, ist dabei, eben damit Unrecht vorzubereiten.

Das Böse als Protest

Das Böse ist Auflehnung, Protest gegen eine Qualität der Wirklichkeit, die wir mit Recht soweit wie möglich mildern, aber nicht mit Recht eliminieren können, weil sie eine unersetzliche Sinnstelle im Ganzen einnimmt: Einschränkung, Versagung, Schmerz, Leid. Wer diese nicht ablösbare Seite der Wirklichkeit total ablehnt, lehnt die ganze Wirklichkeit ab, Schöpfer und Schöpfung.

Das Verständnis für den Sinn des Negativen, der Versagung, des Schmerzes und der Trauer, die „acceptance"[8], ist eine Bedingung aller Bewältigung des Bösen im Denken und Handeln, eine Bedingung des Glücks und des Friedens. Wenn die Wirklichkeit im letzten Grunde sinnvoll und gut ist, dann kann eine so universale Zumutung wie das Leid, die ausnahmslos jeden Menschen trifft und seine Existenz in der Wolle färbt, nicht aus diesem Sinnrahmen fallen. Ein bedingungsloser Feind des Schmerzes kann nicht mit Gott und der Welt Freund sein. Er bleibt unversöhnt mit dem Ganzen.

Eine Entdeckung der jüngsten Psychotherapie von größter anthropologischer Bedeutung ist die Einsicht Arthur Janovs[9] in die Heilkraft des ganz angenommenen Schmerzes. Janov leitet seine Patienten an, sich in Schmerzerfahrungen der Vergangenheit willentlich zurücksinken zu lassen und sie so gründlich durchzuleiden wie möglich. Das Ergebnis solcher annehmenden Wiederbelebung des einst Unerträglichen hat oft nicht nur verblüffende Heilwirkungen bei neurotischen und psychosomatischen Krankheitssymptomen, sondern bringt oft auch eine erstaunliche Besänftigung von Versuchungen, vor allem leidenschaftlich aggressiver und sexueller Art.

Falsche Souveränität und Rechthaberei

In jeder gewichtigen Schuld verfügt der Mensch über etwas für ihn Unverfügbares. Sozusagen im selben Zugriff geschieht aber zwangsläufig noch viel mehr. Er muß dabei die ganze Wirklichkeit umfälschen. Er ist es, der in seiner Souveränität neue Maßstäbe setzt, die echten und wirklichen außer Kraft wirft und der Welt einen neuen Maßstab aufstempelt, den er selbst geprägt hat.

Emsig arbeitet er daran, die neuen Maßstäbe zu rechtfertigen, sein Tun als halb so schlimm oder gar nicht schlimm oder vielleicht ganz richtig hinzustellen. Wenn Karl Barth sagt, „Die Geschichte des Menschen ist faktisch die Geschichte seiner unendlichen Rechthaberei", meint er wohl damit auch jene Arbeit des Sich-Rechtfertigens, die Seelenarbeit, in der man sozusagen sein ganzes humanes Niveau einfach um einige Stockwerke nach unten verlegt, damit die Tat wieder zusammenpaßt mit der Persönlichkeit. Mit der Zeit gelingt es, dieses tiefere Niveau als Normalniveau zu empfinden, so daß man schließlich auch weit unter einem eigentlichen Standard sagen kann: „Ich bin o.k.". Das neue Sittengesetz heißt nun nicht mehr: Sei derjenige, der du nach deinem Gewissen sein sollst, sondern es sagt: Sei normal, sei wie die Anderen, sei durchschnittlich oder sei, wie es deinen Bedürfnissen entspricht. Sei so, wie du nun einmal bist.

Auch der verdorbene Mensch giert nach Selbstachtung. Diese Selbstachtung kann er nun begründen auf der „Gottähnlichkeit", in der er souverän bestimmt, was gut und was böse ist nach seinen Maßstäben.

Das klingt abstrakt; es wird anschaulich in einer Szene aus einem Film über die jüdischen Frauen des Lagerorchesters von Auschwitz. Eine dieser Frauen, also auch ein hungernder und unterernährter Häftling, kommt mit einer gefüllten Milchschale des Wegs. Ein wenig schwappt aus Versehen über. Die anderen Hungernden mahnen zur Achtsamkeit. Nun sagt sie wütend: „Ist das meine Milch oder ist es nicht meine Milch?" und kippt vor den Augen der Hungernden den Rest auf den Boden. Die anderen können es kaum fassen, und keine Antwort gelingt ihnen.

Dieses Bestehen darauf, daß man im Recht ist bei einer sehr bösen Tat zeigt den gemeinten Vorgang der Verderbnis deutlich. Verderbnis durch Rechthaberei im Unrecht. Hier wird auch sichtbar, daß ein Bestehen auf vermeintlichen oder wirklichen Rechten unter Umständen das größte Unrecht, böse Schädigung des Mitmenschen, werden kann.

Die christliche Theologie des Bösen in ihrer katholischen und in ähnlichen Formen, z. B. in den Ostkirchen und in der anglikanischen Hochkirche, enthält eine Aussage, die den schärfsten Widerspruch provoziert. Sie sagt: Das Böse ist überflüssig und wir können es vermeiden. Die Sünde ist aus keinem Naturgesetz notwendig, zu nichts nutze und sie muß nicht sein.

Bei so anstößigen und unwahrscheinlichen Behauptungen ist es gut, genau hinzusehen, was sie sagen und was sie nicht sagen. Sünde ist zunächst in einem banalen statistischen Sinn normal und unvermeidlich. Auch wer sich mit Sorgfalt bemüht, seine Pflichten zu erfüllen und Unrecht zu meiden, kann das, was die Tradition „läßliche Sünde" nennt[10], bei sich nicht völlig ausrotten. Rücksichtslosigkeit und Lieblosigkeit im Umgang, unfreundliches Verhalten, Launen, Notlügen, mangelnde Sorgfalt in der Berufsarbeit, Rechthaberei – auch der Gerechte fällt siebenmal am Tage. Wir wissen, daß uns so etwas passieren kann und deuten schon mit diesem Ausdruck an, daß wir uns für dergleichen nicht voll verantwortlich fühlen und daß wir es nicht mit einem energischen Entschluß abschaffen können.

Sündigen ist menschlich. Diesen Sachverhalt mißbraucht ein beliebter Kunstgriff der Lebenserleichterung. Er sagt: Das Böse ist unvermeidlich. Wer leben will, muß atmen und sündigen. Das Böse ist unentbehrlich und wünschenswert. Wir brauchen Mut zum Bösen. Es ist das Salz des Lebens, ohne welches das Dasein schal bleibt. Mein Unrecht ist gut, es ist ausgleichende Gerechtigkeit oder es ist ein weises Anerkennen der Grundverfassung der Welt.

Das Böse ist uns nicht immer ganz unsympathisch. Es scheint nicht nur unvermeidbar, sondern auch ein wenig unentbehrlich. Wer je unter Tugendbolden gelebt hat, versteht, daß Jesus lieber zu den Sündern ging. Wir wollen das Böse nicht missen, es hat seine guten Seiten, auch ohne daß man gleich nach der „felix culpa" greifen müßte, der „glücklichen Schuld", von der Augustinus spricht.

Der Begriff des Bösen, so sagt man, sei selbst die Krankheit, die er zu bekämpfen vorgibt, tatsächlich aber verschlimmert. Die Sprache der Moral sei eine zerstörerische Fehlleistung der Evolution, der Moralist der Mörder des Humanen. Denn das Böse, so scheint es, ist ein Teil der lodernden Flamme des Lebens selbst. Es löschen oder eindämmen, hieße das Leben selbst ersticken. Dem Menschen die Trennung vom Bösen zumuten, das wäre, als wolle man ihm das Einatmen von Staub mit der Atemluft verbieten. In Wahrheit sei das Böse von tragischer Unentrinnbarkeit, unbesieglich. Mensch sein heißt mit dem Bösen verwachsen sein. So wie wir sind, müssen wir uns annehmen, zum Bösen in uns stehen. Auch das Christentum sei einfach die Botschaft, daß Gott uns liebt und annimmt, wie wir sind, als unverbesserliche Sünder. Es ist nicht nötig, dem Teufel zu widersagen, um ein Freund Gottes zu sein. Er nimmt uns auch so, ohne jede Bedingung. Ihm sind die Sünder lieber als die Gerechten.

Wer uns so suggeriert, das eigentlich Böse gäbe es gar nicht oder es sei unentrinnbar oder wir sollten uns angewöhnen, es entschlossen zu bejahen, zu „integrieren", der lähmt oder tötet unsere Widerstandskraft[11]. Vielleicht ist diese verführerische These selbst die raffinierteste Tarnung, in der das Böse uns täuscht. Die Versuchung unter dem Schein des Guten und der Wahrheit ist die gefährlichste, die es gibt. Es gibt eine wachsende Verherrlichung des Bösen als sei es bewundernswert, eine Art von Heroismus. Diese Art von Demoralisierung erzeugt einen Stolz derer, die sich als Aristokraten mutiger Niedertracht fühlen und im Schändlichsten ihren Ruhm suchen. Diese Psychologie finden wir besonders in Terrororganisationen, in totalitären Staaten, aber auch in Psychotherapien und im Alltagsdenken.

Das Böse ist Verzweiflung. Es enthält immer eine Resignation, daß man mit dem Guten kein Glück und keinen Staat machen kann; daß es nicht möglich ist, wirklich gut zu sein und darum gar nicht lohnt, überhaupt damit anzufangen. Leben, so gut es geht, heißt: nicht gut leben. „Verzweifelt man selbst sein wollen", wie Kierkegaard das ausgedrückt hat, bedeutet, sich resigniert mit dem eigenen Sosein abzufinden, da das Anderssein, das sein sollte, für einen erschwinglichen Preis nicht zu haben ist. Verzweifelt nicht man selbst sein wollen, das heißt die tiefste Sehnsucht, die höchste Möglichkeit, die schönste Berufung, die man in sich spürt, traurig als eine Illusion verwerfen. Gut sein wollen, so sagt diese Verzweiflung, bedeutet, den Ozean ohne Schiff schwimmend überqueren wollen. Das Böse vermeiden heißt, alle Wege zum Glück und zur Selbstverwirklichung abschneiden. Und dies sofort, ein für allemal, mit dem Verzicht auf dieses jetzt vor mir liegende lebensnotwendige oder beglückende Unrecht.

Zwei Arten von Schuld

Für die Überzeugung, daß Christsein menschenmöglich ist, brauchen wir die wichtige Unterscheidung von zwei wesensverschiedenen Arten von Schuld. Ein wesentlicher Unterschied zwischen jenen Verfehlungen, die eine Störung, aber keine Zerstörung der Beziehung zu Menschen und der Gottesfreundschaft mit sich bringen, ist oft handgreiflich. Ein Kind, das ohne Fahrkarte die Bahn benutzt oder in der Schule mogelt, tut Unrecht. Aber diese Schuld macht es nicht zu einem bösen Menschen, sie schließt nicht aus vom Reich Gottes. Ein Autofahrer, der zur Schonung seiner Polster sich weigert, einen Unfallverletzten in die Klinik zu bringen, begeht möglicherweise eine Gemeinheit, die von der Menschengemeinschaft und von Gott trennt, wenn sie ohne die mildernden Umstände von Panik und Verwirrung oder ethischem Schwachsinn begangen wird. Die Tradition spricht hier von einer „schweren" Schuld, der „Todsünde".

Die Auskunft des Christentums sagt nun, daß dieses schwere Unrecht metaphysisch höchst überflüssig, in keinem Sinn notwendig ist. Alle wünschenswerten menschlichen Entwicklungen sind auf gutem Wege und mit guten Mitteln erreichbar. Kein Unrecht als solches bringt den Menschen solchen Zielen näher, jedes entfernt nur von ihnen. Kein Heiliger verdankt seine Güte seinen Sünden, wie ein Kork die Höhe, mit der er aus dem Wasser springt, der Tiefe verdankt, in die er vorher herabgedrückt wurde. Der in einer Sündenromantik viel mißbrauchte Begriff der „glücklichen Schuld", ein Wort des Augustinus, das in die Osterliturgie eingegangen ist, sagt nur, daß großmütige Vergebung auch ein Motiv umso größerer Dankbarkeit werden kann. Aber auch dieses ist nicht notwendig, sondern möglich. Die Tradition hat jedenfalls immer darauf bestanden, daß die „unschuldigen Heiligen" nicht geringer sind als die bekehrten Sünder.

Dieser letzten Überflüssigkeit des Bösen entspringt seine psychologische Vermeidbarkeit. Das schlimme Unrecht, die *auch subjektiv* schwere Sünde ist für den Menschen guten Willens vermeidbar. Es geht weder mit naturgesetzlicher Notwendigkeit aus dem Wesen des Menschen hervor noch mit der Kraft des Wiederholungszwanges aus seinen Kindheitsprägungen. Nicht einmal aus seiner Schwäche; denn wo immer Kindheitsprägungen, Wiederholungszwänge unwiderstehlich in das Verhalten eindringen, mindern sie die Freiheit und damit den Schuldcharakter des Handelns.

Willensschwäche

Mit der Schwäche hat es freilich eine besondere Bewandtnis. Denn es gibt wohl Willensschwäche, die außerhalb der Verantwortung steht. Es ist aber auch möglich, daß der Wille seine eigene Schwäche, sei sie vorgeblich oder wirklich, bejaht und von den ihm an sich zugänglichen Motiven, die ihm Kraft geben würden, wegsieht. Dafür aber ist er wohl in einer nicht meßbaren Weise verantwortlich. Darum können auch Schwachheitssünden schwer sein.[12]

Wenn es so stünde, daß der Mensch von Natur fest im Zwang einer Unrechtseinstellung steckte ohne an ihr etwas ändern zu können, dann wäre er von Wesen „böse" und unschuldig zugleich. Böse, weil zum Rechtsbrecher programmiert; unschuldig, jenseits von Gut und Böse, weil ohne Freiheit.

Mit anderen Worten: In vielen Lebensumständen gibt es

keine zwingenden Motive, eine Gemeinheit zu begehen, einem anderen schweres Unrecht zu tun, eine schwere Schuld auf sich zu laden. Wo Motive zwingenden Charakter annehmen, z. B. in Krankheitszuständen der Sucht, der Neurose oder Psychose, bei sehr großer Angst oder Schmerz, z. B. in Folterungen, bei schwerer Bedrohtheit von Angehörigen oder Freunden, die man nur durch ein Unrecht schützen kann, in unlösbaren Pflichtenkonflikten des politischen Lebens, in allen Fällen anscheinend zwingender Motive und „tragischer" Notwendigkeit ist es dieser Zwangscharakter des Motivs selbst, der das schwere Unrecht durch mildernde Umstände entschärft, die „objektive" Schuld subjektiv entschuldigt oder mindert.

Reue ist nur dann möglich und echt, wenn das Bewußtsein der Vermeidbarkeit der Schuld mitgegeben ist. Wenn ich nicht sagen kann: Das mußte nicht sein, diese Tat hätte ich auch lassen können – dann kann Reue nicht ernst gemeint sein. Nur moralische oder kirchenrechtliche Krokodilstränen sind noch machbar, aber auch unnütz.

Ebenso ist Reue unmöglich, wo es an der Einsicht in das Unrechte des Tuns gefehlt hat. Sie setzt das Bewußtsein voraus: Dies hätte ich unbedingt tun oder lassen müssen – und ich wußte und konnte es. Fehlt dieses Bewußtsein, dann ist tiefe Reue vielleicht eben darum unmöglich, weil keine tiefe Schuld zu verantworten ist.

Allerdings stellt sich die Frage neu, wie weit das falsche Bewußtsein schuldhaft ist. Wer in der Überzeugung heiratet, Treue sei in der Ehe weder sinnvoll noch möglich, wenn sie sich nicht von selbst ergibt, wird einen Ehebruch nicht als Unrecht empfinden. Vielleicht dämmert ihm eine Einsicht, daß so einfach die Dinge nicht liegen, wenn der Partner untreu wird. Das Unrechte in vielen bösen Dingen wird uns erst einsichtig und fühlbar, wenn wir selbst als Opfer davon betroffen sind[13].

Gnoseologische Konkupiszenz – Vorurteilsverzerrung

Die Macht dessen, was Karl Rahner „gnoseologische Kon-kupiszenz"[14] genannt hat, nimmt gewaltig zu. Vielleicht könnte man in unserem Zusammenhang diesen Begriff als „unvermeidliche Vorurteilsverzerrung" des Gewissens um-schreiben. Daß alle Vorverbiegungen das Heranwachsen lau-terer, grundguter Menschen nicht verhindern können, hat Melville in seinem Roman „Billy Budd" ergreifend beschrie-ben. Der seinem Milieu zum Trotz unbeirrt gute Mensch ist eine leise und selten, aber immer wieder aufgenommene Ge-stalt der Literatur. Zu ihr gehört auch das Motiv der Lösung des Verkommenen aus der Verfallenheit an das Böse; etwa im Säufer, im Berufskiller bei Graham Greene; in vielen Ge-stalten bei Evelyn Waugh oder Julien Green, in denen die Be-freiung der Süchtigen, Verführten und Schwachen ohne Auf-hebung der Schwäche beschrieben ist; ein winziges flackern-des Flämmchen der Liebe zum Guten als Illustration des biblischen Wortes: „Ich will das geknickte Rohr nicht bre-chen und den glimmenden Docht nicht auslöschen" (Mt 12, 20).

Der Begriff der gnoseologischen Konkupiszenz ist ein Schlüssel zum Verständnis der These von der Überflüssigkeit des Bösen. Verwahrlosung, frühe Milieuschäden, lieblose Umwelt, Charakterschwäche, Neurose, Kriminalisierung, vor allem der ungeheure Suggestionsdruck einer öffentlichen Meinung oder Gruppenmeinung machen viel objektiv Böses unvermeidlich. Auch dem Menschen letztlich guten Willens, auch dem um Glaube, Hoffnung und Liebe besorgten Chri-sten ist nicht garantiert, daß er alles Unrecht als Unrecht er-kennen und vermeiden kann. Es ist ihm aber versprochen, daß nichts ihn zu jener vollen wissenden, freien Einwilligung in das Böse nötigen kann, das die Freundschaft zu Gott zer-stört, wenn er selbst es nicht will. Gottesfreundschaft geht nicht unfreiwillig verloren.

Harlem

Versetzen wir uns in das New Yorker Negerviertel Harlem, in die Slums von Palermo oder an andere Stätten des Elends, des Hungers, der Gewalt, der Gesetzlosigkeit.

Kinder, die dort aufwachsen, haben wenig Muße, über gut und böse nachzudenken. Sie werden in den Strudel des Bösen wehrlos hineingerissen. Aber auch in Regionen gutbürgerlicher Ordnung konnten zu Beginn des Krieges viele intelligente Christenmenschen wissen, daß Hitlers Krieg ein Unrechtskrieg war, der die Tötung zum Mord machte. Wo blieben damals die Kriegsdienstverweigerer aus Gewissensüberzeugung? Sie wären selbst ermordet worden.

Viele Sektierer, Ernste Bibelforscher und Zeugen Jehovas haben dennoch den Tod oder das Konzentrationslager gewählt. Mitglieder der Großkirchen waren nur in geringer Zahl unter ihnen. Der reißende Strom des wilden Lebens ebenso wie die sanftere Gewalt gesellschaftlicher Vorurteile schwemmen oft alles Fragen nach Recht und Unrecht hinweg. Wer wollte da mit moralischen Maßstäben richten wollen? Jedoch ist nicht jedes Leben solchen Zerreißproben zwischen Gelenk und Mark ausgesetzt. Wir sind nicht alle in Harlem aufgewachsen, und selbst wenn wir es wären, würde die Frage nach der Vermeidbarkeit des Bösen nicht gänzlich sinnlos. Sie ist so zäh, daß sie sich selbst unter solchen sozialen Umständen immer wieder durchsetzt. Wie das am Rande des Abgrunds aussieht, kann man in vielen Romanen von Graham Greene nachlesen, die Gewissenstreue unter Zerreißbedingungen schildern. Ganz gewiß ist es nicht empfehlenswert, die eigene Existenz von den Existenzgrenzen der Menschen her zu dramatisieren.

Ich kann aus meiner ärztlichen Erfahrung sagen, daß auch in einem Milieu von Dealern, Schlägern und Huren ein unbestechliches Gewissen heranwachsen kann.

Das Böse als Folge von Mangel hat aber noch einen anderen, psychologisch wichtigeren Aspekt, der gleichzeitig wieder eine Entlastung der Verantwortlichkeit mit sich bringt. Viel Böses geschieht, weil der Täter oder Unterlassende blind ist für den Farbenreichtum des Spektrums der Werte. Wer seine Vielfalt und den Glanz seiner Farben nicht zu erblicken gelernt hat, kann bestimmte Bereiche dieses Spektrums nicht erstreben. Damit gerät aber seine gesamte Orientierungsfähigkeit im Ganzen der Welt durcheinander. Treue, Tapferkeit, Wahrhaftigkeit, Großmut, Sachlichkeit – alle diese Werte müssen irgendeinmal entdeckt werden, um gelebt und verwirklicht werden zu können. Durch Unrechttun kann man den Sinn für Werte verlieren; aber gewonnen werden muß er vorher und das kann niemand auf eigene Faust. Andere müssen ihm zur Entdeckung helfen. Ohne solche Hilfe ist Wertblindheit unausweichlich. Nur sehr elementare Werte, Rechte und Pflichten entdeckt ein jeder am eigenen Leibe, wenn sie ihm oder anderen gewährt oder vorenthalten werden.

Viele selbstverständlich scheinenden Tugenden werden im Raume eines anonymen oder ausdrücklichen Christentums entdeckt. Daß bei einer Schiffskatastrophe Alte und Gebrechliche, Kinder und Frauen den ersten Zugang zu den Booten, daß die Passagiere vor den Seeleuten gerettet werden, ja vor den Starken und den für die Gesellschaft Wichtigen, das ist wohl aus keiner reinen Vernunftethik, keiner biologischen oder sozialen Zweckmäßigkeit abzuleiten. Hier überschreitet die Vernunft ihre eigenen Grenzen, nicht ins Unvernünftige, aber ins Übervernünftige. Der Vorrang des Schwachen aber muß erst entdeckt und dann festgehalten werden. Ebenso steht es mit einer Fülle von wenig aufdringlichen Werten und Pflichten[15].

Grundformen der Bewältigung: Bisherige Ergebnisse

Bewältigung des Bösen ist in vier Grundformen denkbar. Der Mensch ist möglicherweise in der Lage, Motive und Kräfte zu finden, die ihn instandsetzen, kein schweres Unrecht zu tun.

Bewältigung wäre denkbar in der Form, daß der Mensch Unrecht nicht dauerhaft vermeiden kann, aber das Unvermeidliche entweder von vornherein nur notgedrungen und ungern tut, oder es während des Tuns zwar genießt und gutheißt, aber nachher mißbilligt.

Wenn wir hier das Wort Bewältigung unangebracht finden, wäre doch eine Minderung, Freud würde sagen, „Ermäßigung" des Bösen gegeben.

Die praktisch wichtigste der bisher besprochenen Weisen der Bewältigung scheint mir jene zu sein, bei der noch objektiv Unrechtes geschieht, aber wegen mannigfacher mildernder Umstände nur in einer Weise, die jene Grundhaltung des guten Willens nicht aufhebt, in der das Gutsein des Menschen besteht. Auch wenn so nur das eigentliche Böse der gewichtigen subjektiven Schuld bewältigt würde, wäre damit auch das „nur" objektiv Böse wirksam bekämpft.

Bewältigung des Bösen ist ferner in der Weise möglich, daß nach schwerer Schuld durch Reue und Vergebung eine Wiederherstellung geschieht. (Diese Seite wird im zweiten Teil von Karl Rahner behandelt.)

Minderung des Bösen ist zu erhoffen von jeder Einschränkung und Entschärfung der Versuchungen. Eine gerechtere Eigentums- und Gewinnverteilung, eine bessere Sozialordnung, sogar schon Höflichkeit im Umgang vermindern die Versuchung zu Gereiztheit, Neid und Klassenhaß. Allerdings würde die gerechteste aller Ordnungen Versuchungen zu Neid und Haß nicht eliminieren. Versuchbarkeit ist unausrottbar damit gegeben, daß *ein Einzelwert mehr Aufmerksamkeit an sich reißen kann,* als ihm angesichts des Ganzen zukommt. Das Gut der Rücksicht auf die Mitmenschen wird in der Versuchung zurückgedrängt und verdunkelt durch den jetzt vor Augen und Händen sich aufdringlich anpreisenden Wert. Versuchbarkeit ist jene Anfälligkeit für Einzelmotive, die mit der relativen Enge der Aufmerksamkeit, mit der Suggestibilität und der Irrtumsfähigkeit des Menschen gegeben ist. Wir könnten nicht sündigen, wenn wir nicht auch in Bezug auf Werte irrtumsfähig und der Selbsttäuschung ausgesetzt wären.

Unvermeidlich wird das Böse, wenn keine Möglichkeit besteht, die ethische Wahrheit ausreichend sicher zu erkennen.

Unvermeidlich wird es, wenn und wo keine ethischen Überzeugungen mehr zustandekommen. Die Wortverwandtschaft von Gewißheit und Gewissen entspricht einer Sachverwandtschaft. Ohne feste Gewissensüberzeugungen werden Versuchungen unwiderstehlich.

Nun ist ein Kennzeichen unserer Kultur der Überzeugungsschwund schlechthin. Der Suggestionsdruck der öffentlichen Meinung zwingt fast dazu, Wahrheit, damit natürlich auch ethische Wahrheit, für eine unerreichbare Illusion zu halten[16].

Gibt es ethische Wahrheit?

Faust sagt: „... und sehe, daß wir nichts wissen können. Das will mir schier das Herz verbrennen." Generationen von Schülern haben mit dem Auswendiglernen dieses Satzes seine vergiftende Resignation vor Wahrheit in sich aufgenommen, bevor sie sich auf Wahrheit einlassen konnten. Inzwischen sagen den ersten Satz fast alle auch nur etwas Weisen. Das Herz ist verbrannt; es tut nicht mehr weh.

Relativistische, skeptische Resignation in Bezug auf Erreichbarkeit von Wahrheit ist notwendig auch Resignation in Bezug auf Erreichbarkeit des Guten. Wer nicht erkennen kann, was gut ist, kann es auch nicht verwirklichen. *Wer nicht erkennt, was bös ist, kann es auch nicht vermeiden.*

Nun ist das Bewußtsein bei allen Mitläufern der skeptischen Resignation durchaus gespalten. Sie sind überzeugt, daß es nichts ist mit einer allgemeinverbindlichen Wahrheit außerhalb der Naturwissenschaft. Aber noch fester, daß viele ihrer eigenen Meinungen verläßlich wahr sind. Die skeptische Resignation ist eine Waffe, die eher gegen andere geschärft wird.

Können wir also überhaupt den ersten Schritt zur Bewältigung des Bösen tun, die sichere Erkenntnis der ethischen Wahrheit, der Verbindlichkeit des Sittengesetzes und der Möglichkeit, es zu halten?

Es gibt Minima Moralia, die nahezu unverkennbar sind.

Auch der Bankräuber, der einen Polizisten erschießt, findet seinen Bankraub der Rechtfertigung bedürftig, durch die Ungerechtigkeit einer Welt, die ihm keine Chance gegeben hat, mit so geringer Mühe reich und glücklich zu werden wie die Besitzenden. Der Schuß erscheint ihm als ein Akt der Notwehr im unvermeidlichen Kampf ums Dasein, in dem der gesetzestreue Mensch immer der Dumme wäre.

Doch diese Dämmerung des Moralischen nötigt den Menschen oft eher, sophistische Rechtfertigungen seines Handelns zu suchen als das Böse zu lassen. Dafür braucht er mehr: Eine Gewißheit, daß es unbedingte, unverfügbare Verpflichtungen gibt, die von einer letzten absoluten Instanz auferlegt sind. Offensichtlich gibt es Menschen, denen als letzte Quelle der Verpflichtung die Einsicht in die Unverfügbarkeit der Rechte von Mitmenschen genügt; oder eine anonyme Autorität wie das dialektische Entwicklungsprinzip der Materie; oder Spinozas Natura sive Deus; oder die Evidenz von Grundwerten und Wertfühlen (Scheler).

Ich halte aber für sicher, daß für viele andere das Sittengesetz und das Gewissen erst dann eine ernstzunehmende Autorität gewinnen, wenn sie auf letzte absolute Autorität zurückgehen, wenn sie göttlich verbürgt sind. Wenn sie einem heiligen Willen und einer unendlichen Einsicht in alle Sinnzusammenhänge des Seins entspringen. Gewissen ist Zustimmung zu einem unverfügbaren Sinn des Ganzen, wie er in einem Teil des Ganzen erblickt wird.

Die Würde, Freiheit und Souveränität der menschlichen Person ist so groß, daß sie letztlich nur von der Gottheit in Pflicht genommen werden kann. Ohne sie kann Gehorsam gegen das Sittengesetz als unwürdig und ehrenrührig empfunden werden, weil er eine Unterwerfung unter etwas Es-haftes, Unterpersonales, letztlich nicht einsichtig wäre. Verstehen, im Unterschied zum Erklären, können wir nur, was von einer personalen oder überpersonalen Subjektmitte ausgeht: *das Intentionale allein hat Sinn und gibt Sinn.*

Der Mensch, der sich gegen ein Sittengesetz ohne einen legitimen Gesetzgeber auflehnt, kann damit seine Würde verteidigen. Jedes Gesetz schuldet uns einen Gesetzgeber. Anonyme Instanzen haben vielleicht Macht, wie die Natur oder die Gesellschaft Macht haben, aber *sie haben uns nichts zu sagen.* Auch der Gottesgehorsam ist so lange menschenunwürdig, als der Wille Gottes nicht als vollkommen weise, heilig und uns angemessen gesehen werden kann.

Das Gute ist das Sinnvolle, *das Böse das dem Sinn des Menschseins Widersprechende.* Das setzt voraus, daß es einen Sinn und Wert von Menschsein gibt, den ich nicht selbst setze, sondern als vorgegeben vorfinde und anerkenne. Wäre er verfügbar, könnte ich unbedenklich den Sinn meines Daseins als Lustsuche bestimmen mit nur so viel Rücksicht auf den anderen, als meiner Lust dient. Ich könnte diesen Sinn auch als Kampf ums Dasein bestimmen und alles auf die Karte setzen, Gewinner zu werden, wiederum ohne Rücksicht auf den anderen, er sei denn ein Kampfeshelfer[17].

Ich persönlich habe in der Philosophie keine letzte Begründung für das unbedingt Verpflichtende des Sittlichen finden können, die ohne den Gottesgedanken ausgekommen wäre. Verpflichtung entspringt entweder darin, daß Gott der Schöpfer, der Eigentümer und Herr der Welt ist, aus dessen Wesen das Recht der Gesetzgebung fließt, oder sie gründet in nichts. Den Einwand, hier werde die Sittlichkeit sklavisch auf Lohn und Strafe errichtet, geht am Problem vorbei. Auf diese Weise würde nur die Furcht vor der Strafmacht als Motiv eingeführt. Die hat auch der Hund. Sie ist „hypothetisch". Wenn du nicht bestraft werden willst, halte die Gebote.

Wer sich gegen das Recht Gottes entscheidet, tut nicht etwas, was ihm freisteht, sofern er nur einverstanden ist, die Folgen in Kauf zu nehmen; sondern er handelt mit oder ohne Folgen verächtlich. Er ist kein prometheischer Held, sondern ein mieser kleiner Schwindler. Prometheus ist ein Held nur, wenn Zeus selbst ein schäbiger Götze, ein Angeber und Hochstapler ist. So steht es mit allen Heidengöttern. Sie sind durchwachsene Gestalten, auf der einen Seite mit den Attributen von Glanz, Macht und Herrlichkeit ausgestattet, auf der anderen Seite der Moira und den eigenen Leidenschaften unterworfen. Unendliche Vollkommenheit, die Unabhängigkeit des Absoluten fehlt ihnen durchaus. Darum können sie auch keinen berechtigten absoluten Gehorsamsanspruch an den Menschen stellen. Seine Rebellion ist keineswegs nur Hybris, wenn er weiß, was er tut. Sie ist Rebellion der Würde gegen ungerechtfertigte Abhängigkeit. Sie ist Emanzipation aus selbstverschuldeter Unmündigkeit. Gegen Götzen aufstehend ist Prometheus wirklich der erste Heilige im philosophischen Kalender.[18]

Meine Ausgangsevidenz ist also, daß ich Rechte habe, über die niemand verfügen kann. Sie sind mir nicht von Menschen verliehen und können mir von Menschen nicht genommen werden. Wenn es Rechte gibt, gibt es Pflichten. Wer oder was ist der letzte zureichende Grund für beide? Die Rechte anderer verpflichten mich unbedingt. Eine solche Unbedingtheit wird mir nur verständlich, wenn es einen letzten unbedingten Geber von Rechten gibt, der nicht willkürlich Gesetze erläßt nach Lust und Laune, sondern aus einer letzten Richtigkeit seines Wesens als Maß aller Dinge.

Dieser maßgebende Rechtsgeber bin nicht ich und ist nicht die Gesellschaft oder die Vernunft, oder die Evolution.

John Simkin, ein Vertreter der Gestalttherapie, hat vorgeschlagen, den Begriff des „Sollens", der die Verpflichtung ausdrückt, aus unserem Vokabular zu streichen. Unsere Freiheit zum Guten, die Freude an ihm würde wachsen, wenn das Lästige und Unwürdige der Verpflichtung wegfiele. Wir würden vieles freiwillig und gern vollbringen, was wir durch Pflicht gedrängt gar nicht oder nur widerwillig tun. Der Gedanke wäre wichtig und richtig, wenn „Verpflichtung" nur ein konventionelles Gedankengebilde wäre; ein beschönigender Ausdruck für die Macht von Herrschenden, anderen ihren Willen aufzuzwingen, Befehle und Gesetze zu geben, Strafen anzudrohen und zu verhängen. So verhielte es sich, wenn der Mensch keine angeborenen Rechte hätte. Nur wenn es Menschenrechte gibt, kann es Verpflichtungen geben. Wenn es aber Rechte und Pflichten gibt, dann ist es irreal, unwahrhaftig und ungut, sie aus dem Gesamtbild der Wirklichkeit auszuschließen.

Die ratlose Hinnahme eines absurden Seins, eines sinnlo-

sen Wirbels von Tatsachen oder eines Willkürgottes rechtfertigen also keine Sittlichkeit. Auch sie bedarf der Rechtfertigung. Daß man auch „nur so" gut handeln kann, oder weil
es manchmal Spaß macht, vielleicht biologisch oder sozial
zweckmäßig ist, oder auch ohne einen Grund zu kennen –
wie z. B. Sigmund Freud von sich sagt[19] –, ist nicht das Problem; wenngleich es auch ein Problem ist.

Wenn Faust Recht hat, daß wir nichts wissen können, wird
das Böse unvermeidlich. Das Nichtwissen des Sokrates, der
aus Achtung vor dem Gesetz wie ein Martyrer gestorben ist,
ist nichts weniger als Resignation. Wenn es nur den Weg der
wissenschaftlichen Reflexion zur ethischen Wahrheit gäbe,
stünde es schlecht um die Sache des Menschen. Denn dieser
Weg ist nur wenigen offen; auch gleicht er einem Labyrinth
mit unzähligen Sackgassen. Die große Mehrheit ist auf eine
intuitive Einsicht oder auf irgendeine Glaubenserkenntnis
angewiesen. Sei es in der Form des Vertrauens in einen
durchgängigen Konsens ihrer Gesellschaft und der Menschheit, daß bestimmte Verhaltensweisen gut und recht sind, andere dagegen böse; oder sei es in einem religiösen Glauben
an eine Weisung, die Gott unmittelbar ins Herz spricht oder
durch Boten verkündet.

Resignation vor der Möglichkeit des Guten

Der zweite Punkt der Resignation betrifft die Möglichkeit
des Guten. Der Mensch erfährt die elementare Gewalt der
Versuchung und seine eigene Schwäche. Er fürchtet, daß er
hie und da standhalten kann, aber nicht auf die Dauer. Er
fühlt, daß er unfähig ist, die berechtigten Ansprüche seiner
Umwelt, den Liebesanspruch seiner Allernächsten zu erfüllen. Er fürchtet, daß die süchtige Unruhe und Bedürftigkeit
seiner unersättlichen Wünsche ihn überschwemmen und mit-
reißen oder die Selbstsucht ihn in sich selbst gefangenhalten
werde.

Die profane Erfahrung zeigt, daß nicht selten Gutes geschieht und Böses unterbleibt, auch gegen den eigenen Vor-

teil. Sie zeigt geschichtlich, daß Menschen trotz Folter, Todesdrohung, trotz Sucht, Triebdruck und Angst an dem als gut Erkannten festgehalten haben. Diese Einsicht verbürgt aber nicht, daß ich das auch kann. Ich habe vielmehr eher die Erfahrung, daß ich die Kraft, zu tun oder zu lassen, was ich soll, oft nicht aufbringe. Hätte ich sie bei gutem Willen doch aufbringen können?

Das mag oft wahrscheinlich sein, es steht nicht ein für allemal fest. Es ist manchmal zutreffend, aber nicht selten falsch und dumm, einem Süchtigen oder in einer bösen Gewohnheit Gefangenen zu sagen: Du kannst, wenn du nur wirklich willst, weil du sollst. *Dies ist es nicht, was der Glaube verspricht und ermöglicht.* Viele sind in Verzweiflung geraten, weil ihnen das gesagt worden ist. Es gibt tief verwurzelte Charakterfehler, die ermäßigt, schlecht und recht in Schach gehalten, aber mit keinem Mittel eliminiert werden können.

Die Vermeidbarkeit des Bösen zu wörtlich, zu allgemeingültig nehmen, heißt ins Böse verstoßen. Die Vermeidbarkeit des Bösen ist keine psychologische Erfahrungswahrheit, sondern ein Gegenstand des Glaubens, der wie viele Glaubensartikel destruktiv wirken kann, wenn er allzu simpel erklärt und verstanden wird.

Das geschieht nicht selten mit dem entscheidenden biblischen Text: *„Gott aber ist treu. Er wird es nicht zulassen, daß Ihr über Eure Kräfte versucht werdet, sondern wird mit der Versuchung auch einen Ausgang schaffen, der Euch das Ertragen ermöglicht"* (1 Kor 10, 13).

Der Text kann so verstanden werden, als garantiere die Befreiung vom Bösen die Kraft, bei gutem Willen alle Gebote und Verbote halten zu können. In diesem Punkt können psychologische Erkenntnisse der Neuzeit über die häufigen Minderungen der Freiheit eine mildere Deutung ermöglichen, ja erzwingen. Nach ihr wäre die Befreiung vom Bösen in dem Sinn garantiert, daß keine Versuchung, keine gesellschaftliche, keine innerpsychische und keine dämonische Macht uns zwingen können, die gewählte Entscheidung für Gott aufzugeben. Wohl aber können sie uns nötigen, Dinge zu tun, deren Unrecht wir nicht genügend durchschauen und fühlen, eigentlich nicht wollen, aber nicht lassen können.

Dieser Wandel im Verständnis zeigt sich am deutlichsten an der christlichen Auffassung des Atheismus. Während noch das neunzehnte Jahrhundert die Gottesleugnung als schamlose und schandbare Lüge interpretierte, die nur aus einer verborgenen Verderbtheit erklärt werden konnte, anerkennt das Zweite Vatikanische Konzil die Möglichkeit eines unschuldigen Atheismus, der nur einen Gott verwirft, an den in der Tat niemand glauben darf, nämlich eine mißverstandene und ungenügende Gestalt des Theismus, die auch im Christentum nicht selten vorkommt. Der Atheismus ist ein Parasit, der vom Mißverständnis Gottes lebt, von einem verzerrenden Vulgärtheismus, der freilich auch akademische Würden tragen kann.

Hier wird exemplarisch deutlich, daß objektiv Böses, die Untat der Gottesleugnung, auch ohne subjektiven Bosheitsgehalt ganz oder weitgehend schuldlos, ja aus bestem Wissen und Gewissen geschehen kann. Unendlich viel objektiv sehr Böses wird, mindestens bei freundlicher Deutung, interpretierbar als nur sogenanntes Böses. Es gibt nicht nur Scheinheilige, sondern auch Scheinböse.

Die andere Seite, das Frevelhafte, Überhebliche oder Leichtfertige im Atheismus, wird spürbar in einem Tagebucheintrag von Fridolin Stier: „Junger Priester in Elendsquartieren einer europäischen Großstadt, gefragt, warum er sich diesem Job verschrieben habe, antwortet: ‚Damit das Gerücht von Gott nicht völlig verlorengeht.‘ Das Gerücht von Gott! Gerücht – ja. *Es wäre unverantwortlich, ein Gerücht, das so Ungeheures behauptet, nicht nachzuprüfen.*"[20]

Das Gerücht von Gott und der Glaube

Wie aber können wir dieses Gerücht nachprüfen, das allein eine Befreiung vom Bösen verspricht? An dieser Stelle nur ein vorläufiger Hinweis: Jeder Glaubende lebt von einer schlichten Erleuchtung. Ihr Inhalt steht in der einfachsten und eindringlichsten Form beim Propheten Micha (6, 8) geschrieben: „Ich will Dir sagen, Mensch, was gut ist und was der Herr von Dir fordert: Das Rechte tun, Liebe üben und sorgsam umgehen mit Deinem Gott."

Glauben ist im Ursprung die Sache eines Blickes, der freilich oft erst nach vielen Versuchen seinen Gegenstand erfaßt, wie wir etwa suchend einen Vogel am Himmel finden. Glauben heißt, solche Worte vernehmen und zulassen, daß sie wahr sind, daß es so sein muß. Bei großen Brechungsfehlern des Auges ist der Anfang: Zulassen, daß die Worte wahr sein könnten und nicht nachlassen, sie im Sinn zu behalten.

Das Gerücht wird nachgeprüft durch nachspürendes Hören und Schauen, in das alle transzendierenden Erfahrungen des Menschen einschießen wie in einen Blick: Seine Nichtnotwendigkeit, seine Begründungsbedürftigkeit, seine unstillbare Sehnsucht und Fassungskraft für Glückserfüllung, seine Endlichkeit, seine Offenheit für das unbegrenzte Ganze des Seins, die Selbsterfahrung seiner Geistigkeit und ihres alle Fakten transzendierenden Ausgriffs, schließlich das Empfinden seines abgründigen Elends, seiner der Erfüllung bedürftigen Leere, seiner der Rettung bedürftigen Verlorenheit, seines Ausgeliefertseins an ein unverfügbares, unberechenbares, übermächtiges Schicksal, dem er auf Gnade und Ungnade ausgeliefert ist, kurzum seine Wahrnehmung einer totalen Kontingenz.

Religion ist gewiß mehr als das Gefühl schlechthinniger Abhängigkeit. Aber eben dieses Gefühl führt zu einem fragenden Bewußtsein, das nur in einem solchen ersten Blick des Glaubens Antwort findet. Alles Weitere und für manchen Notwendige, die intellektuelle Klärung von Fragen in philosophischer und theologischer Besinnung, die Bewältigung tiefer Zweifel und Schwierigkeiten, ist erst sinnvoll, wenn einer das Wissen in sich selbst zulassen kann, das Gerücht Gott sei möglicherweise wahr.

Das Ethische ist unteilbar. In der atheistischen Moral wird das Sittengesetz in seinen Ästen und Zweigen beachtet, während Wurzel und Stamm, das erste und wichtigste Gebot, verletzt wird: Die Wahrheit wahr sein zu lassen und Gott Gott sein zu lassen. Diese Verletzung wäre der Gipfel des Bösen, ein Unrecht schlimmer als jedes andere, wenn es wissend und freiwillig geschähe. Aber dieser Irrtum wird zum Glück vielleicht häufiger ein unvermeidlicher oder ein fahrlässiger als ein schwer schuldhafter sein, oft mehr hilflose geistige Ausweglosigkeit im Labyrinth suggestiver Sophismen, als unfaßbare und kaum mehr einfühlbare Verstocktheit.

Die Christenheit hat freilich lange gebraucht, ehe sie die Wahrheit der letzten Bitte Jesu am Kreuz verstehen konnte: „Verzeih ihnen, denn sie wissen nicht, was sie tun."

Die Bosheit des Irrtums und der Selbsttäuschung steht immer in einem Zwielicht; niemand irrt sich mit voller Absicht. Tendenziöse Irrtümer geschehen auf der dunklen Hintertreppe des Bewußtseins; darum sind sie nicht selten unvermeidbar und bleiben lange Zeit unüberwindbar.

Atheistische Moral hat den „Vorteil", den Menschen von allen Verpflichtungen und Einschränkungen, die er nicht einsieht oder nicht anerkennen mag, zu befreien. Der einzelne kann entscheiden, welche Regeln er einhalten, welche Prinzipien er anerkennen will. Auch wenn dabei keine Anarchie des mutwillig ausgewählten Beliebigen herauskommt, wird man doch sein eigener Herr, der Selbstherrscher und Gesetzgeber des eigenen sittlichen Reiches. Für den stolzen Rechthaber in uns ist die faszinierende Versuchung eine narzißtische Genugtuung zu genießen, die größte, die es gibt: Ihr werdet sein wie Gott. Atheismus ist Erfüllung eines Wunschdenkens.

Zwar nicht, wie die biblische Geschichte vom ersten Sündenfall fortfährt: „wissend das Gute und das Böse" – sondern „festsetzend das Gute und das Böse", praescribentes bonum et malum.

Menschsein, so ganz auf eigene Faust und von eigenen Gnaden, von niemandes Hilfe und Gunst abhängig, das ist gut. Es ist herrenhaft und herrisch.

Die Frommen müssen betrübt zugeben, daß die narzißtische Motivation der Moral gelegentlich wirksamer ist als die christliche. Wir sind oft eher bereit, uns selbst zuliebe gut zu sein, als Gott und dem Nächten zuliebe; Gott bessere es, aber es ist so und es mästet einen sublimen Hochmut, der in sympathische Bescheidenheit gekleidet sein kann.

Eine absurde Variante dieses selbstherrlichen Spiels findet sich bei Erich Fromm, der uns auffordert, an Gott zu glauben, aber von ihm unabhängig zu werden[21]. An sich sollte man denken, daß für den, der Gott erkennt, das Wort „Ich bin der Herr, dein Gott" selbstverständlich folgt. Aber offenbar bedarf auch dies einer neuen Einsicht.

Robert Spaemann schreibt: „Atheismus im Sinn einer Lehre vom Primat sinnfreier, faktischer Positivität kann von keiner ernsthaften Philosophie akzeptiert werden. Philosophie ist vielmehr geradezu definiert durch den Gegensatz zu dieser in sich absurden und doch immer suggestiven These."[22] Denn ihr Wesen ist, nach Sinn und Grund alles Faktischen zu fragen.

Genau an diesem Punkt liegt eine tiefe Quelle des Bösen. Es ist die *Faszination des Absurden* als äußerstem Ausdruck von Selbstherrlichkeit. Wer sie intellektuell am eigenen Leibe verspüren will, sollte den Tractatus logico-philosophicus des jungen Ludwig Wittgenstein lesen und mit dem Satz im Vorwort vergleichen: „Ich bin also der Meinung, die Probleme im wesentlichen endgültig gelöst zu haben."[23] Der alte Wittgenstein hat sein anspruchsvolles Jugendwerk später recht verächtlich beurteilt.

Menschen können zu passionierten Liebhabern des Absurden werden, Mönche und Nonnen des Widerspruchs und des Widersinns. Das Böse ist die *Selbstvergottung durch Widerspruch.* Wer Gott widerspricht, ihn verneint, ist ihm über. Er setzt selbst die Logik außer Kraft.

Alles Böse enthält ein Fehlurteil. Das Böse ist eine falsche Wertschätzung. Jede Stufe des Bösen ist eine Stufe des Irrtums in der Bewertung eines Verhaltens, die Überschätzung oder Unterschätzung eines Wertes. Right or wrong, my country, my family, my money, my pleasure: Irgendein Wert wird leichtfertig wider besseres Wissen zu dem Gipfel gemacht, der „um jeden Preis" erreicht werden muß. Nicht weil es gut ist, will ich es, sondern weil ich es will, heiße ich es gut. Was immer der Wille will, behauptet er damit als gut[24].

Denkfaulheit ist zum Teil unschuldige Denkunfähigkeit. Zum anderen Teil schlitzohrige Denkabwehr. Nichtdenken hat große Vorteile. Es ermöglicht Rechte anderer und eigene Pflichten nicht so genau zu sehen und darum auch nicht so genau nehmen zu müssen. Praktische, bequeme, libertinistische Weltanschauungen sind hoch elastisch, sie geben der eigenen Willkür jederzeit Spielraum genug, alles gut zu finden, was man jeweils möchte und bei jedem Unrecht, auch bei himmelschreienden Sünden, gerechtfertigt zu sein. Libertinismus ist die nachreformatorische Form der Rechtfertigungslehre. Eine Grundform des Bösen ist das hartnäckige Festhalten vorteilhafter Vorurteile. Hier sind auch Leute, die sich für Revolutionäre halten, großartig konservativ. Es kommt ihnen nicht in den Sinn, ihre eigenen Vorurteile so zu hinterfragen, wie sie es bei ihren Gegnern zu tun vorgeben.

Allerdings sind es eben unsere eigensinnig getarnten und verteidigten Vorurteilssysteme, die zwar das handgreiflich Böse bis zum Grauenhaften wachsen lassen können, bis zu Hexenprozessen, Vernichtungslagern und Atomkriegen, aber die subjektive Verantwortung für das Böse oft in proportionaler Weise mindern. Biographien von Wächtern in Konzentrationslagern, von Terroristen, Asozialen, aber auch die Geschichte von ihre Kinder mißhandelnden Eltern (und umgekehrt), von Gelegenheitsdieben, von krankfeiernden Zeitbetrügern oder, um vollends in die statistische „Normalität" des Bösen zurückzukehren, von Schulkindern ohne

Pflichtgefühl zeigen, daß ethische Fehlhaltungen immer auf Gerüsten von Vorurteilen aufgebaut sind.[25]

Die Mischung der Beliebigkeiten von Vorurteilen führt dazu, daß der existentielle Kompaß so unbrauchbar wird wie ein Schiffskompaß zwischen Magnetbergen. Klare ethische Orientierung des Denkens und Fühlens, die erste Voraussetzung der Bewältigung des Bösen, stellt sich, wenn überhaupt, so nur noch im Primitivsten einer Kumpelmoral ein. Alles andere mag fehlen oder nicht, es bleibt oft von launischer Willkür durchsetzt.

Gefangen im Bösen

Die Frage nach der Befreiung vom Bösen oder nach seiner Bewältigung scheint bei geringfügigem Fehlverhalten nicht sinnvoll zu sein, aber auch nicht bei den großen Formen. Befreit werden kann nur, wer ein unfreiwilliger Gefangener des Bösen ist. Wer aus vollem, freiem Herzen gern und gründlich böse ist, also etwa der Arzt, der aus Gewinnsucht überflüssige Operationen durchführt, nur um noch reicher zu werden als er ohnehin schon ist; der Bürokrat, der aus Schikaniersucht machtlose und hilfsbedürftige Antragsteller warten und betteln läßt; wie sollte der befreit werden, der danach gar kein Bedürfnis hat? Diese Art der gemeinen Bosheit, aus vollem Herzen geübt und in vollen Zügen kalt genossen, lassen wir hier zunächst beiseite. Sie unterscheidet sich vom Allerweltsbösen, wie sich ein bösartiger von einem gutartigen Tumor unterscheidet, wenn auch eine scharfe Grenze nicht auffindbar sein mag.

Aber auch innerhalb der Formen von Gefangenschaft im Bösen, die glücklicherweise immerhin so halbherzig und ungründlich sind, daß sie einen Wunsch nach Befreiung offen lassen, gibt es große Unterschiede.

Ferner gibt es Taten, die unter normalen Umständen böse sind, durch ungewöhnliche Umstände aber gut und zur Pflicht werden. Der Täter dieser Taten tut nicht etwas Böses zu einem guten Zweck, der dann die Mittel heiligen müßte, sondern er tut überhaupt nichts Böses. Das ist z. B. der Fall, wenn man einem gefährlich Bedrohten zu Hilfe kommt, indem man den Bedroher verletzt und seinen Tod in Kauf nimmt. Aber auch der Psychotherapeut, der natürlich nicht die geringste Ermächtigung hat, irgendeinem Menschen irgend etwas Böses zu erlauben oder zu raten, handelt nicht böse, sondern therapeutisch, wenn er einem Patienten nahelegt, seinen unbewußten und eingefrorenen Vaterhaß aufzutauen und in der Therapie zu fühlen und zu äußern. Was der Patient tut und will, ist nicht die Billigung oder gar das Ausleben seines eigenen Hasses, sondern das Auftauen erstarrter Gefühle in der Hoffnung, auf diese Weise Haß überwinden zu können. Haß „abreagieren", besser: ausleiden, ist etwas ganz anderes als hassen wollen.

Solche und ähnliche Fälle verführen zu einer fahrlässigen Redeweise von der Notwendigkeit des Bösen. Ich gebe zu, daß in solchen Unterscheidungen eine unbequeme Denkarbeit steckt. Aber Verweigerung von Denkarbeit ist die Wurzel von viel Unrecht. Jesus hat auf energischem, konsequentem Zuendedenken dringlich bestanden. Er dachte nicht daran, den Glauben gegen Vernunft auszuspielen. Er bestand darauf, vom Verstand einen vernünftigen Gebrauch zu machen.[26]

Ein tiefer Ursprung des Bösen ist das *Ärgernis am Guten* und an den Guten. Das Gute und die Guten, vor allem das schattenlose, unerreichbare und unübertreffliche Gute, das Heilige, haben nicht nur für den Sünder etwas Beschämendes, Demütigendes an sich. Sie muten auch dem unschuldigen Geschöpf eine Demütigung zu, weil sie ihm seine Nichtigkeit und Ohnmacht vor Augen führen; die radikale Ungöttlichkeit, die Unnotwendigkeit, Überflüssigkeit des kontingenten, nicht notwendigen Seins. Gott braucht uns nicht, er kann sehr gut ohne Engel und Menschen, ohne Kosmos, Materie und Evolution auskommen, auch ohne Dienst und Liebe seiner Geschöpfe. Er hat keine Langeweile, die wir vertreiben müßten. Er leidet keinen Mangel, den wir stillen könnten. Diese Einsicht ist ebenso geeignet, zur huldigenden Anbetung zu entflammen – es ist wunderbar, daß es das von uns ganz und gar unabhängige Heilige und Vollkommene gibt – wie sie geeignet ist, Auflehnung, Ärgernisnehmen des Auch-Geistes zu provozieren, der seine Nichtigkeit vor dem Unendlichen, die leere, erfüllungsbedürftige Mitte seiner „Wirklichkeit ablehnt, weil er sie unerträglich findet" (Freud). Proskynesis, Anbetung, sich beugende Huldigung bedeutet für ihn, was der griechische Wortsinn verräterisch aussagt: „Anhündelung".

Es sind Aspekte des Guten, die zur Unliebe herausfordern, wie es Aspekte der Wahrheit sind, die den Unglauben provozieren. „Es liebt die Welt, das Strahlende zu schwärzen und das Erhab'ne in den Staub zu ziehen" (Schiller). In dem Maße, in dem wir nicht gut sind, gehen uns das Gute und die Guten unangenehm auf die Nerven. Große Mühe verwenden wir darauf, das Gute herabzusetzen, als in Wirklichkeit minderwertig zu entlarven, seine Mängel aufzudecken, hämisch zu kritisieren, bis kein gutes Haar mehr daran ist – möglicherweise mit Hilfe einer mißbrauchten Psychoanalyse. Dann ist mehr Freude an einem Haar in der Suppe als an einer ganzen guten Mahlzeit. Die Lust am Negativen lindert aber den Schmerz bei dem ärgerlichen Anblick des Guten. Froh entsetzt stellen wir fest: Das lautere Gute darf nicht wahr sein, die Wahrheit darf nicht gut sein. Soweit wir am Bösen teilhaben, zahlen wir hohe Preise für den Platz auf der Bank jener Spötter, die nicht das Spottwürdige, das Dumme und Böse verlachen, sondern eben das Gute, das Wahre und Erhabene als lächerlich zu erweisen suchen, weil sie das Licht nicht ertragen, geschweige denn strahlenden Glanz. Mit dem immer durchwachsenen Guten unserer Erfahrungswirklichkeit haben sie stets leichtes und billiges Spiel. Mit dem Wort „selig, wer sich an mir nicht ärgert" stößt Jesus in dieses giftige Zerfallszentrum des Bösen, das Ärgernis am Guten, an dem er selbst gescheitert ist[27]. Es ist von tiefer Bedeutung, daß der erste Satz im Psalter die seligpreist, die nicht sitzen, wo die Spötter sitzen.

Dieser Gedanke führt uns möglicherweise nah an das Geheimnis der Bosheit, aber er paßt weniger gut zum alltäglichen Normalbösen. In ihm scheint weniger das Ärgernis des Guten wirksam zu sein als die Angst vor der *Bedrohlichkeit des Guten.* Das Gute hat den Schein des Destruktiven an sich, wir fürchten uns vor ihm. St. Martin mußte seinen Mantel zerschneiden, um dem erfrierenden Bettler zu helfen; oder, hätte er den ganzen Mantel hergegeben, sich selbst gefährden. Das Gute bedeutet oft, wenn nicht zumeist auch Selbstschädigung. Wollte ich mich etwa um die richtige solidarische Einstellung zur Armut der dritten und vierten Welt bemühen, dann dürfte ich vielleicht viel weniger Geld für über das Lebensnotwendige hinausgehende Ernährung und Kleidung ausgeben, solange es noch Menschen gibt, die hungern. Ich dürfte vielleicht keine Ferienreise mehr machen, kein Theater mehr besuchen. Ein gewissenhaftes, richtiges Leben würde möglicherweise ein Leben von äußerster Bescheidenheit, weil anscheinend jeder Konsum dem Hungernden und Frierenden sein Notwendigstes vorenthält. Der Gedanke, der am Hof von Versailles den Luxus rechtfertigen sollte, Luxuskonsum schaffe vielen Arbeit und Brot, ist trotz seiner Richtigkeit keine ausreichende Beruhigung.

Im Dritten Reich führte eine gewissenhafte Ausrichtung auf das Gute unausweichlich zu der lebensgefährlichen Frage, die den Verschworenen der „Weißen Rose" das Leben oder die Freiheit gekostet hat: Was tue ich für die Wiederherstellung von Recht und Freiheit, was zum Schutz der verfolgten Mitbürger? Das Gute fordert von uns manchmal eine lebensgefährliche, oft eine unbequeme, die eigene „Lebensqualität" ernstlich gefährdende Aktivität, mit einem Wort, schmerzliche Opfer. Vor ihnen würden wir von einer Angst in die andere stürzen, hätten wir nicht gelernt, große Gewissensbereiche energisch und dauerhaft zu verdrängen. Die einfache Frage, wieviel Konsumnarzißmus, Ausgaben für Vergnügen und Prestige, für einen Christen vertretbar ist, kann schon tiefe Beunruhigung mit sich bringen. Sie gefährdet Lebensfreude. Das Gute ist bedrohlich. Denk ich des Guten in der Nacht, so bin ich um den Schlaf gebracht. Gewissen ist Streß – nicht immer ein so gutes Ruhekissen.

Bei nicht wenigen Menschen ist nicht nur ein verdrängtes schlechtes Gewissen ein krankheitsfördernder Streßfaktor, sondern auch jenes Gewissen, das zum Eifer im Guten antreibt. Jene ideale Verbindung von blutdrucksteigerndem Engagement und tiefer, streßmindernder Gelassenheit ist ein seltener und später Reifestand des guten Menschen.

III. Die psychoanalytische Erklärung des Bösen

Das Böse in Sigmund Freuds Theorie und Praxis

Für Freud als Theoretiker und Naturphilosophen ist das Böse kein freies Unrecht, sondern ein Naturgesetz[1]. Die Natur zeigt eine Vereinigungstendenz, Freud nennt sie Eros, aus Bauteilen der Materie in der Evolution komplexe Gebilde zusammenzufügen: Moleküle, Organismen, Familien, Gruppen. Sie hat ferner die Trennungstendenz, alle Einheiten wieder aufzulösen; Freud nennt sie Todestrieb, Thanatos, Destruktionstrieb. „Böse" nennt er jene psychischen Vorgänge, in denen das naturnotwendige, niemals ganz fehlende destruktive Element eine unerwünschte Übermacht gewinnt. „Das Böse" ist im Grunde der mythische Name für die Rücksichtslosigkeit einer sinnlosen Natur, der der Mensch, seine Existenz und seine Wünsche völlig gleichgültig sind. In der Natur gibt es für den Positivisten keine Rechte, keine Pflichten, keine Werte, keine Ziele, nicht gut und nicht böse, sondern nur das Zufallsspiel von Kraft und Stoff und die angebliche Notwendigkeit der Gesetze. Diese Notwendigkeit freilich wird nur behauptet, nie erwiesen. Warum auch sollten Naturgesetze und Naturkonstanten (z. B. die Lichtgeschwindigkeit) nicht ganz anders sein können, als sie tatsächlich vorgefunden werden?

Das Böse ist personal, nicht natural.

In Freuds Praxis sehen die Dinge anders aus. Er nahm nur Personen zur Therapie an, bei denen er einen „verläßlichen Charakter" voraussetzen zu dürfen glaubte. Er hat seinen Kollegen geraten, Menschen, die nichts taugen, von der Analyse auszuschließen. In der Regel sind Neurotiker Leute mit einem eher zarten Gewissen und jedenfalls solche, die nicht leicht fröhlichen Gemütes böse sein können, sondern mit diesem Gewissen in ständigem Konflikt leben. An ihnen kann man aber nicht studieren, was das radikal Böse ist, weil sie nicht radikal, sondern nur aus Schwäche böse sind, soweit sie es überhaupt sind. Ferner war Freud einer von den sehr wenigen Menschen, die von sich selbst meinen, keine ernsthafte Erfahrung mit dem eigenen Bösen gemacht zu haben. Er hat in einem Brief die erstaunliche Überzeugung geäußert, daß er selbst nie etwas Böses getan habe[2].

Inzwischen hat aber die Psychoanalyse und über sie hinausgehend die Primärtherapie, eine große Zahl von Erfahrungen mit Leuten gesammelt, die man gemeinhin als böse bezeichnet. Mit Kriminellen aller Schattierungen, mit Asozialen, mit Zuhältern, Mördern und Betrügern. Sie hat es also bei den sittlich eher zart besaiteten Neurotikern, die Freud behandelte, nicht bewenden lassen. Übrigens wissen wir aus Freuds eigener Darstellung, daß er ein wenig aus der analytischen Rolle fiel und seine Patienten nach kräftiger Beschimpfung einfach gehen ließ, wenn er auf Böses an ihnen stieß, das ihm zu weit ging[3].

Freuds Erfahrung führt uns auf eine wichtige Unterscheidung: Im Leben und im psychoanalytischen Befund finden wir zwei Arten von Bosheit: eine, mit der der sich böse Verhaltende in Konflikt liegt. Er will sie nicht. Sie überfällt ihn, zwingt und beherrscht ihn gegen seinen Willen und er leidet unter seiner eigenen Bosheit. Die Bosheit gehört analytisch gesprochen dem Es an oder auch dem Überich, und wird vom Ich abgelehnt. Eine andere Art von Bosheit ist es, mit der sich das Ich völlig identifiziert. Es leidet nicht unter ihr, sondern allenfalls unter ihren Folgen. Die Person ist mit ihrer Unrechtstendenz einverstanden. Kurz sei noch eine dritte Form erwähnt: Der Mensch ist mit seinem Bösen nicht einverstanden, aber er hat sich darein ergeben. Er resigniert vor der Macht des Bösen, er objektiviert sich selbst und sagt, ‚ich bin nun einmal so‘. Er hat die Hoffnung aufgegeben, sich ändern zu können oder den Willen, es zu tun. Als Ausflucht führt er an, es sei schon lange so und darum jetzt, in höherem Alter, nicht mehr zu ändern – oft eine bequeme und plausible Selbsttäuschung.

Triebschicksal

Die konkretere psychoanalytische Erklärung des Bösen ist in einem einzigen Wort zusammengefaßt. Es heißt „Triebschicksal". Böses entsteht, wenn durch Disharmonien der Erbanlage, Verhängnisse der Kindheit und weitere ungünstige Umweltbedingungen, wie z. B. übermäßige Versagungen oder Forderungen und Leistungsdruck, die Triebbedürfnisse Formen und Grade annehmen, die das Zusammenleben in der Gesellschaft bedrohen. Vertreten durch Eltern und Miterzieher wehrt sich die Gesellschaft gegen den Ansturm der Triebbedürfnisse des Kindes mit der gefährlichen, selbst aggressiven Abwehrwaffe der körperlichen und seelischen Züchtigung in Blicken, Worten und Strafhandlungen. Diese Abwehrwaffe nimmt das Kind eines Tages in die eigenen Hände. Es richtet sie gegen sich selbst nach dem Rezept: Wie du mir, so ich mir. Es verurteilt und bestraft sich selbst, richtet Aggression nach innen und entwickelt Schuldgefühle. Diesen Vorgang nennt die Psychoanalyse *Überich-Bildung*. Wenn das dem Kind zu gut gelingt, erkrankt es neurotisch oder psychosomatisch. Immer wird sein Charakter verformt, es wird vielleicht ein unterwürfiger, allzu angepaßter Duckmäuser. Wenn diese schädigende Wirkung einer aggressiven Erziehung nicht eintritt, kann es geschehen, daß das Kind den Satz ein wenig ändert; es sagt fortan zu den anderen: Wie du mir, so ich dir; es wird dann vielleicht aggressiv und asozial, ein Störer des Zusammenlebens. Überwältigt von Mißtrauen, Angst, Trotz, Neid und Haß gegen die Eltern und ihre Nachfolger wird es unfähig, deren manchmal doch auch guten Rat und ihr vielleicht sogar gutes Beispiel zu beherzigen. Das Kind bleibt, wie die Psychoanalyse das ausdrückt, im Banne des Ödipus-Komplexes, aus dessen mangelhafter Bewältigung nicht nur ein ungutes Überich und die

Neurose, sondern auch eine Fixierung im Haß, damit aber Liebesunfähigkeit und Lieblosigkeit hervorgehen können[4].

Freud schreibt: „Denn die Kindlein, sie hören es nicht gerne, wenn die angeborene Neigung des Menschen zum Bösen, zur Aggression, Destruktion und dann zur Grausamkeit erwähnt wird."[5] In der Psychoanalyse kann und wird die Diskussion nicht enden, wie weit Neigung zur Grausamkeit, Haß, Schadenfreude, Sadismus als Reaktion auf früh erlittenes wirkliches oder vermeintliches Unrecht verständlich werden, oder ob sie auch auf destruktive Anlagefaktoren zurückgeführt werden müssen. Solche Versuche, gleichsam aus einem Rührei wieder zwei oder mehr einzelne Eier zu rekonstruieren, werden am Einzelfall wenig Ertrag bringen. Zur Klärung der Grundverhältnisse trägt vor allem die Zwillingsforschung bei[6].

Überich und Gewissen

Das Überich der Psychoanalyse ist nicht das eigentliche Gewissen. Dies eigentliche Gewissen heißt bei Freud einfach „Vernunft". Die sittliche Vernunft, die nach angemessenem Nachdenken sagt, das ist gut und das ist böse, vernünftig vertretbar oder nicht. Das Überich ist ein relativ starres Reaktionsmuster, das sittliche Fragen sozusagen nach dem Kinderzimmer-Kodex vorsortiert; entweder mit dem infantilen Rezept: Handle immer so, daß du den Eltern gefällst. Oder nach dem Pubertätsrezept: Handle meistens so, wie es den Eltern mißfallen würde. Häufiger als diese beiden Extreme ist freilich ein gemischtes Reaktionsmuster, das einmal den Vorstellungen der Erzieher entspricht, ein anderes Mal von ihnen abweicht. Solange es sich nur um das Überich handelt, geschieht die Reaktion viel weniger aus nachdenklicher Betrachtung des eigentlich der Situation Angemessenen, sondern vorwiegend unbewußt und automatisch aus einem in vielen Fällen freilich praktisch sinnvollen und zureichenden Repertoir.

Eine nie versiegende Quelle des Bösen ist die *Übertragung*.
Ein lieblos und ungerecht behandeltes oder vernachlässigtes
Kind überträgt als Erwachsener den Groll, die Rachsucht,
die sich Eltern und Geschwistern gegenüber angesammelt
haben, auf andere Personen. Sie werden behandelt, als wären
sie die der Rache würdigen Eltern. Ein verwöhntes, mutter-
gebundenes oder übermäßig an den Vater fixiertes Kind
überträgt eingeprägte Anspruchshaltungen und Gefühlsbe-
reitschaften auf alle Welt, wo immer es auf der Kindheitser-
fahrung ähnliche Spuren stößt. Die neuen Gegenstände solcher Kindheitsgefühle finden sich dabei durchaus mißbe-
handelt, sie reagieren ablehnend, enttäuschend oder sie
beuten die infantilen Gefühlsangebote aus – ein Teufelskreis
gegenseitiger Verführungen und Verstrickungen folgt.

Viel Böses bei Erwachsenen ist *nachträgliches Begleichen*
alter Rechnungen bei den falschen Schuldnern. Vor allem
Rechnungen des Neides, der Eifersucht, der Vergeltung und
der unmäßigen Ansprüche. Das Böse, das Unrecht aus der
Übertragung ist u. a. *Erledigung unvollendeter Aufgaben,* wie
das die experimentelle Gestaltpsychologie nannte. (Der Ausdruck „unfinished business", von Fritz Perls seiner Gestalttherapie zugrund gelegt, ist nur die Übersetzung eines
Grundbegriffes der gestaltpsychologischen Berliner Schule.)

In diesen Zusammenhang gehört auch die von Freud entworfene These, Triebversagung führe zur Aggression, die
später als Frustrations-Aggressions-Hypothese experimentell geprüft wurde. Der Übertragungsgedanke erweitert diese
Auffassung auf den ganzen Lebenslauf: Versagungen der
Kindheit können zu übermäßiger Aggressivität des Erwachsenen führen. Der Gedanke, den Freud in seinem Aufsatz
„Das Unbehagen in der Kultur" ausführt, hält die Triebein-
schränkungen der Kultur für eine Hauptquelle destruktiver
Tendenzen; das ist auch ein Grundgedanke von Arno Placks
Buch „Die Gesellschaft und das Böse"[7].

Die tiefenpsychologische Erklärung des Bösen betrifft
nicht zentral das Böse selbst, sondern seine infantilen Vor-

stufen, die zum sogenannten Bösen gehören, weil es ihnen noch an entwickelter Freiheit fehlt. Die Psychoanalyse weiß ungemein viel von dem, was die christliche Überlieferung als Versuchung, als Begehren und Begierlichkeit, Konkupiszenz, ungeordnete Anhänglichkeit benennt. Das ist ihr eigentliches Forschungsfeld. Sie tut sich aber schwer mit der eigentlichen Schuld, solange sie als deterministische Psychologie keine Freiheit gelten lassen kann. Dies sagt man auch Sigmund Freud nach, und er würde nicht einmal widersprechen. Tatsächlich hat er aber in einer Krankengeschichte „Ein Fall von weiblicher Homosexualität" auf klassische Weise das Zusammenwirken von Determinierung und Freiheit gezeigt[8].

Der Ort des Bösen in der Psychoanalyse

An den psychoanalytischen Theorien des Bösen ist problematisch, daß sie als Ort des Bösen eher das Es, d.h. die Triebschicht des Menschen, und das Überich betrachten, d.h. die Instanz, aus der vorwiegend die persönliche Mischung von schematisierter Abwehr und von Gehenlassen des Triebhaften hervorgeht. Mir scheint eher, daß das Böse im Bereich des Ich angesiedelt ist; dort nämlich, wo die Alternativen sich zeigen, wo die Güterabwägung erfolgt, wo die Vernunft und das Vernunftgewissen zu Wort kommen, dort wo die Freiheit wohnt und die Entscheidungen gefällt werden. Nur in dieser inneren Mitte des Ich ist Besonnenheit und Selbststeuerung möglich, nur dort gibt es Beachtung von Recht und Unrecht. Es und Überich sind von Natur und Prägung unbewußt und unbesonnen, von einigermaßen vernunftarmer Sturheit. Auch das Überich repetiert mehr die Stimme der Erzieher, als sie zu prüfen. Es sagt nicht: Tu, was gut und vernünftig ist, sondern: Tu, was die Eltern wollten. Das Es und das Überich dürfen freilich stur sein. Die einzelnen Triebe und die Hemmungskräfte sollen ja ihren parteiischen Anspruch energisch vorbringen. Abstimmung und Lenkung sind nicht ihre Aufgabe. Weder der Motor noch die

Bremsanlage eines Fahrzeugs sollen die Lenkung übernehmen. Die Triebe sollen vielmehr antreiben, das Überich die Straßenbegrenzung zeigen, aber das Ich soll lenken, wohin die Reise geht und fragen, welche Wege zum Ziel führen, ohne andere zu überfahren. Die psychoanalytischen Theorien zeigen, wie und warum wir alle unter den manchmal zwingenden, oft überwältigenden und immer mächtigen Einflüssen von guten und unguten Handlungsentwürfen des Gefühls und der Triebphantasie stehen. Das ist es, was wir bisher „Versuchungen" genannt haben. Auch die Psychoanalyse spricht von Versuchungen und Versagungen als Auslösern der Neurose und in anderen Zusammenhängen.

Das Wichtigste der Tiefenpsychologie

Die wichtigste Erkenntnis der Tiefenpsychologie, die der tradierten Anthropologie weitgehend gefehlt hat, ist, daß Motive und Versuchungen oft eine gleichsam vierte Dimension ihrer Anziehungskraft erhalten, wenn sie zwei gewaltige, unsichtbare Zusatzgewichte auf die Waage bringen. Das erste ist der Anklang an leidenschaftliche Kindheitswünsche oder Kindheitsängste. Glück, sagt Freud, ist immer die Erfüllung eines Kinderwunsches[9]. Die erotische Anziehungskraft einer Frau kann übermächtig werden, wenn sie Erinnerungsspuren an vielleicht ganz seltene und entbehrte Höhepunkte des zärtlichen Ausdrucks der Mutter anrührt. Dasselbe kann geschehen, wenn diese Frau faszinierendes Symbol für einen großen Lebenswert wird, für Geborgenheit, Lebendigkeit, für die eigene weibliche Seite in dem von der Faszination betroffenen Mann; für ein früh entworfenes Lebensprogramm, Schwache zu beschützen, Traurige zu trösten, Hilflosen zu helfen. Kindheitsglocken verzaubern.

Noch hinreißender werden Motive, wenn sie verborgen glitzernde Lichter faszinierender Gottähnlichkeit anbieten. Das Faszinierende ist nahe zum Numinosen. Die erotische und sexuelle Erfahrung in ihrer Vielfalt lockt, als böte sie alle

Herrlichkeit des Himmels und der Erde in einer Vergottung des Leibes, wie Stefan George das genannt hat.

Umgekehrt kann eine Wahrheit oder eine moralische Intuition abstoßend unzugänglich werden, wenn sie unbewußt einen als gehässig empfundenen Zornesblick des Vaters oder eine andere Angstsituation anklingen läßt. Mißtrauen und Trotz aus der Kindheit halten uns in vielen unguten Vorurteilen und Fehlhaltungen fest. Sie verhindern viel richtiges Denken und Wollen, möglicherweise für Jahrzehnte.

Ablehnung der Wirklichkeit

Im psychoanalytischen Vokabular wäre die Schuld, das Böse und der schuldhafte Irrtum unter den Fehlleistungen, Fehlhaltungen und Fehlentwicklungen im weitesten Sinn einzuordnen. Fehlentwicklung aufgrund mißlungener Erlebnisverarbeitung (im Unterschied zu den Fehlentwicklungen aufgrund falscher Chromosomenprogrammierung oder Hirnschädigung) ist wohl meist das Ergebnis von seelischen Verwundungen, von übermäßigen Versagungen, von ungelösten Konflikten und unerträglichen Mißgefühlen oder von phantastischen Entwürfen. Die Quintessenz der neurotischen Fehlentwicklung, die auch für alle anderen Fehlentwicklungen gilt, heißt in der großartigen, daseinsanalytischen Formulierung Sigmund Freuds: *„Der Neurotiker wendet sich von der Wirklichkeit ab, weil er sie, ihr Ganzes oder Stücke derselben, unerträglich findet.“*[10] Die Konflikte gewinnen oft eine besondere Schärfe, Bitterkeit und Hoffnungslosigkeit durch ein Moment, das in ihnen wohl nie vermißt wird: den Protest gegen die Determinanten des Daseins (Schottlaender)[11]. Der Neurotiker kann das Unabänderliche nicht akzeptieren. Er reibt sich wund an den harten Grenzen der Wirklichkeit. Er protestiert vor allem gegen die Grundgegebenheiten, daß sein Dasein zeitlich ist, daß er einen Leib hat, daß er ein geschlechtliches Wesen und ein ergänzungsbedürftiges, auf den anderen und die anderen angewiesenes animal sociale ist. Er protestiert gegen das Vorhandensein von Mangel, Leid und Not. Er lehnt sich auf gegen die Grenzen seiner Begabung und seiner äußeren Gaben, gegen seine Mängel und Bedürfnisse. Er protestiert aber auch gegen seine geistige Natur und ihre Konsequenzen. Er protestiert dagegen, daß es in seinem Leben Müssen, Sollen, Dürfen und Nichtdürfen, Können und Nichtkönnen, Wünschen und Nichterlangen gibt, daß diese Welt nicht die beste aller Welten, er selbst nicht ein kleiner Gott ist. Das Gefühl der schlechthinnigen Abhängigkeit ist ihm unerträglich.

Diese Formel gilt auch uneingeschränkt für den Sünder. Sünde ist Ablehnung der Wirklichkeit als einer teilweise unzumutbaren Realität. Während aber die Neurose im günstigsten Fall nur eine unbewußte Ablehnung von Weltwirklichkeit, Leiblichkeit, Sexualität usw. ist, bedeutet die tödliche, die schwere Sünde eine freie Ablehnung Gottes und der erkannten sittlichen Ordnung.

Die psychoanalytische Therapie deckt die kindlichen Vorprägungen unserer Irrtümer und Fehlhaltungen auf und ermöglicht ein Aufbiegen dieser Gitter, die unser Gefangensein im Unrecht aufrechterhalten. Allerdings erzwingt ein aufgebogenes Gitter noch nicht das Verlassen des Gefängnisses. Dies ist ein neuer Schritt, nicht jeder tut ihn.

Die neurotische Abwendung ist als ganze oder in ihren Teilen keine einigermaßen frei gewählte, sondern das Gegenteil: zunächst unentrinnbares Triebschicksal, verhängt von den „himmlischen Mächten", wie Freud sie nennt, Libido und Aggression, in ihrem Zusammenprall mit der Realität.

Böses tut oder böse wird der Mensch, wenn Triebströme und Wünsche zur mehr oder weniger bewußt zugelassenen Störung des Zusammenlebens seiner seelischen Instanzen und mit seinen Mitmenschen führen. Krank wird er dagegen, wenn er ein Übermaß an Schmerz, Spannung, Triebdruck vorwiegend mit ungeeigneten Mitteln, mit den Notbremsen der unbewußten Abwehrmechanismen, mit Hemmung, Verdrängung, Verleugnung oder unbewußter Selbstbestrafung zu bewältigen sucht; wenn „das Überich straft, statt zu verbieten, das Ich leidet, statt zu verzichten", wie das Franz Alexander ausdrückt.

Dieses Ausgeliefertsein des Menschen, besonders des neurotischen, an die Übermacht seines Triebschicksals, drückt der Analytiker Hans Sachs in einem drastischen Bild aus: Der Mensch, so sagt er, sei wie ein Kleinstkind, das einen ungezähmten Elefanten lenken müsse. Das Scheitern wäre unvermeidlich, wenn dieser psychoanalytische Pessimismus immer so sehr Recht hätte, wie es in manchen schweren Neurosen der Fall ist, in denen geeignete Mittel, sich zurechtzufinden, nicht zur Hand sind.

Die Deutung des Bösen bei Arthur Janov

Eine wichtige neue Deutung des Bösen gibt Arthur Janov, der Erfinder der „Primärtherapie"[12]. Für ihn sind die hervorragenden Formen des Bösen, Grausamkeit, Egoismus und alle Laster, Reaktionen auf früh erlittene unerträgliche Schmerzen, Kränkungen und Entbehrungen. *Das Böse stammt vom Leid.* Dieser angesammelte „Urschmerz" wird oft durch eine dauerhafte Gefühls- und Gemütsverödung betäubt. Sie macht eine Unzahl von Mitmenschen zu gemütlosen Psychopathen, weil sie nicht mehr fühlen können, was sie anderen antun, sondern nur noch an den seidenen Fäden von Pseudogefühlen hangeln. Die reißen aber bei der geringsten Belastung. Darum gelingt es diesen Menschen zwar gerade noch, sittliche Werte in des Gedankens Blässe intellektuell zu erfassen, aber sie fühlen nicht mehr, wie sie dem anderen Schmerz zufügen, wenn sie Unrecht tun, wenn sie ökonomisch oder sexuell ausbeuten und so fort. Sie haben damit das sinnlich-sittliche Fundament des Gewissens und des Handelns unter den Füßen verloren. Sie quälen, verleumden und kränken, aber sie fühlen nicht, was sie tun. Hätten sie durch den übergroßen Urschmerz nicht ihre Gefühle verloren, oder könnten sie, z. B. durch Psychotherapie, mit ihrem Fühlen auch ihre Menschlichkeit wiedergewinnen, dann würde das natürliche Fühlen selbst sie ohne die Krücke der Moral vom Bösen abhalten. Das Böse ist das Fühllose. Wer seine Gefühle ganz zuläßt und ihnen folgt, wird von selbst menschlich und mitmenschlich richtig handeln. Sagt Janov.

Die Übertreibung ist groß. Was Janov Gefühl, „feeling" nennt, ist ein Gewebe, das auch viele Fäden wortloser Einsichten, Erinnerungen, Phantasien enthält, also kognitive Gebilde. Sie sind natürlich ebenso wenig unfehlbar wie das bewußte Denken oder das Gesamt-feeling, das sie aufbauen. Es gibt Gefühlsirrtümer. Gefühle haben nicht schon deshalb Weisungsbefugnis, weil sie „echte" Gefühle sind; auch solche sind der Kritik und Korrektur bedürftig. Es darf noch gedacht werden.

Der Mensch lebt nicht vom Kopf, aber auch nicht vom Bauch allein. Das alles bestätigt Janov, indem er viele gedankenreiche Bücher schreibt, die gelegentlich das Denken und die Anstrengung der geistigen Arbeit als neurotisch denunzieren. Trotz dieser und vieler anderer Mißlichkeiten bleibt seine Grundidee die wirksamste Fassung eines wichtigen Sachverhalts, den er nicht allein gefunden hat. Die Befreiung erstarrter Gefühle (Freud nannte sie „eingeklemmte Affekte"), die Auflösung von Urschmerz, ist eine große Hilfe zur Bewältigung des Bösen. Leider ist sie vorläufig an ein nach Zeit und Geld aufwendiges Verfahren geknüpft, das nur bei schweren Neurosen und Charakterkrankheiten angezeigt ist.

Wenn der „natürliche", fühlende Mensch ein so angenehmer Zeitgenosse ist oder sein kann, wie gerät er in Neurose und Unnatur, Angst, Aggression, Gier und Schuld? Die Antwort ist in ihrer konsequenten Ausklammerung der Verantwortung, der Schuld und des Bösen genial und trostreich für jeden, der sie glauben kann. Der Mensch gerät in Neurose nicht durch einen Zwiespalt zwischen vitalem Triebüberschuß und Kultur oder Gesellschaft, wie Freud meinte; auch nicht durch ein zum Ganzen des Seins gehörendes dunkles Prinzip, wie in Jungs Buch über Hiob zu lesen steht; neurotisch wird er vielmehr durch eine Frühüberlastung mit unerträglich großen Schmerzen und Entbehrungen, wie sie etwa eine traumatische Geburt, eine frühe schwere Krankheit, ein Unfall oder ein Mangel an Lebensnotwendigem des Leibes und der Seele mit sich bringen. Nicht Schmerz und Versagung an sich führen in die Neurose; sie gehören zu den Lektionen, die die Natur uns zumutet. Unerträglich großes Leid und übermäßige Versagung aber werfen das Kind in jene Schmerz-, Schreck- und Panikreaktionen, in denen Abwehrmechanismen aufgerichtet werden, die später eine gesunde Auseinandersetzung mit Leid und Beeinträchtigung verhindern. Auf diese Weise wird der Mensch neurotisch, freudlos, gefühlskalt, gierig, aggressiv und böse. Dieser Mensch nun und nur er fügt seinen Kindern auch psychische Traumen zu. So kam die Janovsche Erbsünde in die Welt. Der heutige Mensch ist ein unschuldig neurotisierter und zur Bosheit gezwungener. Er darf seine Hände in Unschuld waschen, und wer täte das nicht gern? Die Janovsche Anthropologie ist, wie die Psychoanalyse, nicht zuletzt darum faszinierend, weil sie den peinlichen Verdacht, es könne so etwas wie persönliche Schuld geben, weit von uns weist: Persilscheinpsychologie.

Unfähigkeit, sich mit den Grenzen abzufinden

Eine Psychoanalyse und Theologie gemeinsame Erklärung des Bösen sieht dessen Wurzel in der Unwilligkeit, jene Grenzen des Begehrens anzuerkennen, die sich aus den Rechten und berechtigten Interessen anderer ergeben; ferner aber in der Unwilligkeit, sich mit jenen Grenzen abzufinden, die aus der Macht des Unabänderlichen folgen. Wenn Freud sagt, das Lustprinzip werde durch das Realitätsprinzip begrenzt, dann enthält dieser letzte Begriff zwei grundverschiedene Grenzen: Einmal die durch die Macht von Menschen und Verhältnissen gesetzte, dann aber jene Begrenzung, die das Recht der anderen mit sich bringt. Auch Rechte gehören zur Realität und zum Realitätsprinzip. Das Böse entspringt jener unzufriedenen Unbescheidenheit und Maßlosigkeit, die nie genug bekommen kann, die sich nicht mit dem Weltanteil zufriedengeben will, der ihr zukommt.

Nicht jede Frustration provoziert Aggression, wohl aber jede Begrenzung des Begehrens, die einer als unrechtmäßig, unbillig oder willkürlich empfindet. So sind etwa die Entbehrungen des Hungers in der Form des freiwilligen, als sinnvoll bejahten Fastens nicht die Art von Frustration, die Aggression auslöst. In der Lärmforschung wurde experimentell gezeigt, daß „rechtmäßige" Geräusche viel weniger auf die Nerven gehen, stören und vom Schlaf abhalten als unrechtmäßiger Lärm.

Wie Freud das Wesen des Neurotischen in einer Ablehnung der Wirklichkeit sieht, so das Wesen der Heilung in einem Annehmen der Wirklichkeit, soweit sie im Recht ist oder im Abfinden mit ihr, soweit sie übermächtig und unabänderlich sein sollte, oder in der Änderung dieser Wirklichkeit, wo das sinnvoll und möglich ist. In der Wurzel bewältigt ist das Böse nur, wenn der Mensch seine Unbescheidenheit und Unzufriedenheit in einer totalen Entgiftung seines Wesens bewältigt hat. Gemäßigt und eingedämmt ist das Böse in dem Maße, in dem der Mensch unangemessene Grenzen seines Begehrens zu bestreiten und rechtmäßige Grenzen als recht und billig anzuerkennen gelernt hat. Jede Psychotherapie muß also zwei einander entgegengesetzte Künste lehren:

Falsche Grenzen überwinden, richtige Grenzen respektieren. Sie muß *Anpassung und Auflehnung* ermöglichen.

Vieles Böse beginnt mit Unzufriedenheit. Unzufriedenheit mit der jetzt und hier zugewiesenen verbindlichen Situation in ihrer Begrenztheit. Hier liegt eine tiefe Gemeinsamkeit von Psychotherapie und Christentum. Beide ermutigen die gerechte und ermäßigen oder bekämpfen die ungerechte Unzufriedenheit des Menschen als Wurzel des Bösen. Gerechte Unzufriedenheit freilich ist die Wurzel von vielem Gutem und ein Antrieb vom Guten zum Besseren. Vieles Böse beginnt auch mit falscher Zufriedenheit, dem Sichabfinden mit Zuständen, die niemals hingenommen werden dürfen. Die Kapitulation vor dem scheinbar Unabänderlichen ist das Laster des „friedfertigen" Christen, der das Talent seiner Aggressivität feige, träge und vitalschwach vergräbt. Er ist gutmütig statt gut – auch eine Form des Bösen, nicht einmal die harmloseste.

Wir sind böse, wo wir unzufrieden sind mit einem Stück Wirklichkeit, für das wir ebenso gut oder besser auch dankbar sein könnten.

Warum ist rastlose Unzufriedenheit so kennzeichnend für den Menschen? Warum kann er keine Ruhe geben, wenn er hat, was er braucht? Er ist ein Faß ohne Boden, je mehr er hat, je mehr er will. Woher dieser unstillbare Antriebsüberschuß?

Der Mensch ist ungenügsam, weil er als geistiges Wesen auf das eingestellt ist wie auf einen „Sollwert", was wir einander bei jedem Abschied wünschen: Alles Gute!

Das Bedürfnis des Menschen, mehr Anteil zu haben am Sein, an der Fülle des Lebens, diese universale Habsucht ist die Wurzel aller Unruhe, des Herzens, des Geistes und der Sinne.

Wieviel Seinsteilhabe braucht der Mensch, wieviel will er „vom Leben haben"? Die klassische Anthropologie antwortet radikal: Alles. Was er braucht und will, hat der Mensch nur, wenn er sich in den Besitz des unendlichen, des göttlichen Seins setzen kann. Kein bürgerliches und kein Kleingärtnerglück stellt ihn wirklich zufrieden. Boethius, Kanzler Theoderichs des Großen, übertreibt nicht, wenn er sagt: Was der Mensch zum Glück braucht, ist nicht ein Allerlei, sondern nichts weniger als das Größte: Das sichere Haben der Summe und Vollendung des Guten – „beatitudo est stabilis possessio summi et perfecti boni". Der grenzenlose Seinshunger und die unendliche Fassungskraft des Geistes ist der Grund alles Guten und der Abgrund alles Bösen.

Scheinzufriedenheit des Spießers und Lebenskünstlers, selbst in seiner Mäßigkeit, ist eine Form von resignierter Trägheit des Herzens, die versucht, auf der Zufriedenheitsstufe des satten Tieres Ruhe zu finden: Glück – ein Hund in der Sonne. Aber eben darum unmenschlich, eine Form des Bösen, die Lebensform der Verweigerung von Anteilnahme, von Hilfeleistung aus Selbstzufriedenheit.

Dennoch wird das Schimpfwort „Spießer" oft hochmütig

für gute Leute gebraucht, die bescheiden ihre Grenzen sehen und ein stilles Leben der Treue im Kleinen führen, das nicht zur schlechten Zufriedenheit, sondern zu wirklichem Frieden dienen kann.

Eine besondere Art des Bösen könnten wir „das Ungute" nennen. Es gibt eine träge Verdrossenheit, die sagt, ich gehöre mir, ich will niemand lieben, niemandem helfen, niemand dienen, für niemand Zeit haben und dasein. Laßt mich in Ruh', pflegt mich, dient mir, aber wollt nichts von mir. Ich vermute, daß diese verdrossene Verweigerung des Guten, die eine vergiftende untergründige Feindseligkeit mit sich bringt, eine hohe Wachstumsrate hat.

An diesem Punkt laufen einige Fäden zusammen. Wenn es zutrifft, daß alles Böse, besonders das „Ungute", in Unzufriedenheit wurzelt, dann ist zu fragen, ob nicht oft die Quelle der Unzufriedenheit eine Versagung angemessener Befriedigung ist. Unbefriedigte sind unzufrieden. Kinder, die zu selten Anerkennung und Lob finden, werden oft finster wie Kain.

Im christlichen Raum ist nicht selten das Klima sinnlicher Wärme und Zärtlichkeit, dessen Kinder wohl bedürfen, von einer Verstörtheit in den Gefühlsbeziehungen der Eltern getrübt. Die Schuldgefühle von Generationen, die sich in der Ehe „erlaubten Todsünden" hinzugeben meinen, gleichsam mit sakramentaler Lizenz zu in sich schmutzigen Taten; dieses chronisch schlechte Gewissen mußte dazu führen, daß auf dem Wege mißtrauischer Projektion spontane kindliche Lebensäußerungen als Sünden oder Sündengefahren beargwöhnt wurden.

Zölibatäre Lehrer und Führer von Eheleuten und Familien konnten oft nicht verständlich machen, daß nicht nur Todernstes und Heiliges, wie die Treue mit zusammengebissenen Zähnen, sondern auch das, was das Alte Testament „Scherzen" nennt, das heitere erotische Spiel, ein Teil jener Verleiblichung des Heils und der Gnade sind, die wir Sakrament nennen. Es wurde nur wiederum zölibatären Mystikern faßlich, nicht aber den Erstbetroffenen, daß die geschlechtliche Liebe ein Zeichen auch der Gottesliebe sein kann. Das

„Hohe Lied", diese hocherotische Dichtung des Alten Testamentes, wurde nur im symbolischen Sinne begriffen[13].

Die offizielle christliche Erziehung fand kaum Wege der Einführung in die psychosexuelle Reife. Viele mußten den Weg allein finden. Das führt aber auf die Dauer über Generationen zu einem Absinken des Grundwassers der Gefühlswärme in der betroffenen Kultur; allzuviele Individuen, von einer familiär gestreuten Frigidität umgeben, die oft einen gewaltsamen Sexismus provoziert, gerieten in eine emotionale Mangellage. Das Herz, ohne Verbindung mit den übrigen Organen, verkümmerte. Haß, Neid, Gereiztheit und Ressentiment wuchsen. Das Böse wuchert, wenn und wo angemessene Befriedigung zu lange versagt wird und natürliche Vitalität ungerecht verpönt wird.

Dazu kommt eine Wirtschafts- und Herrschaftsordnung, die unmenschliche Arbeits- und Lebensbedingungen mit sich bringt und festhält. Sie erzeugt Druck und Spannungen im Feld, Streßfaktoren, in denen der Friede im einzelnen und unter den Einzelnen unmöglich wird, der vor dem Bösen bewahrt.

Ungute Geschlechtsbeziehungen in der Ehe, emotionale Klimastörungen in der Familie, streßüberlastete Arbeitssituationen bauen ein seelisches Gesamtfeld vielfältiger Unbefriedigung auf. So entstehen aus sozialen Strukturen Dauerversuchungen, die das persönliche Böse hervorrufen und in Gang halten[14].

Die Hauptabsicht des seelischen Apparates

Sigmund Freud sagt in seiner manchmal drastisch mechanistischen Sprache: „Die Hauptabsicht des seelischen Apparates ist der Lustgewinn."[15] Wenn wir die kraß klingende Aussage mit Freuds übrigen Lehren vergleichen, bleibt übrig, daß nach seiner Lehre Menschen in der Regel ihr eigenes Wohlbefinden für das wichtigste aller Ziele halten.

Diese Motivation „Wohlbefinden suchen", „Ungemach vermeiden" stellt einen Schlüssel zum Verständnis unseres

Verhaltens bereit, der den größten Teil unseres Sinnens und Trachtens, Tuns und Lassens verständlich macht. Der gute unterscheidet sich vom schlechten Menschen vor allem durch drei Dinge: Zur Herstellung seines Wohlbefindens sind ihm nicht alle Mittel recht; es geht ihm nicht nur um sein eigenes Wohlbefinden; er ist bereit, unter Umständen dieses eigene Wohlbefinden anderen zuliebe zurückzustellen.

Der böse Mensch und das Böse sind dadurch gekennzeichnet, daß Wohlbefinden auch mit unrechten Mitteln, ohne Rücksicht auf andere und ohne Bereitschaft zurückzustehen, gesucht wird.

Das ist das Böse: Der seelische Apparat verfolgt seine „Hauptabsicht auf Lustgewinn" – und das genügt ihm. Eine Wurzel alles Bösen liegt darin, daß für einen Menschen das Wohlbefinden anderer nur nach Lust und Laune, Sympathie oder Antipathie, nicht aber nach den berechtigten Ansprüchen der anderen zum Motiv wird. Selbstverständlich ist ein Altruismus ohne Rücksicht auf das eigene Wohl auch ein Unrecht, eine Schwäche, keine Tugend. Mütter, die sich für ihre Brut zerreißen, ernten damit wenig Dankbarkeit. Die Kinder spüren, daß eine zu weit gehende Selbstaufopferung nichts wirklich Gutes ist, schon gar nicht mit Güte identisch. Gesucht wird die Glorie der Martyrerrolle, die Sühnelust des Opferlammes, nicht so selten auch das hohe Vergnügen, andere in Schuldgefühlen schmoren zu lassen.

Intentional und Psychomechanisch

Das Studium der Neurosen und Psychosen zeigt uns, wie gefährdet das Gelingen der einfachsten menschlichen Akte ist. An jedem Erlebnis wirken mehrere grundverschiedene psychische Teilvorgänge mit, wenn wir von den physischen vorerst absehen. Einmal die Vorgänge, die wir „intentional" nennen: Erkennen, Erinnern, Phantasieren, Streben. In der Vierteilung von Freuds Lehrer Franz von Brentano sind es: Vorstellen, Urteilen, Lieben, Hassen[16]. Zu den intentionalen gehören auch jene aus dem wenig aufgeklärten Zwischenbereich des Fühlens, der am Kognitiven wie am Konativen, Strebenden, Anteil hat.

Diesen intentionalen Vorgängen, die dem Verstehen zugänglich sind, steht das ganz andersartige seelische Instrumentarium der sogenannten unbewußten psychischen Mechanismen, Automatismen oder Psychismen gegenüber wie z. B. Bildung bedingter Reflexe, Konditionierungen, Hemmungsmechanismen ebenso wie die Abwehrmechanismen der Psychoanalyse. Sie sind insofern verstehbar, als sie irgendwie von Intentionen in Gang gesetzt werden können. So z. B. Verdrängung, Verschiebung oder Vermeidungsverhalten, alle Abwehrmechanismen, die im Dienste der Angst stehen; ähnlich wie ein Fahrrad im Dienste der Fortbewegungsintention.

Ansonsten ist das Reich der seelischen Mechanismen aber von anderer Art als das der Intentionen.

Ein so komplizierter „seelischer Apparat" ist in Bezug auf das Material, das er der Entscheidungsinstanz des bewußten Ich als Entscheidungshilfen zubringt, ungemein störanfällig, etwa wie Funksprüche im Morsealphabet leicht sinnentstellende Fehler enthalten. Ähnlich ist ein Organist vom Funktionieren der Orgel abhängig, soll sein Spiel nicht „böse enden". Das wird unweigerlich der Fall sein trotz allem gutem Wollen und Können, wenn die Pfeifen verstimmt sind oder die Mechanik beschädigt ist.

Solche Verhältnisse zeigen nun Psychosen und Neurosen in ebenso greller wie undurchschaubarer Weise. Intuitiv wissen wir, daß unter solchen Bedingungen das etwa vorkommende Böse nicht mehr ein adäquater Ausdruck der innersten Gesinnung der Personmitte ist.

Was wir nicht wissen ist, ob nicht auch ohne Vorliegen deutlicher neurotischer oder psychotischer Symptome eben das böse Sinnen, Trachten und Handeln selbst oft Ausdruck einer tiefen Störung nicht in den entschiedenen Intentionen, sondern in der vermittelnden „Psychomechanik" sein könnte. Handfest begründet ist eine solche Annahme, wenn aufgrund von organischen Störungen, also z. B. nach Gehirnentzündungen, Vergiftungen, hormonalen Störungen und ähnlichen Vorgängen auffällige Charakterveränderungen von moralischer Bedeutung eintreten.

Wir sind geneigt, Verfehlungen von Menschen zu verurteilen als wären sie reiner Ausdruck der intentionalen Sphäre, obwohl sie doch oft dem Versagen eines komplizierten Musikinstrumentes weit ähnlicher sind. Auch einem intakten Instrument kann man willentlich greuliche Mißtöne entlocken, aber auf einem beschädigten kann niemand gute Musik machen. Der Psychotherapeut hat oft Grund, bei bösem Verhalten und bösem Charakter von Patienten anzunehmen, daß ihr verstimmtes Instrument nun einmal leider keine besseren Töne hergibt, trotz aller Mühe. Dies ist keine Verharmlosung des Bösen, sondern seine Unterscheidung.

Ein Satz in diesem Kapitel sagt, Unbefriedigte seien Unzufriedene. Wenn das wahr wäre, könnte es Zufriedene nicht geben. Denn wir alle sind zeitlebens Entbehrende, Unbefriedigte, wenn wir von wenigen Minuten oder Stunden absehen, in denen dem Glücklichen keine Stunde schlägt.

Zufriedenheit, im Frieden sein, gibt es trotzdem für den, der triftigen Grund hat, auch seine Entbehrungen, seine Frustrationen und alles Leid als eine Gabe und Aufgabe zu sehen, die er gern und mit Dankbarkeit annehmen kann.

Gerade dies sagt ein Psychotherapeut nur zaghaft. Denn allzuoft wird diese höchste Möglichkeit des Großmütigen im neurotischen Abklatsch einer Saure-Trauben-Haltung verfälscht. Der erste Schritt zum Frieden ist darum die Unzufriedenheit mit der eigenen Unzufriedenheit, die begründete, geduldige geistige Distanzierung von ihr.

IV. Die Versuchung

Unvereinbare Bedürfnisse

Der Mensch lernt früher, als seine Wahlfreiheit entwickelt ist schon Lebensstrategien, er erwirbt Triebstrukturierungen, Charakterzüge, die sich dem sittlich guten Leben sperrig entgegenstellen.

Selten schlägt das Unrecht ein wie ein Blitz. Es läßt sich und uns Zeit. Vor dem bösen Tun oder Lassen steht eine Bedenkzeit wie ein Anrollen zum Start, der noch abgebrochen werden kann.

Die Erklärung des Bösen enthält in allen Religionen und Psychologien, auch in der Psychoanalyse, wichtige gemeinsame Selbstverständlichkeiten. Zu ihnen gehört das Wissen, daß dem Bösen die Versuchung vorausgeht. Ihr wiederum liegt eine innere Verfassung der Zugänglichkeit, der Bestechlichkeit für ganz bestimmte Versuchungen zugrunde, die eine persönliche Vorgeschichte hat. Die individuelle Anfälligkeit, größer für diese, geringer für jene Art von Versuchungen, gehört zum Charaktersteckbrief der Persönlichkeit. Warenhausdiebstahl oder Heroin sind für viele gar keine, für einige schier unwiderstehliche Versuchungen.

In der Versuchung geht es immer darum, daß *im gleichen Augenblick mindestens zwei unvereinbare Bedürfnisse* das Handeln bestimmen wollen. Das eine Bedürfnis ist es, kein Unrecht zu tun, gut zu handeln und zu sein. Das andere Bedürfnis ist, right or wrong, das zu erlangen, was man gerade möchte[1].

In manchen psychologischen Ideologien wird empfohlen, den eigenen Bedürfnissen zu folgen, aber übersehen, daß ein

Grundbedürfnis, recht zu handeln, alle anderen Bedürfnisse als cantus firmus begleitet. Natürlich gibt es außer den Bedürfniskonflikten, in denen es um Recht und Unrecht geht, noch viele andere außermoralische, wie dem zwischen Schlankbleiben und Törtchen essen.

Der Konflikt wird oft nicht als Gegensatz von Neigung und abstrakter Pflicht erlebt werden. Vielmehr erscheint das Bedürfnis, gut zu handeln, oft in der Anziehungskraft einer bestimmten Gestalt der Hilfsbereitschaft, des Mitleids, der Dankbarkeit, Großmut und Fairness, die einer Person oder Gruppe gilt. Wer einer Lawine entkommen und nicht ganz verkommen ist, spürt einen spontanen Antrieb die verschütteten Freunde zu retten. Pflicht und Neigung fallen zusammen. Pflicht, Wert, Sittlichkeit des Verhaltens sind nicht für sich verselbständigt, sondern wie eine Aura, die eine Verhaltensmöglichkeit anziehend umgibt. Auch der *Konflikt von Pflicht und Neigung ist immer ein Konflikt von zwei gefühlten Neigungen,* selbst wenn die Pflicht oft harte, unbequeme, schmerzhafte Seiten haben mag.

Mitmenschlichkeit heißt, daß unter allen Rivalitätsgefühlen und Antipathien, unter Neid, Haß und Selbstsucht jeder von uns von Natur auch menschenfreundliche Neigungen hat. Das Bedürfnis, andere Personen, und sei es auch nur als Komplizen, anzuerkennen und zu fördern, gehört auch zur Grundausstattung. *Nächstenliebe ist nicht nur Inhalt eines Gebotes.* Sie kann nur geboten werden, weil ihr eine naturhafte Begabung vorausgeht, auf andere Personen freundlich, hilfsbereit einzugehen, eine Neigung, die freilich gründlich verschüttet werden und auch für kurze oder längere Zeit in den Untergrund verschwinden kann[2].

Von Versuchung zu reden hat nur da einen Sinn, wo das Gute schon irgendwie anerkannt und ergriffen ist. Glücklicherweise ist das nicht selten. Die meisten Leute kennen Dinge, die sie nicht gut finden und nicht freiwillig tun wollen. In Zeiten konkurrierender, ungeklärter und unverstandener Normen; bei einem gewaltigen Schwund jenes Moralischen, das sich von selbst versteht in der öffentlichen Meinung ist allerdings ein gut gebildetes, klares Rundumgewissen ein seltener Ausnahmefall; häufiger ist es eingeschränkt auf bestimmte Wertbereiche.

Unser Wollen wendet sich spontan zunächst jedem Wert zu, der ihm präsentiert wird, wie eine Magnetnadel einer Eisenmasse. Die anschaulichen, handgreiflichen *sinnlichen Werte haben einen natürlichen „unfairen" Vorsprung* vor den mühsam, nicht ohne Hilfe abstrakter Begriffe aufgebauten höheren Werten, die ohne Denkarbeit nicht leicht erfaßt werden[3]. Die Notwendigkeit stetiger Pflichterfüllung ist nicht ohne weiteres so anziehend wie ein sensationelles oder lustvolles Ereignis. Viele ethische Werte haben ihre Evidenz weitgehend verloren; von Zerzweiflung wie durchrostet halten sie keiner Belastung stand. Der alleingelassene Einzelne kann sie aber gegen den Strom der gesellschaftlichen Mächte weder einsehen noch festhalten. Die Abbruchkommandos wachen heute in der Familie, in der Schule aufmerksam, daß jedenfalls das nicht aufgebaut werde, was die Autoritäten für gut halten. Diese Art von Opposition, die „Reaktanz", ist zwar nicht grundsätzlich destruktiv, aber ihr beständiges „so nicht, sondern irgendwie ganz anders" verhindert jede Chance der Ausbildung eines begründeten ethischen Bewußtseins und Gewissens. Ethische Orientierung gibt es aber nicht ohne Bildung fester, begründeter Überzeugungen. Wo Überzeugungen in einer Kultur nur noch vom Zufall zusammengeweht werden, verdienen sie ihren Namen nicht und fördern jede Form von Verwahrlosung.

Wir sind gewohnt, als Versuchungen deutlich erkennbare Gebilde wie etwa Trieb- oder Furchtregungen zu bezeichnen. Es gibt aber feinere atmosphärische Gebilde, die nur bei ausdauernder täglicher Aufmerksamkeit entdeckt werden; die hochmütige Neigung, Dinge zu beurteilen ohne genaue Sachkenntnis; die konformistische Menschenfurcht; das Bedürfnis nach Beliebtheit, das uns an unpopulären Worten oder Taten hindert; der eitle Drang zum Aparten, der sich zu gut ist, schlecht und recht das Notwendige zu tun; die Bequemlichkeit, die unsere Phantasie hindert, über die unabweisbaren Routinepflichten suchend hinauszublicken; die Kritiksucht in unfreundlichem Urteil, die das eigene Selbst-

gefühl hebt, indem es Wert und Leistung anderer nieder-
drückt; die Tendenz zu launenhafter Willkür im Denken
und Handeln, die feine oder grobe Formen der geistigen und
sozialen Verwahrlosung mit sich bringt.

In allem Bösen steckt der Gedanke des Dichters Juvenal:
„Sic volo, sic iubeo, stet pro ratione voluntas." So will ich es,
so befehle ich; statt der Vernunft gelte mein Wille.

Die Psychoanalyse beschreibt diesen wichtigen Formen-
kreis subtilerer Versuchungen unter dem Stichwort Narzißmus. Aber sie gibt leider zu, daß sie kein Heilmittel gegen
dessen alltägliche Ausprägungen kennt, allenfalls gegen grob
pathologische Formen, wenn sie großen Leidensdruck mit
sich bringen.

Anfälligkeit für Versuchungen

Was macht uns anfällig für Versuchungen? Verführbarkeit,
Bestechlichkeit gibt es nur, weil unsere Neigung zum Guten
kein zwingendes Motiv ist. Das Bedürfnis, Unrecht zu meiden, ist kein Muß. Auf diese Wunscherfüllung können wir
verzichten – auch ein Zeugnis für die Freiheit. Es gibt keine
unüberwindliche Neigung zum Guten, wohl aber individuelle psychologische Hemmungen für bestimmte Verhaltensweisen, die sowohl Gutes wie Böses verhindern können. Wer
von einer an sich normalen Tötungshemmung so beherrscht
wird, daß er keiner Fliege etwas zuleide tun kann, würde
auch nicht imstande sein, im Notfall wie die alten Ärzte ohne
Narkose eine lebensrettende Amputation auszuführen oder
auch nur ein vereitertes Trommelfell zu durchstechen. Die
Wirksamkeit solcher instinktiver wie erworbener und sozia-
ler Hemmungen zeigt die Geschichte von dem Lord, der,
über Bord gefallen, von einem Hai angegriffen wird. Als er
sein Messer zur Gegenwehr zückt, sagt der Hai vorwurfs-
voll: Fisch mit Messer, Sir? Worauf Mylord ohne Widerspruch das Messer fallen läßt – als Opfer illustrierend, was
ein (strenges) Überich ist und was ein solches Hemmungs-
bündel vermag.

Viel Böses und viel Gutes wird nicht aus entgegenstehenden guten oder schlechten Gründen, sondern aus solchen automatisch wirkenden Hemmungen unterlassen oder aus quasi mechanisch nötigenden Antrieben ähnlicher Art getan.

Allen Versuchungen gemeinsam ist ein Element des Irrtums, der Selbsttäuschung oder der Lüge. Das im Grunde als Unrecht Erkannte wird als unvermeidlich, zur Not tolerabel oder geradezu als das eigentlich Bessere hingestellt. Das verpflichtende Gute wird als unmöglich oder unzumutbar, die Kräfte überfordernd und vielleicht als in Wirklichkeit wertlos denunziert. Jede Versuchung enthält auch einen oft künstlich aufgebauten Zweifel an der Gutheit des Guten oder an der Verwerflichkeit und Überflüssigkeit des Bösen.

In diesem geschichtsmächtigen Prozeß der Rechtfertigung des Bösen und der Denunziation des Guten ist der Mensch ein bewundernswert gewandter Winkeladvokat. Die wirksamsten Versuchungen sind darum die unter dem Schein des Guten. Er ist leicht zu beschaffen, wenn er fehlen sollte.

Die Sorge, zu kurz zu kommen

Einen Grundzug der Anfälligkeit für Versuchungen sehen wir am besten am Beispiel: Ein Arzt hat sich vorgenommen, jedem Hilfesuchenden sofort bereitwillig zur Verfügung zu stehen. Er ist aber in eine Arbeit vertieft, liest ein spannendes Buch oder will gerade einer Einladung folgen. Ein Anrufer, der anmaßend oder wehleidig klingt, wird nun schnell und unwirsch an eine vorgeblich zuständigere Adresse verwiesen. Der Augenblick der Chance zu einem Guten, das ganz in der Linie der bewußten und gewollten Einstellung liegt und einem ausdrücklich gefaßten Vorsatz entsprach, kam und ging in Sekunden. Der Abweisende wurde von anderen Voreinstellungen überrumpelt, die schneller am Steuer waren. Ob nun eine Versuchung plötzlich überrumpelt oder Zeit hat, im Hin und Her der Motive langsam die Übermacht zu gewinnen, immer wird die ihr eigene Motivkraft von einer *allgegenwärtigen Hintergrundmotivation* verstärkt. Es ist die

Sorge, zu kurz zu kommen; die Angst, mit dem Verzicht auf das mit Händen zu greifende sofortige Teilglück – z. B. eine Aufgabe zu erledigen, ein Vergnügen auszukosten, eine Bequemlichkeit zu genießen – eine unwiederbringliche Chance des Jetzt und Hier, ein unersetzliches Stück Selbstverwirklichung für ewig ungenutzt zu lassen. Diese *allgegenwärtige Rahmenangst* bleibt oft unbewußt[4].

Nun ist zwar klar, daß jede Wahl einer Verhaltensalternative andere Möglichkeiten ungenutzt lassen muß. You can't have your cake and eat it. Die unheimliche Kraft, die jeder Versuchung zuwächst, ist die mißtrauische Sorge und Befürchtung, die böse Möglichkeit könne doch die glücklichere sein. Der Herrscher des sittlichen Reiches oder ein anonymes Schicksal sei geneigt, dem Menschen gerade die jeweils schönste unter seinen Möglichkeiten vorzuenthalten und ihm nur die eher langweiligen, biederen zu gönnen. Dieses Urmißtrauen ist seit der Geschichte vom Sündenfall ein Element jeder Versuchung des „Möglichkeitsmenschen" (Robert Musil).

Die Grundsituation, daß der Mensch als Möglichkeitswesen von schier unendlichen Angeboten seiner Verwirklichung nur wenige auswählen kann und noch wenigere auswählen darf, daß ihm sein Traum vom gottähnlichen uomo universale – „Ich wähle alles" – niemals erfüllt wird, läßt einen *Rest von Unzufriedenheit* am Endlichen in jeder Wunscherfüllung offen[5]. Sie läßt die Neugier auf die Erfahrungen jenseits der Grenzen des Guten und des Rechts auch da lebhaft bleiben, wo noch gar keine Not, kein Leiden unter drückender Entbehrung in Sicht ist; also auch unter „paradiesischen" Bedingungen. Gerade die Reichen finden schwer den Weg ins Himmelreich. In jeder Versuchung schwingt der Verdacht mit, von einem mißgünstigen Gottvater um das volle Erbe der Mutter Natur betrogen zu werden. Dies vor allem im Raum der „Materia" und der ihr zugeordneten vergottenden Sinnlichkeit. Der Verdacht ist natürlich nur so lange möglich, als dieser Gott als der verborgene, nur unsichtbar anwesende geglaubt werden muß, ohne von Angesicht zu Angesicht geschaut zu werden. Dies scheint mit der

Leiblichkeit des endlichen Geschöpfes gegeben zu sein, das gewöhnlich keine unmittelbare Erfahrungsoffenheit für den unendlichen Geist hat[6].

Erst die anbetende Huldigung überbrückt den Abgrund zwischen Schöpfer und Geschöpf. Nur die Gnade der Zustimmung bringt Gottesnähe. Nur in ihr versinken alle Versuchungen, weil sie das einzige Grab des Mißtrauens, der Sorge und der Angst ist.

Umgang mit Versuchungen

Die moderne Psychologie hat die überlieferten Regeln des Umgangs mit Versuchungen in Frage gestellt. Diese Regeln wurden als triebfeindlich, leibfeindlich, sexualfeindlich und damit als lebensfeindlich gedeutet. Die neue Psychologie ist „triebfreundlich". Diese Meinung setzt voraus, daß es keine in sich bösen Antriebe und Bedürfnisse gibt. Das ist für die meisten Antriebe leicht einzusehen, weil ihnen sinnvolle Ziele zugeordnet sind, wie dem Hunger die Nahrung. Wie steht es aber mit den „perversen" Antrieben, z. B. Sadismus oder Masochismus?

Die grundsätzliche Triebfreundlichkeit der Psychotherapeuten sagt nicht, daß jede faktisch vorkommende Antriebsgestalt förderungswürdig sei; sondern sie vermutet, daß Ungestalten entstehen, wo förderungswürdige nicht gepflegt, wo sie übermäßig gehemmt oder verformt worden sind. Sadismus wächst wahrscheinlich nicht aus den Chromosomen wie die Blumen aus der Erde, sondern ist wohl eher eine erlebnisreaktive Fehlentwicklung an sich notwendiger Antriebselemente. Auch bei einer überwiegenden genetischen oder vorgeburtlichen Bedingtheit von verformten Triebstrukturen, die von manchen Befunden nahegelegt wird, sind solche biologischen Mißbildungen noch nichts Böses, sondern eine Form von Krankheit. Böse werden sie erst, wo sie gebilligt und gelebt werden als seien sie gesund und voll bejahenswert.

Natürlich fehlt der neuen Psychologie das Bewußtsein für

die Notwendigkeit nicht, der Triebbefriedigung Grenzen zu setzen. Antriebe und Bedürfnisse sollen ermutigt werden, soweit sie nicht schaden. Diese Einsicht ist wichtig, weil damit zwischen überlieferter und neuer Moralpsychologie *Einigkeit über das Grundprinzip* hergestellt ist.

Der einsichtige Satz ist dennoch nicht problemlos. In einer Wettbewerbswirtschaft ist die Eröffnung einer neuen Tankstelle oder einer Arztpraxis oft ein Schaden für alle umliegenden. Ein geschickter Facharbeiter setzt Maßstäbe, die seine Nachbarn in den Schatten stellen. Er schadet ihnen.

Es gibt gerechtfertigte und zumutbare Benachteiligungen, die doch kein Unrecht sind. Viele Antriebe, wie etwa das Bedürfnis, sich durch Leistung und Erfolg auszuzeichnen, sind dem menschlichen Wohl zuträglich und der Förderung würdig, obwohl sie keineswegs für jeden Konkurrenten erfreulich sind. Diese Schädigung muß er in Kauf nehmen. Jeder Gebrauch eigener Rechte kann für andere ärgerlich sein – eine reiche Quelle von viel Bösem, von Haß und Neid. In Sport und Spiel lernen wir unter anderem, wenn wir wollen, faire Gewinner und gute Verlierer zu werden.

Was schadet denn?

Offensichtlich ist es jedenfalls schädlich, wenn sich irgendein Bedürfnis unsteuerbar und unbeherrschbar auf eigene Faust durchsetzen kann. Ohne erlernte Selbstbeherrschung, ohne Beschränkung von Bedürfnissen und Wünschen ist weder Rücksicht auf das eigene Wohl noch auf die Rechte anderer möglich. Das zeigt jedes süchtige Verhalten, sei es Gefräßigkeit, Alkoholismus, Drogensucht, sexuelle Süchtigkeit, Habsucht oder Aggressivität.

Die Meinung, Triebbedürfnisse, die wir einfach gewähren lassen, würden sich irgendwie von selbst harmonisieren, kann sich nur halten, wo sie nicht an vielfältiger alltäglicher Lebenserfahrung überprüft wird. Ein Kranker in der Familie muß vor dem Bedürfnis der Kinder nach seiner Gegenwart oftmals ebenso geschützt werden, wie die Kinder vor Anstek-

kung. Ein Pfarrer wird sein Sprechzimmer vor dem Kontakt-
bedürfnis der kleinen Tochter verschließen dürfen, und auch
zum Schlafzimmer muß sie nicht jederzeit Zutritt haben. Erwachsene dürfen kindlichen Allherrschaftsgelüsten den
Wunsch nach einem nicht von Spielsachen übersäten Wohn-
raum kühn entgegensetzen. Der Wunsch, Eltern für sich arbeiten zu lassen, ist ebenso wenig unter allen Umständen er-
füllungswürdig wie die zahllosen Herzenswünsche, die sich
vor einer Spielwarenhandlung regen.

Ein unendlich Gewährender, niemals sich oder anderen etwas Versagender zu sein, ist eine Größenphantasie der Erziehung und des Umgangs mit sich selbst: Keine Chance für
Sterbliche.

Der Mensch hat nicht nur Gottähnlichkeitswünsche. Er
will nicht nur sein wie Gott, er will Ihn übertreffen.

Allerdings ist auch die Kunst der sanften, das notwendige
Maß nicht überschreitenden Verweigerung schwer. *Selbstbeherrschung* bedeutet, daß wir uns selbst die Erfüllung der eigenen Impulse und Wünsche versagen; positiver ausgedrückt, die Fähigkeit, den Verlauf von inneren Regungen
und äußeren Handlungen nach gewählten Maßstäben zu be-
einflussen. Das geschieht auf vielfältige Weise: Sie können
zur Befriedigung gebracht werden; wir können sie unterdrücken, entwerten, aufwerten, loslassen, abspalten, abtrei-
ben, beenden, verleugnen, verdrängen, umlenken, umdeu-
ten, verschieben, projizieren, verwandeln, sublimieren, aus-
laufen lassen, abreagieren, kultivieren, zu Ende fühlen,
opfern, ihre Unerfülltheit in Verzicht und Trauerarbeit
(Freud) ausleiden und ertragen. Wir können sie belohnen
und bestrafen, verstärken oder unverstärkt lassen.

Die überlieferte christliche Strategie des Umgangs mit der
Versuchung orientiert sich an urbildlichen Versuchungs-
situationen, die in der Bibel beschrieben werden. Sie zeigen
gemeinsame Züge. Die Versuchung, oft verstanden als Aufforderung des Versuchers, wird zunächst in das Innere eingelassen, also nicht schon verdrängt, bevor sie überhaupt zu
Wort gekommen ist. Oft ist die Sprache des Versuchers theologisch verziert. Der Teufel atgumentiert mit den Worten

Gottes, wie schon die Paradiesesschlange. Auch Jesus läßt den Versucher in sein Wahrnehmen, Denken und in seine Phantasie eindringen, er hört nicht nur seine Suggestion an, sondern auch seine Argumentation. Er tabuisiert den Teufel und das Böse nicht – Tabuisierung heißt Kontaktvermeidung: Nicht anschauen, nicht hinhören, nicht nahekommen, nicht berühren; ein übrigens bei vielen Gelegenheiten doch auch empfehlenswertes Verfahren. Jesus würdigt selbst ihn einer argumentierenden Antwort, in der der angebotene blendende Schein des Guten, die Illusion, denkend als falsch durchschaut wird. Ja, der Teufel darf weiterreden „bis er mit allen Versuchungen fertig war" (Mk 1, 13). Jesus greift also zu dem Mittel, das auch Sigmund Freud für den Umgang mit unverträglichen Vorstellungen und unguten Wünschen empfiehlt: Dem Mittel der „Urteilserledigung durch Denkarbeit"[7]. Erst dann folgt die scharfe Abweisung: „Fort, Satan, weg mit dir!" (Mt 4, 10)

In diesem Verhalten ist ein anderes „klassisches" Verfahren des Umgangs mit Versuchungen eingeschlossen: Die Ersetzung des andrängenden Scheinwertes durch *Umlenken der Aufmerksamkeit* auf eine entgegenstehende oder einfach andere Motivation von entwaffnend selbstverständlicher Wahrheit und von anziehender Liebenswürdigkeit. Dieser Art sind auch die Antworten, die Jesus dem Versucher gibt. Er widerlegt den Teufel nicht, der ja seine Suggestionen durch unwiderlegliche heilige Wahrheiten stützt. Keine Versuchung ist je ohne einen solchen Gehalt von Wahrheit und unbestreitbarem Wert – sonst käme sie nicht an. Jesus rückt das Ganze durch seine Antwort in den Gesamtzusammenhang, der Sinn ergibt. Sie heißt: Ja – aber. In der Psychoanalyse ist das oft die verdächtige Antwort ewig unentschiedener Zauderer. Wenn einer weiß, was er will und soll, ist es die einzige Antwort, die das der Bejahung Würdige „aufhebt" in seiner Ergänzung und damit die Versuchung entkräftet.

Versuchungen sind Motive. Motive können durch Motive entkräftet werden oder durch Änderungen in der Motivierbarkeit der Person. Versuchungen sind Werte. Sie können entwertet und aufgewertet, auch überboten werden; die von ihnen erwartete Befriedigung muß aber endlich auf irgendeinem anderen, womöglich besseren Wege erreichbar erscheinen. Ganz leer auszugehen, kann der Mensch auf die Dauer nicht ertragen. Doch ist er im guten Sinn ein Hans im Glück. Er kann alles gebrauchen, aus allem etwas machen, auf alles „Wert legen", wie ein Flohmarkthändler. Alles gegen alles eintauschen; einen Goldklumpen gegen ein Pferd, ein Linsenmus gegen ein Erstgeburtsrecht, eine Perle gegen sein ganzes Vermögen, die ganze Welt gegen seine Seele, und immer auch umgekehrt das zweite fürs erste. Er kann alles wegwerfen, wenn er es vorzieht, nichts tragen zu müssen. Er ist ein Tauschhändler, ein Wechsler aller irdischen und himmlischen Güter. Seid gute Geldwechsler! sagt die Schrift.

Er kann es so einrichten, daß er aus bitterem Verlust und Verzicht einen Gewinn zieht. Er gibt ein Stück Wohlbefinden und gewinnt Heil. Das Evangelium ist ein Lehrbuch des Tauschhandels. Es fordert dazu auf, ein Kenner, Liebhaber und Sammler der echten Schätze zu werden. Der geübte und geschärfte Sinn des Sammlers für gute Stücke ist der einzige Schutz gegen die Gefahr, von Fälschungen betrogen zu werden. Eben diese Sammelleidenschaft schützt ihn gegen den Glanz prächtiger Imitationen, solange er sorgsam betrachtet, prüft, vergleicht. Die Abwertung des falschen Glanzes der Versuchung ist aber nur möglich aufgrund einer intimen Vertrautheit mit dem wirklich Guten und aufgrund sorgsamer Prüfung in jedem Einzelfall. Dann allerdings ist die Wahl nicht mehr so schwer.

Durchgang durch Versuchungen ohne Überanstrengung setzt Expertentum und Geschmack (sapientia kommt von sapere, schmecken) für die humanen Werte voraus. Das Evangelium sagt, daß allen Menschen das Licht, das Verständnis dieser humanen Werte von Natur und Gnade angeboten ist, und daß die Kraft, sie zu verwirklichen auf Abruf bereitsteht. Der Abruf geschieht in der Sehnsucht und im Gebet. Oft ist die Sehnsucht die wortlose Form des Gebetes.

In der Geschichte und in der Gegenwart gibt es viele Mitmenschen, die mit ihrem Leben und Sterben glaubwürdig verbürgen, daß es sich wirklich so verhält.

Eine vernünftige, oft übermütig verachtete Lebensregel im Umgang mit Versuchungen heißt: Nicht mit dem Feuer spielen. Die nächste Gelegenheit zum Bösen meiden, soweit das möglich ist. Der Alkoholiker, der es endlich geschafft hat, abstinent zu leben, tut gut daran, den Schlüssel zum Weinkeller einigermaßen unerreichbar zu deponieren.

Der sexuell Labile mutet sich besser keine Lektüre und keine wahllose erotische Annäherung zu, die seine Unruhe aufheizt. Als Verheirateter kann es nicht schaden, wenn er sich gelegentlich beim Anblick von Liebreiz und Schönheit sagt: Auch ein Geschöpf Gottes, aber nicht für dich.

In allen Bereichen der Leidenschaft ist die Selbstüberschätzung der eigenen Standhaftigkeit und Unbestechlichkeit die häufigste Ursache schlimmer Dinge.

Für das Zusammenhalten entschlossene Paare leisten sich unter Berufung auf ihre Entschiedenheit Freundschaften, die zu ihrer Verblüffung eines Tages die Treue in Vergessenheit geraten lassen. Oft wird die schlichte Neugier nach dem Abenteuer oder auch die lockende neue Liebeserfahrung als notwendiger Reifungsweg etikettiert, obwohl gerade dieser Weg die wirkliche Reifung beider verhindert und in einem infantilen Hedonismus festhält.

Der Gesamtbereich von „Versuchung" kann nicht bewältigt werden, ohne das, was in dem diskriminierten Reizwort „Askese" genannt ist. Es meint nicht Selbstquälerei oder Lebensverneinung, sondern heißt auf deutsch Training, Einübung des Ernstfalls im Kampf gegen das Böse. In der asketischen Überlieferung des alten Christentums wird die übende Vorwegnahme des Ernstfalls unter dem an sich umfassenderen Thema „Buße" abgehandelt. Als die erprobten Bußwerke für jedermann werden genannt: Wachen und Beten, Fasten und Almosengeben. Die zwei letzten kann man unter dem neueren Stichwort „Konsumverzicht zugunsten anderer" zusammenfassen. Das erste, der Schlafentzug wird heute in der Psychotherapie neu entdeckt als Mittel, die seelische Vereisung der Gemüts- und Gefühlsverhärtung aufzutauen, besonders bei Depressionen und Psychosklerosen (Unfähigkeit zu Fühlen). In derselben Absicht wurde dieses Mittel schon in den Exerzitien des heiligen Ignatius von Loyola zur vorsichtigen Erprobung empfohlen.

Eine alte Faustregel sagt: Wer nicht maßhält im Essen und Trinken, wird nie ein spiritueller Mensch, nicht einmal ein im Sexuellen geordneter. Auch diese Formel ist weltumspannendes Gemeingut aller Kulturen, denen spirituelle Entwicklung wie humane Sexualität wichtig ist und in denen die Gefahren ekstasesüchtiger Pseudomystik bekannt sind. Dieser allerdings ist, wie allen Hysterieformen, schon der Begriff der humanen Ordnung ein Schockwort.

Bewältigung des Bösen ohne „asketisches" Ernstfalltraining ist wenig aussichtsreich. Sanftlebiger Humanismus ist dazu untauglich[8].

Heute begegnet der Psychotherapeut Menschen, die sich als glaubende Christen verstehen, aber z. B. so gut wie gar nicht beten. Er begegnet Geistlichen beider Konfessionen und Ordensleuten, deren spirituelles Leben sich weitgehend auf die Teilnahme am liturgischen Gottesdienst beschränkt. Die übrige für den „geistlichen Stand" früher im katholischen Raum kennzeichnende sogenannte asketische Praxis ist nicht selten, abgesehen von der Ehelosigkeit, durch gelegentliche Teilnahme an „Selbsterfahrungsgruppen", Yoga- oder Zen-Kursen ersetzt, wenn überhaupt.

Wir treffen in kirchlichen Berufen und in Orden Menschen, denen im spirituellen Bereich das kleine Einmaleins unbekannt ist. Grundbegriffe wie Demut, Gehorsam, Selbstverleugnung sind unverstandene Horrorvokabeln oder werden mit Berufung auf moderne Psychologie als der notwendigen Selbstverwirklichung und Emanzipation im Wege stehend verworfen.

Es ist ja denkbar, daß die unerschöpfliche Phantasie des Heiligen Geistes neue Wege für alle findet, die die alten nicht mehr gehen können und mögen. Ich frage mich nur, ob dieses Denkbare auch wahrscheinlich ist, wo es weniger um ein Nichtkönnen als um eine oberflächliche Unkenntnis und ein Nichtmögen geht. Auch ist nichts Neues in Sicht, das die überlieferten Hilfsmittel überholt hätte. Es gibt einige unüberholbare und unersetzliche Spurenelemente, ohne die geistiges und geistliches Leben nicht auskommt. Sollte nicht das Prinzip „Vorbereitung und Einübung", also das asketische Prinzip, zu diesen Spurenelementen christlichen Lebens so notwendig gehören wie zum Sport oder zur Berufsausbildung? Der Satz Martin Luthers: „Das christliche Leben ist oratio, temptatio, meditatio" weist auf ein Element hin, das von selbst im Leben auftaucht, die Versuchung. Erkannt und genutzt wird es freilich nur, wenn mindestens die zwei weiteren dazukommen, die nicht von selbst erscheinen, sondern eben geübt werden müssen: Gebet und Meditation[9].

Mit den Worten Temptatio und Konkupiszenz, Versuchung und Begehren, wird nicht nur auf eine Art von seelischen Vorgängen unter anderen hingewiesen. In beiden Begriffen ist die ganze expansive Wucht des allgegenwärtigen Lebensdranges angesprochen. Die Worte deuten an, daß die menschliche Natur ein stures Programm der Selbstdurchsetzung zäh festhält, das seine Flugbahn nicht vom Anspruch des Geistes stören lassen will. Es ist der Imperialismus eines Ego, das sich symbolisch die Erde untertan machen, alles und alle in seinen Dienst stellen will. Paradoxerweise ist eine Hauptkraft in diesem Lebensdrang die triebhafte Unterwürfigkeit gegenüber Macht und Mächten: unerkannten Suggestionen, gegen Gruppendruck, Anpassungsbedürfnis und Fremdeinflüssen aller Art. Der mittlere Mensch ist ein Mitläufer, selbst als Revolutionär noch Untertan.

Diese zähe Durchsetzungskraft der „Natur" gegen jede spirituelle Weisung scheint eine gemeinsame Kraft in allen Versuchungen zu sein. Das ist wohl etwas von dem, was Paulus mit „Fleisch" meint[10]. Die Psychoanalyse ist eine biblische Psychologie, weil sie genau kennzeichnet, was die beiden biblischen Begriffe „Fleisch" und „Welt" (Johannes) anzielen. Sie ist eine Psychologie der Versuchung.

V. Sind wir böse?

Böse handeln und böse sein

Der Mensch kann böse handeln, und er tut es offensichtlich. Wie steht es aber mit dem böse sein? Die Bibel und manche pessimistische Theologie und Philosophie erschrecken uns mit der Lehre, der Mensch sei einfach böse von Grund auf; vielleicht so sehr, daß er des wirklich Guten gar nicht fähig sei. Von Immanuel Kant hören wir, der Mensch sei aus so krummem Holze, daß er nimmermehr könne grade werden[1]. Auch Freud hält das Böse für unausrottbar, so daß es leicht in der Selbstvernichtung der Menschheit den Endsieg, das letzte Wort in der Evolution behalten könnte[2].

Ein Text, mit ungelenker Hand auf ein Plakat in einem Bahnhof gemalt, sagt: „Marx ist Mist, Freud ist Mist, Jesus ist auch Mist. Alle anderen sind Mist, ich bin auch Mist". Ist diese schlichte Botschaft von der Schlechtigkeit der Menschen, dieses kaputte Selbstgefühl, das heute so viele quält, zutreffend?

In der psychotherapeutischen Erfahrung finden wir oft ein erdrückendes Gefühl der eigenen Wertlosigkeit, Sinnlosigkeit und Sündhaftigkeit. Aber wir kennen auch die unleugbare Erfahrung, daß Menschen gern und oft bereit sind, dem Nachbarn das Seine zu lassen und zu geben, dem Mitmenschen Freundlichkeit und Hilfe zu erweisen, niemand zu schädigen. Viele Menschen sind nette Leute freilich nur, „wenn's leicht geht". Wieder andere, wenn es sich lohnt. Aber nicht wenige sind auch lieb, wenn es sie etwas kostet, selbst unter Opfern. Davon haben sie freilich immer auch etwas. Auch das Gute lohnt sich; das ist ganz in Ordnung, es verdirbt die Güte des Guten nicht. Narzißtische Befriedigung in Maßen ist eine Hilfe zum Guten, auf die niemand verzichten soll[3].

Positive Erfahrungen mit der Güte, sogar mit Selbstlosigkeit sollten wir gelten lassen. Sie widerstehen einer Radikalisierung der These von der Bosheit des Menschen. Er ist nicht nur Wolf und Feind, sondern oft auch Helfer und Freund. Schon auf der biologischen Ebene steht dem Darwinschen Prinzip des Kampfes ums Dasein das von Kropotkin so genannte *Prinzip der gegenseitigen Hilfe* gegenüber. Leider ist dieses zweite Prinzip im Menschen eher schwach und launisch wirksam.

Ich möchte zugeben, daß jede tiefere Analyse beim neurotisch und psychomatisch Kranken, aber auch bei sogenannten gesunden Menschen, nennen wir sie Normopathen, auf eine Schicht von verdrängtem, unbewußtem Haß stößt. Ich sehe keinen Grund für die Auffassung mancher Psychoanalytiker, dies sei die tiefste und ursprünglichste Gefühlsschicht, früher als die Liebe. Immerhin ist es eine sozusagen ökumenische Schicht, wohl in jedem Analysanden auf der ganzen Erde vorfindbar. Sie macht eine tiefe Ambivalenz gegen Gott, den Mitmenschen und uns selbst zur Basis und Gefährdung aller unserer Beziehungen.

Zur Güte begabt

Die andere Seite ist, daß der Mensch zum Guten und zur Güte begabt geboren wird. Er ist in der Lage, das Gute zu erkennen, die Notwendigkeit seiner Verwirklichung einzusehen, und er ist sogar in der Lage, das Gute zu lieben. Das Gute ist seinem Wesen nach das Liebenswerte, das Wünschenswerte unter den Alternativen der Einstellung und des Handelns. Seine Liebenswürdigkeit kann in Erkenntnis und Gefühl erfaßt werden. Es ist nicht selten, sondern die Regel, daß sich aus diesem Erfassen des Guten spontan eine Neigung entwickelt, es zu tun, wo nicht allzu große Hindernisse im Wege stehen. Das ist einfach, selbstverständlich, und es kommt häufig in unserer Welt vor. Die andere Seite ist die, daß der Mensch auch begabt und befähigt ist, nicht nur böse zu handeln, sondern auch böse zu werden. Von Geburt an gibt es wahrscheinlich Menschen, die mit einem unschwierigen, leicht bildbaren Charakter auf die Welt kommen und andere, deren angeborenes Charaktergefüge schwierig, verquer, deren ethische Begabung dürftig ist. Aber abgesehen von diesen Vorgegebenheiten wird man sagen können, daß der Mensch weder gut noch böse geboren wird, also nicht schlechthin polymorph pervers, wie Freud den Säugling nennt, wohl aber polymorph pervertibel und ebenso polymorph perfektibel ist. Er ist *in Disposition zum Guten und zum Bösen*, ein ambivalentes Wesen.

Es ist wohl heute eine allgemeine Überzeugung der Psychologie, daß die angeborene Begabung zum Guten und zur Güte ebenso wie die angeborene Begabung zu jeder Art von Gemeinheit in jener Zeit, in der der Mensch noch keiner eigenen Entscheidung fähig ist, von der Umwelt in starkem Maße gefördert oder behindert werden kann[4]. Es ist plausibel, daß ein Kind, das von der Geburt an abgelehnt, launischer Willkür, quälender Schinderei, schlechtem Beispiel ausgesetzt ist; ein Kind, dessen ursprünglichste Bedürfnisse unberücksichtigt bleiben, große Schwierigkeiten haben wird, seine Begabung zur Güte, zur Liebe, zum Gutsein zu entdecken und zu verwirklichen.

In unserer quantitativ denkenden Welt vermuten wir gerne, daß das seelische Leben ebenso wie das leibliche gewisser Quantitäten an positiver Zufuhr bedarf, ebenso wie es ohne eine gewisse Mindestzufuhr von Nahrungsstoffen nicht gesund aufwachsen kann. Aber der allzu rasche Vergleich ist oberflächlich und irreführend. Die Gesetze des Geistigen und Seelischen sind nicht in derselben Weise quantitativ wie die der leiblichen Existenz und des leiblichen Wachstums. Ein von den Eltern und Geschwistern abgelehntes, unerwünschtes und ungeliebtes Kind könnte gerade aus dem Kontrast in der Lage sein, aus einem freundlichen Blick eines Vorübergehenden eine für Jahre leuchtende Intuition zu gewinnen, was Freundlichkeit ist, welche Kraft aus ihr kommt und welche Fähigkeiten sie in dem erweckt, der sie auch nur für Sekunden empfangen hat.

In der Trostlosigkeit eines verrotteten und korrupten Erziehungsheimes, in dem von allen Seiten nur Roheit, das Recht des Stärkeren und nackte Bosheit zu herrschen scheinen, kann das Auftauchen einer Vertretung nur für Stunden oder Tage in dem einen oder anderen Kind jene ansteckende Wirkung mit sich bringen, den das Gute und der Gute ebenso haben kann, wie Pest und Cholera. In einem verkommenen Internat, wo ein fauler Apfel den anderen ansteckt, kann ein einziger Lehrer oder Mitschüler mit dem Kontrastprogramm seines guten Charakters den bösen Bann, die Verfilzung des Üblen durchbrechen. Ich weiß nicht, wie häufig dies ist; ich meine nur, daß solche Chancen vorkommen, daß sie ergriffen werden und daß wir nicht wissen können, wann und wie oft das geschieht.

Die Tendenz der Psychologie, in Anlehnung an das erfolgreiche Verfahren der Naturwissenschaften, aus oft beobachteten Vorgängen Regeln oder gar Gesetze zu gewinnen, führt nicht selten in einen pessimistischen Fatalismus. Er vergißt leicht, wie sehr die Psychologie ein Museum der Gegenbeispiele braucht und ist.

Ist jeder Mensch dem Bösen nahe?

In welchem Sinn sind wir nun doch böse? Ist jeder Mensch tendentiell böse von Geburt an?

Wir sind es, insofern wir spontan bestimmt sind von der Macht einer selbstsüchtigen, selbstgefälligen und selbstherrlichen Einstellung. Wilhelm Busch hat wohl recht, wenn er sagt, „der liebe Gott muß immer ziehn, dem Teufel fällt's von selber zu". In der Selbstsucht[5], Freud sagt „Eigensucht", möchte sich der Mensch in die Mitte der Wirklichkeit stellen; alles andere, nicht nur Sachen, sondern auch Personen und selbst Gott sollen ihm zur Verfügung stehen und ihm dienen[6]. Einschlußweise leugnet eine solche Einstellung das Selbstsein und die Rechte sowohl der Mitmenschen wie auch

Gottes. Sie werden zu bloßen Mitteln herabgesetzt. Daß es diese Selbstsucht mit ihrer brutalen Wucht gibt, daß sie oft im Konzert der inneren Stimmen stärker durchdringt als die sozialen, rechtlichen und freundlichen Tendenzen gegenseitiger Anerkennung und Hilfe, ist allerdings ein Rätsel, das Rätsel des Bösen. Die polaren Tendenzen könnten sich ja auspendeln ohne das Übergewicht der asozialen Kräfte, die immer wieder mit Mühe gebändigt werden müssen. So müßte es nicht sein. Das Böse ist keineswegs aus den biologischen Gesetzen der Evolution notwendig, wie es die Aggression zu sein scheint. Im Gegenteil, gerade Daseinsangst und die ihr entspringende Selbstsucht können die ganze Evolution in die Luft blasen oder in Gift ersticken. Es gibt einen innersten Zustand der *rücksichtslosen ichhaften Sorge* um uns selbst, eine Spontaneität der Selbstbevorzugung mit einer abwehrenden Reserve gegen den gerechten Anspruch der anderen und damit auch gegen den Anspruch Gottes. Dieser Unrechtsdrall erscheint mir als schlichte Erfahrungstatsache. Vielleicht könnte man ihn ein Existential nennen. Es ist ein Teil des Sachverhaltes, den die Theologen mit dem mißverständlichen Wort Erbschuld oder Sündhaftigkeit bezeichnen.

John Henry Newman schreibt in seiner „Apologia pro vita sua": „Wenn es einen Gott gibt – und weil es sicher ist, daß es einen gibt –, muß das Menschengeschlecht in irgendeine furchtbare Erbschuld verstrickt sein; es ist nicht mehr im Einklang mit den Absichten des Schöpfers. Es hat sich von seiner Gegenwart ausgeschlossen. Das ist eine Tatsache so sicher wie mein eigenes Dasein. So wird mir die Lehre dessen, was die Theologen Erbsünde nennen, fast ebenso gewiß wie die Existenz der Welt oder die Existenz Gottes."

Diese Seite der sogenannten Erbsünde ist kein Glaubenssatz, sondern etwas, was jeder wissen kann und weiß. Die Flugbahn unseres Lebens hat eine Unrechtsneigung im Erkennen und Streben wie der Kompaß eine Mißweisung hat. Darum verirrt sich jeder durch diese Mißweisung, der einfach den drängendsten unter seinen spontanen Bedürfnissen folgt, der „einfach nur er selbst sein" will. Dieser *unkorri-*

gierte Wille zum Selbstsein führt zur Rücksichtslosigkeit, zum Unrecht und muß böse enden. Der Kompaß der angeborenen, spontanen Antriebe ist sehr gut, solange der Steuernde ständig die Mißweisung korrigiert.

Selbstsucht besteht darin, daß der Mensch Gott und den Mitmenschen nicht für so wichtig hält wie sich selbst. Er findet seine eigene Weltanschauung und seine Wertungen richtiger und wichtiger als die Weltanschauung und die Wertungen Gottes und die Ansichten des Nachbarn. Er verleugnet in einer Autonomiesucht seine schlechthinnige Abhängigkeit von Gott. Er weiß selbst besser, wie er seinem eigenen Wohl und Heil dienen kann.

Auch in der Religion ist es häufig, daß der Mensch Gott nicht Gott sein läßt. Er verbietet ihm die Herrschaft und erlaubt ihm nur eine untergeordnete, dienende Rolle als Wunscherfüller, Gebetserhörer, Befehlsempfänger und Tröster vom Notdienst. .

Im Heidentum schreibt er den Göttern viele Laster, oft einen schlimmen, ja verbrecherischen Charakter zu, um seine eigenen Laster durch das Vorbild der Götter zu rechtfertigen und seine Schuldgefühle zu mildern. Diese psychoanalytisch anmutende Religionsdeutung entwickelt Augustin in den Bekenntnissen (I). Zu jeder Stunde erfahren wir unsere unausrottbare Selbstsucht sogar gegenüber guten Freunden und Angehörigen, von Lästigen und Unsympathen ganz zu schweigen; wenn es uns manchmal für kurze Zeit gelingt, diese Selbstsucht zu überwinden, dann hält das selten lange an und wir sind uns selbst unversehens wieder der Erste und der Letzte. Darum liegen uns Selbstverachtung und Depression oft näher als Friede und Freude. Viele versuchen sich erst gar nicht an einer so unlösbar erscheinenden Aufgabe der Überwindung von Selbstsucht. Solche Aufgaben sind keine Herausforderungen, sie setzen keine Kräfte frei. Ebenso verächtlich wie den Gott und die Götter behandelt die Selbstsucht den Mitmenschen als Mittel zur eigenen Beglückung. Das nennt er dann nicht selten Liebe; eine Selbsttäuschung, die Eros, dieser trügerische Gott, besonders gern mit sich bringt. Der Mensch wendet alle Liebe, deren er fähig ist, sich selbst und den von ihm eigenwillig ernannten Höchstwerten zu, also etwa den Menschen seiner Sympathie, den Quellen seiner Genüsse, den Quellen der Macht, dem Geld und der Geltung. Er enthält seine gesamte Liebeskraft ausdrücklich oder ohne viel Aufhebens dem Gott vor. All diese Fehlhaltungen erkennt er in ihrer Übelkeit umso weniger, je tiefer er in ihnen steckt. Denn wir erkennen zwar das Gute umso tiefer, je mehr wir es sind und tun, das Böse aber erkennen wir umso weniger, je mehr wir uns mit ihm einlassen. Das Unmoralische versteht sich von selber.

Angst als Grund der Selbstsucht

Der Boden, aus dem die Selbstbevorzugung herauswächst, ist die Ungesichertheit und Bedrohtheit des Daseins. Sie tritt in einer allgegenwärtigen Angst und Sorge ins Bewußtsein oder beunruhigt doch das Unbewußte. Wir leben inmitten vieler Übel und am Rande des Todes, des Irregehens, des Irreseins und des Irrewerdens. Wir haben viel zu verlieren; wir müssen „vor des Lebens Widerspruch erblassen" (Platen). Das macht Trennungsängste, die weder der Glauben noch die Psychotherapie völlig löschen können. Wären wir im unangefochtenen, gesicherten Besitz all dessen, was das Herz begehrt, dann gäbe es keinen Anlaß mehr für die Selbstsucht und keinen Ansatz mehr für Angst und für das Böse. Auch der Christ ist von dieser Angst aller Kreatur nicht ausgenommen. Der Mensch bleibt das Wesen einer radikalen Bedrohtheit an Leib und Seele, an beiden kann er Schaden nehmen. Gegen diese Bedrohtheit wehrt er sich auch mit unrechten Mitteln.

Die Wurzel der Selbstsucht ist das fundamentale Unvertrauen. Kann man die Daseinsangst trockenlegen? Diese Angst, die immer sagt „ich könnte zu kurz kommen", „ich kriege nicht genug", „ich werde benachteiligt"? Diese Angstgier ist eine universale Weltgefräßigkeit aus innerer Unsicherheit, heute gern „Konsumhaltung" genannt. Verlustangst als Quelle alles Bösen nennt die klassische Anthropologie: „Ungeordnete Furcht ist in jeder Sünde eingeschlossen. Der Geizige fürchtet den Verlust des Geldes, der Zuchtlose den des Vergnügens"[7].

Verlustängste heißen in der Psychoanalyse auch Trennungsängste. Die tiefste Angstquelle aber ist die bleibende Bedrohtheit des freien Subjektes durch sich selbst, durch die Möglichkeit der Schuld[8].

Bewältigung des Bösen geschieht überall, wo die Grundtendenz sich zum *beherrschenden und genießenden Mittelpunkt der Welt* zu machen, gemäßigt oder aufgehoben wird – in oder außerhalb, mit oder ohne Psychotherapie. Dabei kann gleich zugegeben werden, daß Psychoanalyse, Psychotherapie eine besonders zähe und raffinierte Form sein kann, den Menschen in der Selbstsucht zu verfestigen, also eine Form der Verhärtung des fundamentalen Bösen, zugleich eine Auswirkung und ein Ausdruck dieses Bösen.

Psychotherapie ohne solchen Mißbrauch hat jedoch als ein Hauptziel Abbau von Daseinsangst und bringt darum und darin möglicherweise auch Abbau von gieriger Selbstsucht.

Selbstsucht ist nicht dasselbe wie Selbstsorge, Selbstfürsorge, Selbstliebe, also das, was man als gesunden Egoismus bezeichnet. Diese Selbstfürsorge ist notwendig und richtig. Sie bedarf auch der aggressiven Bestandteile, weil der Mensch dem anderen gegenüber nun einmal auch Konkurrent ist, Defensor und damit Aggressor, sozusagen sein eigener Grenzschutz . Dies aber immer gleichzeitig mit dem Auftrag, Fürsorger und Schützer für andere zu sein, soweit diese anderen sich nicht selbst helfen können. Hüter des eigenen und des fremden Daseins, Hüter seiner selbst und Hüter des Bruders. Das Böse beginnt nicht damit, daß ich mich um mich selbst und für mich selbst kümmere, sondern erst dort, wo ich dabei Rechte verletze, Bedürfnisse und Gefühle mißachte.

Wenn das Böse im Tun und Lassen als Unrecht bestimmt wird, dann ist es zwar richtig, das Bösesein der überdauernden Haltung in der Unrechtsbereitschaft zu sehen. Aber Unrechtsdrall und Selbstsucht können sich nur entwickeln, weil der Mensch gerade das nicht von Natur und Geburt aus hat, was die eigentliche Bestimmung seines Wesens und seiner Natur ausmacht: Gottesnähe, Einverständnis mit Gott.

Das Böse als Mangel

Zum Bösen wie zum Guten ist der Mensch begabt, weil er ein Mängelwesen ist, ein Braucher, ein Bedürftiger mit Bedürfnissen, Wünschen, Begierden und Trieben, deren Erfüllung oft begrenzt ist durch Mangel an Gütern dieser Welt, durch entgegenstehende Rechte seines Nachbarn und Grenzen der eigenen Natur. In einem anderen Sinn wird in der philosophischen Tradition seit Aristoteles das Böse als Mangel gedeutet. Auch in der christlichen Philosophie wird an dem Prinzip festgehalten „Alles Sein ist gut". Die Schöpfung eines vollkommenen Schöpfers kann ursprünglich nichts Böses und keinen Fehler enthalten. Weder der Abfall der Engel noch der Fall des Menschen schaffen aber neues, böses Sein. Darum kann das Böse nur sozusagen als ein „schwarzes Loch" im endlich Seienden gedacht werden; der Mangel des Schuldigbleibens, Nichtgebens von etwas, das gegeben werden sollte; privatio boni debiti; defectus vel inordinatio propriae actionis, Defekt und Un-Ordnung im Handeln[9].

So gibt es auf einem Klavier keine falschen Tasten und keine bösen Saiten. Alle einzelnen Töne sind gut. Schlecht ist das Spiel, wenn eine Saite nicht gestimmt ist, oder wenn eine Taste außerhalb der Ordnung der Melodie angeschlagen wird, eben durch das Fehlen der notwendigen Stimmung und Einordnung. Selbst beim Zufügen von Schmerz und Verwundung ist das Böse weder der Wille zur Verletzung als solcher noch die Handlung: Der Richter darf Strafen verhängen, der tadelnde Vorgesetzte darf seelischen Schmerz zufügen; der ungerecht Angegriffene darf den Willen zur Verwundung des Feindes haben, wenn kein anderes Mittel der Verteidigung bleibt. Der Chirurg darf und soll zerstören, krankes Gewebe entfernen. Das geschuldete Gut, dessen Fehlen die Bosheit ausmacht, ist in der Regel das Moment der Einordnung des Tuns und Lassens in den Sinnzusammenhang des Ganzen. Das Böse ist als Unrecht das Fehlen des Rechts und der Richtigkeit im Handeln[10].

Auch psychologisch ist der letzte Grund des Bösen ein Mangel, ein Defekt, die Unfähigkeit oder Unwilligkeit, Gott und den Nächsten als liebenswert und das gebotene Gut als das Liebenswürdige zu erfassen. Blindheit für Gott und Fühllosigkeit für die von ihm durch das Sosein von Welt und Mensch vorgegebenen Werte sind Voraussetzungen der Unrechtsbereitschaft. Er ist das Zentrum unserer Gravitation. Aber wir klammern uns fest, wo immer wir können, aus Furcht, uns dieser Anziehungskraft zu überlassen. Wir erleben oft *das Gute als das Bedrohliche* und sind eher bereit, Gott aufzugeben, als etwas Bedrohliches auf uns zu nehmen. Es fehlt die Bereitschaft zum Unangenehmen und Ungenehmen, das der Wille Gottes enthalten mag. Dieser Mangel ist das Böse.

Auch in der biblischen Geschichte vom Sündenfall erscheint das Böse als ein Mangel: Es fehlt den Paradiesesmenschen die Totalität der Zustimmung zum ganzen Gott, zum Ganzen seines Schöpfungsplanes einschließlich des Unverstandenen und Ungenehmen. Es fehlt das bedingungslose Vertrauen, die totale Identifizierung ohne Besserwissen und ohne mißtrauischen Zweifel. „Vertrauen ist gut, Kontrolle ist besser" (Lenin), mag unter Menschen manchmal gelten. Für die Buchführung Gottes hingegen gibt es keinen Rechnungshof.

Das alles hat seine *Parallelen in der Kindheitsentwicklung.* Es gibt gute Eltern. Ein Kleinkind erfährt dann das Liebenswerte seiner Mutter handgreiflich, mundgreiflich und antwortet darauf. Aber keinem Kind bleibt erspart, daß auch große Liebenswürdigkeit der Eltern verdunkelt wird. Sei es, daß die Eltern dem Kind etwas schuldig bleiben oder Kränkungen zufügen, sei es, daß sie durch unvermeidliche Versagungen, Zumutungen, Verbote unschuldig in den Verdacht der Lieblosigkeit und Willkürherrschaft geraten. Dann kann jedes Kind Ärger, Trotz, Mißtrauen und Haß entwickeln, schon bevor es der Sprache mächtig ist, weil es mit dem Gegebenen unzufrieden, sich ungerecht oder ungeliebt behandelt fühlt.

In ähnlicher Weise entsteht der Verdacht, Gott sei die unendliche Lieblosigkeit. Für den, der an den Schöpfer glaubt, führt kein Weg an der Einsicht vorbei, daß die Macht dieses Gottes sich auch in der Zufügung des Todes und unermeßlicher Leiden und Schmerzen äußert. Es hat einen guten Sinn zu sagen, daß Gott in keiner Weise für die Sünde seiner Geschöpfe verantwortlich ist, aber ohne Zweifel ist er verantwortlich für Tod und Leid. Die Ausstattung des Leibes mit Schmerzempfindlichkeit über jedes biologisch sinnvolle Maß hinaus, die Ausrüstung des Organismus mit Schmerznerven, mit Krankheitsanfälligkeit und Sterblichkeit in einem zerstörbaren und verwundbaren Körper gibt es, seit höhere Lebewesen existieren. Als es noch keine Menschen und damit keine Sünde im materiellen Kosmos gab, wurde die Tier- und Pflanzenwelt schon von Krankheiten und Leiden befallen. Selbst Pflanzen sind aggressiv. Was lebt, stört und zerstört anderes Leben. Fressen und Gefressenwerden ist ein Gesetz der Natur. In der Geschichte des Bösen spielt der Leiden schaffende Schöpfer der Natur, der zürnende und strafende Gott des Alten und Neuen Testamentes eine bedrängende Rolle, nicht nur weil er als Vorbild zur Identifizierung der sich für gottähnlich haltenden Autoritäten und aller anderen Menschen zu Grausamkeit und Straflust beizutragen scheint.

Weil auch Jesus warnend vom Kommen des Gerichtes spricht und den Feinden Gottes ein schlimmes Ende voraussagt, hält ihn Bertrand Russell für einen Menschen von besonders bösartigem Charakter. Er spricht aus, was viele unbewußt empfinden.

Der böse Gott

Die Phantasie von der Bösartigkeit eines Gottesmonstrums ist trotz ihrer Absurdität das größte Hindernis der Gottesfreundschaft und der Abwendung vom Bösen. Denn *wenn Gott böse ist, wie könnten wir gut sein wollen?*

Wir kennen die Tendenz, in der christlichen Lebenslehre die positive Seite hervorzuheben, die Aufmerksamkeit auf die Liebe, die Freude, die Hoffnung, die Selbstverwirklichung zu richten und das sogenannte Negative, die Schuld, die Reue, die Buße, die Selbstverleugnung, die Strafe und die Sühne weniger zu beachten.

Nun ist aber eine Liebe ohne Auflehnung gegen das Lieblose und Böse niemals stark, niemals treu und in ihrer Echtheit fragwürdig. Liebe ohne „Haß" ist keine Liebe. Der Mensch hat die Begabung zum Zorn und Haß, das aggressive Potential seiner Natur nicht überflüssigerweise.

Ohne heiligen, gerechten Zorn keine Heiligen. Der sanftmütige Jesus hat in lodernder Wut die Händler aus dem Tempel geprügelt. Er hat mit dem schlimmsten Schmähwort seinen Freund Petrus als Satan beschimpft, ein Verhalten, das er an anderer Stelle für überaus strafwürdig erklärt.

Im Alten und im Neuen Testament gibt es den Haß, den Zorn Gottes und des Menschensohnes. Er zeigt nicht das Böse in Gott sondern umgekehrt, die „unendliche kompromißlose Festigkeit mit der der heilige Gott allem Bösen widersteht" (August Brunner).

Angesichts des Nachdrucks, mit dem Jesus und das Neue Testament immer wieder von der Strafe für das Böse sprechen, gehört es für mich zur wunderbaren Brotverminderung durch Exegese, wenn Theologen lehren, die Bibel kenne keinen strafenden Gott. Ich fürchte, daß sie dem Menschen unmöglich machen, im Leid Sinn und Chance zu sehen[11]; außerdem ist es mißlich, wenn die Interpretation zu zeigen sucht, daß die Schriften eigentlich recht oft das Gegenteil von dem meinen, was sie sagen.

Natürlich ist es eine allzu anthropomorphe Vorstellung, Gott sitze im Hinterhalt wie die Polizei im Radarwagen, um Übeltäter zu bestrafen. Wer gegen Warnung und Verbot eine brüchige Eisfläche betritt, hat die „Strafe" selbst auf sich gezogen, wenn er einbricht. Ob man das nun als selbst verursachte Verhaltensfolge oder als Strafe bezeichnet, ist für den

Betroffenen von geringer Bedeutung. Der Gott, der einen verwundbaren, schmerzfähigen, sterblichen Leib geschaffen und seine Entwicklung zugelassen hat, wird von der unangenehmen Seite vom Menschen selbst verursachter Verhaltensfolgen nicht überrascht gewesen sein. Er bleibt auch auf diese Weise der strafende Gott, der seiner nicht spotten läßt, auch wenn wir einen Unfall nicht als „Strafe" deuten.

Aber damit nicht genug. Nach den Berichten der Evangelien hat Jesus eindeutig und nachdrücklich die Möglichkeit des ewigen Verderbens festgehalten; keine so frohe Botschaft! Die Annahme, dies sei reaktionäre Zutat der Evangelisten und des Paulus, die im Gegensatz zu Jesus den unerbittlichen Rachegott des Alten Testamentes nicht hätten aufgeben können, ist eine immer beliebter werdende Hilfskonstruktion. Sie ermöglicht, den Worten Jesu weiterhin zu glauben, indem man ihn von der Verantwortung für den unerfreulichen Teil seiner Botschaft entlastet. Es ist dann der heutige Theologe oder Bibelleser, der aus eigener überlegener Einsicht in das Wesen Gottes weiß, was Jesus gesagt haben kann und was nicht. Das Allheilmittel für unerwünschte Worte des Textes heißt dann: So kann Jesus nicht gesprochen haben. Wer sicher ist, daß er sich im Charakter Gottes besser auskennt als der Jesus der Evangelien, wird sich nicht anders verhalten können.

Eine solche Theologie hat ein starkes Argument: Die Geschichte zeigt, daß widerspenstige und hartnäckige Sünder so mit Erleuchtung überflutet worden sind, daß sie kein Motiv mehr hatten, sich diesem Druck und Zug der Gnade zu widersetzen. Es ist für uns undurchschaubar, wie in solchen Fällen die Freiheit des Menschen gleichzeitig erhalten bleibt und doch überwältigt wird. Im menschlichen Erfahrungsbereich gibt es das Gleichnis der großen Liebe, die auch Freiheit nicht aufhebt, aber jedes Motiv wegnimmt, sich ihr zu widersetzen. Ich sehe keinen überzeugenden Grund für die Annahme, Gott könne zwar mit einigen auserwählten, aber nicht mit allen Menschen so gewalttätig verfahren. Sehr dringend würden wir wünschen, daß Er dies tatsächlich tut, daß Er also allen Menschen eines Tages einen praktisch überwältigenden Antrieb zur Bekehrung, eine unwiderstehliche Versuchung zum Guten schenkt. Das sähe Ihm ähnlich. Allerdings müßten wir dann eine Antwort finden auf den Einwand, daß die Begnadung des Menschen sich sozusagen in einer Muß-Struktur aus dem Wesen der unendlichen Güte zwangsläufig ergäbe. Das legt die Frage nahe, ob ich mir selbst einen Gott meiner Philosophie nach meinen Wünschen konstruiere, sozusagen einen besseren Gott, der nicht nur anders ist als viele Worte Jesu ihn zeichnen, sondern ganz anders als die gesamte Gottesvorstellung der Bibel, der Abrahamsreligionen und ganz anders als der Glaube der Jahrtausende. Jesu Wort verlöre viel Glaubwürdigkeit, weil wir ihn in den heiligen Schriften nur recht entstellt finden könnten. Seine Botschaft ließe sich beliebig manipulieren.

Die überlieferte Botschaft ist für mich vorerst überzeugender, weil mir die Glaubwürdigkeit Jesu nur auf dem Wege über die Glaubwürdigkeit der Zeugnisse und Zeugen zugänglich ist; weil kein Motiv sichtbar ist, aus dem die Evangelisten die erfreulichste Nachricht von der endlichen Errettung aller Menschen entstellt haben sollten. Gerade sie würde dem Wunschdenken des Menschen am meisten entsprechen. Aber selbst wenn wir annehmen würden, daß Gott eine so ernste und gefährliche Freiheit, die sich endgültig gegen Ihn entscheiden kann, nicht habe setzen wollen, dann könnten wir jedenfalls doch nicht leugnen, daß er uns offensichtlich mit einem Freiheitsraum begabt hat, der für viele zwar „nur" endliches, aber doch himmelschreiendes Leid gebracht hat. Dies hat Er offensichtlich nicht unbedingt verhüten wollen. Ich mildere gewissermaßen den schlimmen Charakter Gottes, wenn ich das ewige Verderben beiseite schaffe, aber mein Anklagepunkt ist darum noch keineswegs beseitigt. Gott hätte immer noch nicht sein Möglichstes getan, solange Er uns nicht radikal von der Möglichkeit des Mißbrauchs der Freiheit entfernt.

Wenn Er nicht mit allen Leuten so überschwenglich begnadigend umgeht wie mit seinen Heiligen, dann sind doch enttäuschende Spuren von Kargheit und unterlassener Hilfeleistung in Ihm. Dann ist Er nicht liebenswert, dann ist Er böse, weil Er es am Guten fehlen läßt.

Dieser Gedanke zieht sich durch die Menschheitsgeschichte von der Geschichte des Sündenfalls an; das Mißtrauen, Gott sei keineswegs unendlich gütig, sondern ängstlich bedacht, dem Menschen irgendetwas vorzuenthalten, das er dem Menschen nicht gönnt, oder aus willkürlicher Selbstbegrenzung seiner Barmherzigkeit einfach nicht geben will. Unfaßlicher Ermessensmißbrauch? Keine theologische Spekulation mildert ein so tiefes Mißtrauen, sondern nur das entschlossene Stehen zu der selbstverständlichen Einsicht, daß, was immer eine Person tut, die mit Recht göttlich genannt werden kann, wohlgetan sein muß, weil es nur aus lauterer Heiligkeit, Weisheit und grenzenloser Gutheit hervorgehen kann, wie immer es sich für uns anfühlt. Ein Wesen, das nicht die heilige Liebe in Person ist, kann unmöglich Gott sein. Die Einstellung des Menschen, die einzig dem Wesen Gottes angemessen ist, formuliert sich in einem schlichten Gebet: Du kannst mit mir und mit uns machen was Du willst. Ich stehe vorbehaltlos Dir zur Verfügung. Ich vertraue mich Deinem Plan einfach an, mag er Himmel, Erde, und wenn Du es richtig findest, auch die Hölle umschließen[12].

Außerdem könnte uns keine philologisch-exegetische Textoperation vor der Frage bewahren, ob wir nicht hochmütig und frevelhaft Jesus zurechtrückend, besserwisserisch Gottes Wort manipuliert haben.

Tief verständlich ist der Versuch dennoch, einen noch lieberen Jesus und einen noch lieberen Gott zu konstruieren, als den im Evangelium bezeugten: Jesus Christus Superstar.

Wenn aber Gott doch jener Selbstaufheber wäre, der mit seiner Barmherzigkeit jeden Rest von Gerechtigkeit in sich auflöst, dann müssen wir doch fragen: Warum hat Jesus uns das nicht gleich gesagt? Warum darf bei ihm die Gerechtigkeit des alten Jahwe überleben? Wollte er zwei Jahrtausende mit der ewigen Verdammnis erschrecken, um erst im zwanzigsten Jahrhundert die Theologie zur Vernunft kommen zu lassen, so daß sie nun gewissermaßen „April-April" sagt? Solche Auslegung erinnert doch an jenen böhmischen Pfarrer, der nach einer heißen Höllenpredigt seine Gemeinde in Angst und Tränen aufgelöst erblickte und voll Mitleid sprach: Nicht weinen, geliebte Christen – wer weiß, ob ist wahr?

Kann die Christenheit sich, ihren Stifter und dessen Zeugen so leicht aus der Verantwortung für Jahrtausende einer Drohbotschaft zurückziehen? Verlöre sie damit nicht jenen Teil der Glaubwürdigkeit, die im Stehen zum eigenen Wort liegt? Geht die Fehlbarkeit der lehrenden Kirche, die nach ihrer eigenen Lehre sehr weit geht, so weit und so tief, bis auf Nerv, Gelenk und Mark?

Andere Theologen sagen, es sei zwar denkbar, daß die Gnade den davonlaufenden Flüchtling vor dessen Tod nicht einholt. Aber wo steht denn so eindeutig geschrieben, daß die Todesgrenze die Unfähigkeit zur Bekehrung mit sich bringt? Ist es nicht möglich, daß jener Zustand, den man früher als Vorhölle bezeichnete, obwohl er eigentlich nur Vorhimmel genannt werden dürfte, das sogenannte Purgatorium, das Fegefeuer; ist es nicht denkbar, daß dieser Zustand Frist einer Nachbesinnung unter total veränderten Bedingungen sein könnte, unter Bedingungen, in denen unter dem Schlußstrich des Todes die Bilanz aller Lebenserfahrungen gezogen wird, in denen der wirkliche Gott erkannt und der Unfug des Widerstandes gegen Ihn deutlich durchschaut und darum aufgegeben wird, wie es vielen Menschen in der Todesstunde widerfährt?

Doch will ich nicht zu vielen wohlgemeinten Spekulationen eine neue hinzufügen. Mir genügt, bis ich eines noch Besseren belehrt werde, eine theologische Auskunft, die ich bei Karl Rahner finde:

„Überall dort, wo zunächst einmal ein zürnender Gott konzipiert wird, der gleichsam von Jesus her mühsam umgestimmt werden muß, liegt eine letztlich unchristliche, vulgäre Vorstellung der Erlösung vor, die nicht stimmt. Damit wird in keiner Weise geleugnet, daß der heilige Gott die Sünde absolut ablehnt und in diesem Sinn dem Sünder zürnt. Nur ist diese Ablehnung immer schon koexistent in Gott mit dem Willen, zu vergeben und die Sünde des Menschen zu überwinden ... An diesem Punkt kann man natürlich fragen, ob faktisch dieser erlösende Wille Gottes doch von sich her sich selbst so begrenzt hat, daß sein Erbarmen eben doch in alle Ewigkeit einen Müll der Geschichte (wenn ich so sagen darf), eine Hölle zurückläßt. Man kann zwar mit Johannes Paul II. richtig sagen, das Erbarmen Gottes sei zwar von sich her unbegrenzt, finde aber eine Grenze an der Freiheit des Menschen, was in einem bestimmten Sinn richtig ist. Aber damit darf nicht geleugnet werden, daß das Erbarmen Gottes, wenn es will, die Schuld der menschlichen Freiheit beseitigen könne, ohne sie, die Freiheit, aufzuheben, und daß also die letzte Frage über eine mögliche Verdammnis und endgültige Unerlöstheit doch wieder an die souveräne Verfügung Gottes gerichtet werden muß. An diesem Punkt hört die Möglichkeit theoretischer Aussagen auf. Die Hoffnung aber auf eine Allerlösung ist dem Christen nicht verboten."[13]

Unter allem Unrechtsdrall[14] liegt die Begabung jedes Menschen zur Güte und zum Guten. Menschsein ist bis zum Tode Offenheit und Talent zum Kontakt mit allen Wesen und allen Werten, mit sinnlichen, ästhetischen, politisch-sozialen, sittlichen und religiösen. Der Mensch hat nicht eine Kontaktbegabung sondern er ist Kontaktbegabung. Er ist berufen, ein Freund aller Welt und aller Dinge zu sein, im Himmel wie auf Erden. Die Physik seines Geistes ist die Logik und die Ethik. Ein allgegenwärtiger Einigungsdrang, wir dürfen ihn „Liebe" nennen, ist die Urkraft im All und im Menschen.

Sollte sie bei vielen vergeblich sein?

Können wir gut sein?

In der Reformation bricht mit der Gewalt einer Flutwelle eine unterschwellige Zweifelsfrage der Christenheit durch, die bis heute ihre beunruhigende Kraft nicht verloren hat: Können wir wirklich gut sein, menschlich und als Christen leben, so wie die vorreformatorische katholische Christenheit das geglaubt hat: Das Gute tun, die schwere Schuld mei-

125

den, sodaß wir normalerweise lebenslänglich an der Freundschaft mit Gott festhalten und in ihr wachsen. Oder ist vielmehr der unvermeidliche Normalzustand des Menschen und des Christen das beständige unerträgliche Pendeln zwischen gutem Handeln und schwerer Sünde, zwischen Gnadenstand und Gottesferne, zwischen Schuld und Sühne?

Ist die Neigung des Durchschnittschristen, Gott und dem Mammon oder der Venus zugleich zu dienen, ein normaler Zustand? Oder gilt für den Christen dieser Art das Wort: „Wärest du doch heiß oder kalt. Aber da du lau bist, will ich dich ausspeien aus meinem Munde" (Off 3, 16).

Vor allem die von Unzähligen empfundene Unvermeidlichkeit der fortgesetzten Verletzung des sechsten Gebotes hat viele zur Verzweiflung an der Möglichkeit geführt, als Christ zu leben. Jugendliche empfanden das für viele nicht einsehbare Verbot der Selbstbefriedigung oder des vorehelichen Verkehrs als auf längere Zeit nicht auszuhalten. Eheleuten erging es ähnlich, solange die periodische Enthaltsamkeit für das einzige erlaubte Mittel der Empfängnisverhütung gehalten wurde oder wird. Das Christentum scheint keine gute Hilfe zu sein bei der Gestaltung des Sexualen und Erotischen. Es muß gegenüber Libido kapitulieren wie gegenüber Aggression. Das ständige Hin und Her zwischen Abfall von Gott, Reue und Beichte konnte nicht als zum Frieden führende Form des christlichen Daseins aufgefaßt werden, sondern eher als das Zeichen einer tiefen Unwilligkeit oder Unfähigkeit, die zum Verlust der Selbstachtung, der Hoffnung, der Liebe und schließlich des Glaubens führten, und nach psychologischer Wahrscheinlichkeit vielleicht führen mußten[15].

Solange der Verdacht besteht, es sei unmöglich, ein Christ zu sein, ausdauernd als Freund Gottes zu leben, ist der Glaube nicht auszuhalten. Glaube ohne Hoffnung führt dann nicht zur Liebe, sondern zum Haß Gottes, jedenfalls zu einem gespaltenen unglücklichen Bewußtsein. Entweder läßt es sich zeigen, daß Christentum geht, daß es möglich ist, gut zu handeln und im Grunde gut zu sein oder wir werden den

Glauben zumindest bis zur Entstellung uminterpretieren, wahrscheinlich fahren lassen.

Es scheint, daß die so altmodisch klingende Frage Martin Luthers: „Wie finde ich einen gnädigen Gott?" heute wiederkehrt in der Frage, wie finde ich einen Weg, wirklich als Christ zu leben?

Auf diese Frage finden wir in einem theologischen Wörterbuch[16] unter dem Stichwort „Reue" eine erste Antwort: „Wenn und wo der Mensch überhaupt diesen Abstand zur Sünde als Schuld gegen Gott schafft, *ist die Liebe zu Gott leicht,* weil der Mensch die Freiheit seines Herzens notwendig absolut verschenken muß, an Gott oder das verabsolutierte Endliche. Darum ist bei aller ‚Umkehr des Sünders in Glaube, Hoffnung und Liebe' (= Reue) das praktisch Entscheidende: Die desillusionierende Befreiung durch das Licht der erbetenen Gnade Gottes von der Tyrannis eines einzelnen endlichen Lebenswertes, der sich darstellt, als sei ohne ihn das eigene Dasein unvollziehbar und als könne man auf ihn auch gegen den Willen Gottes nicht verzichten."

Die Tyrannis des endlichen Lebenswertes ist die Tyrannis des Bösen, Bewältigung des Bösen ist Revolution gegen Tyrannis.

VI. Die Psychotherapie und das Böse

Die indirekte Begegnung mit dem Bösen

Was hat die Psychotherapie mit der Bewältigung des Bösen zu tun? Ihr Ziel ist doch Heilung von psychisch bedingten Krankheiten, nicht aber die Abschaffung der Sünde oder ihre Überwindung. Oder ist es doch so einfach nicht, wie diese Abgrenzung vorgibt? Trägt Psychotherapie zur Sinnesänderung bei? Wenn ja, gehört solche Metanoia zu den Zielen der Psychotherapie oder ist sie eine Art Nebenprodukt bei der Herstellung seelischer Gesundheit?

Zunächst ist zu vermuten, daß keine Psychotherapie der Welt mit ihren Mitteln ein radikales Umsinnen zustande bringt; sie macht aus uns in der Regel weder Helden noch Heilige. Im Unterschied selbst zur simpelsten Pädagogik liefert Psychotherapie ihren Patienten noch nicht einmal neue Motive zu jener Rechtsbereitschaft, die das Böse überwinden könnte. Freilich rechnet sie mit schon vorhandenen. Psychotherapie ist weder moralische Erziehung noch Seelsorge, weil sie Gründe zu der Annahme hat, seelische Erkrankung habe ihre Wurzel nicht in der mangelnden Rechtsbereitschaft, also nicht in der Neigung zum Bösen. Es sei bemerkt, daß es auch Psychotherapien gibt, die seelische Erkrankungen aus sittlichen Fehlhaltungen ableiten[1]. Dennoch kann auch eine Therapie, die nicht von dieser Meinung ausgeht, zur Minderung des Bösen beitragen, indem sie Hindernisse, die einem schon vorhandenen, aber relativ ohnmächtigen oder schwachen sittlichen Wollen entgegenstehen, vermindert oder gar ganz aus dem Wege räumt. Sie erweitert den Bewegungsraum einer durch Ängste, Zwänge und Süchte eingeschränkten Freiheit, die sich nach der Befreiung zu sich selbst dem Vernünftigen, Rechten und Guten leichter zuwenden kann, wenn sie das will.

Die Psychoanalyse gibt nicht vor, das eigentlich Böse bewältigen zu können. Freud war der Meinung, daß der Mensch im Kampfe um seine Moralität eine tragikomische Figur sei: Der Aufbau der Kultur fordert weitgehenden Verzicht auf Triebbefriedigung. Triebversagung aber führt zu Stauung von Aggression, zu Schuldgefühlen und deren Projektion. All das erhöht die seelische Spannung, die sich leicht in selbst- und fremdzerstörerischen Aktionen entlädt, bis hin zu Verbrechen und Selbstmord, zu Krieg und Revolution.

Moralität ist also ähnlich lebensgefährlich wie Immoralität. Freud konnte aus dieser Situation keinen Ausweg weisen. Er rettete sich in die Hoffnung, der Fortschritt der Menschheit werde vielleicht schließlich nach vielen Niederlagen den Sieg der Vernunft und der Liebe mit sich bringen. Für den einzelnen hatte er weit bescheidenere Konzepte: „Die Schicksalsfrage der Menschenart scheint mir zu sein, ob und in welchem Maße es ihrer Kulturentwicklung gelingen wird, der Störung des Zusammenlebens durch den menschlichen Aggressions- und Selbstvernichtungstrieb Herr zu werden. In diesem Bezug verdient vielleicht gerade die gegenwärtige Zeit ein besonderes Interesse. Die Menschen haben es jetzt in der Beherrschung der Naturkräfte so weit gebracht, daß sie es mit deren Hilfe leicht haben, einander bis auf den letzten Mann auszurotten. Sie wissen das, daher ein gut Stück ihrer gegenwärtigen Unruhe, ihres Unglücks, ihrer Angststimmung. Und nun ist zu erwarten, daß die andere der beiden „himmlischen Mächte", der ewige Eros, eine Anstrengung machen wird, um sich im Kampf mit seinem ebenso unsterblichen Gegner zu behaupten. Aber wer kann den Erfolg und Ausgang voraussehen?"[2]

Die Psychotherapie vermeidet eine moralische Betrachtung des Neurotischen aus vielerlei Gründen. Sei es, daß sie die Freiheit, zwischen Alternativen zu wählen, für eine Täuschung hält; sei es, daß sie aus praktischen Gründen von der Wahlfreiheit absieht, ohne sie jedoch grundsätzlich zu leugnen.

Aber die Psychotherapie kann und will nicht vermeiden, sich indirekt mit dem Bösen anzulegen, weil sie es immer mit Fehlhaltungen zu tun hat, die meist auch einen moralischen Aspekt haben. Fehlhaltungen jeder Art sind nämlich unzweckmäßig im Hinblick auf das Glück und das Gelingen des Daseins. Die Unzweckmäßigkeit dem Glücksziel gegenüber ist aber ein Wesenszug des Bösen.

Wir fragten, ob Psychotherapie für die Bewältigung des Bösen eine Hilfe leisten kann. Ob sie das Absinken des Grundwassers der Menschlichkeit und Güte aufhalten kann. Ob sie neue Quellen öffnen kann. Ich meine gesehen zu haben, daß Menschen, die durch diesen großen Prozeß der Meditation des eigenen Lebens gehen, friedlicher, liebevoller, bereiter zur Einfühlung geworden sind und daß Böses in ihnen gemildert wurde.

Statt vieler Theorien ein anschauliches Beispiel: Bei den experimentellen Forschungen des Instituts für Medizinische Psychologie und Psychotherapie der Technischen Universität München hat Wolfgang Zander beobachtet, daß manche Kranke, die an Magengeschwüren leiden, von krampfartigen Bewegungen der Magenwand befallen werden, sobald Regungen von ärgerlichem Neid bei ihnen aufkommen. Zander hat das mit einer eleganten, von ihm entwickelten experimentellen Methode belegen können[3]. Es ist klar, daß in der Therapie der Krankheit dieser halbbewußte oder unbewußte Neidärger vom Patienten zunächst voll wahrgenommen, dann aber irgendwie bewältigt werden muß.

In anderen Fällen findet sich unter den vielen Wurzeln der Neurose ein unbewußter Haß gegen Eltern oder Geschwister. Es führt kein andrer Weg zur Heilung, als ein Bewußtwerden dieser Haßgefühle. Danach muß aber irgendeine Form der Milderung oder Bewältigung folgen. Denn das einfache Ausleben des Hasses, etwa in der Form der Rache, bringt keine Heilung, sondern nur neue und schlimmere Schuldgefühle. Das Beispiel zeigt etwas ganz wesentliches. Die verdrängten Regungen, die als unbewußte seelische Wirklichkeiten neurotische und psychosomatische Symptome hervortreiben, sind keineswegs immer, aber überaus häufig Regungen, die als böse gelten. Gerade darum wurden sie ja verdrängt. Regungen von Haß, Rachsucht, Grausamkeit, Sadismus und anderen Perversionen, von Neid, Eifersucht, Mißgunst, Gier, Selbstsucht. Weil sie alle als böse empfunden werden, sind sie regelmäßig begleitet von Scham- und Schuldgefühlen, die das Selbstwertgefühl schwer bedrücken können, bis zur Depression und zum Suizid. Eine Hauptgruppe der verdrängten Triebimpulse sind also die verpönten, als böse oder gar frevelhaft Beurteilten. Eine andere Hauptgruppe im Bereich des Verdrängten sind die unerträglich schmerzhaften Erinnerungen. Verdrängt wird, allgemein gesprochen, das Leid und das Böse. Die Psychoanalyse hat ihre Aufmerksamkeit stärker auf das verdrängte „Böse" gerichtet. Für sie ist die Neurose der Versuch, das frevelhafte Dunkel der Perversion im weitesten Sinne in das leidvolle und weniger Dunkle, in das geringere Übel des neurotischen Symptoms zu verwandeln. Freud schreibt: „ Die Neurose ist sozusagen das Negativ der Perversion."[4]

Schmerzbewältigung oder das wirkliche und das vermeintliche Böse

Die Primärtherapie von Arthur Janov, die sogenannte Urschreitherapie, besser: Urschmerztherapie, lenkt die Aufmerksamkeit stärker auf den Schmerzanteil im Verdrängten als auf den Schuldanteil. Dabei handelt es sich um Akzentverschiebungen, weil beide Therapien schließlich beides berühren müssen, den Schmerz und das Böse, das wirkliche und das vermeintliche Böse.

Die Psychotherapie geht also von der Erfahrung aus, daß der Mensch vor allem die Regungen verdrängt, die er mißbilligt; die er aber doch nicht ganz lassen kann, weil sie eine gewisse Befriedigung gewähren, wie z. B. der Neid und der Ärger, die Rachsucht. Wir finden sie häßlich, wir schämen uns, aber irgendwie genießen wir sie auch und mögen nicht davon lassen. Wenn das Genießen oder Gutheißen überwiegt, verdrängen wir nicht, sondern sind einfach neidisch. Wenn die

Mißbilligung überwiegt, verdrängen oder unterdrücken und verzichten wir auf sie, so gut wir können. Ich will kein Neidhammel sein, und *ich kann es lassen.* Die oft berechtigte Hoffnung des Psychotherapeuten ist, daß der Verdränger das Verdrängte schon zum größeren Teil mißbilligt und verworfen hat. Im therapeutischen Prozeß des Bewußtwerdens muß er nur noch den Rest schaffen, indem er den Unsinn seines Neides, der ja zu nichts führt, einsieht und ihn ganz aufgibt. Viele ungute Regungen brauchen das Dunkel des Unbewußten. An das Licht des Bewußtseins gebracht verdunsten sie öfter als daß sie gekräftigt werden, was freilich auch vorkommen kann.

Beim Verzicht auf Neid hilft dem Patienten oft, daß mit dem Neid gewöhnlich auch ein kräftiges Stück Liebe und Bewunderung für den Beneideten in den Sog der Verdrängung geraten ist, das nun auch wieder auftauchen kann und die Bewältigung des Neides erleichtert.

Kinder können große Haßmengen entwickeln und verdrängen, wenn sie von Eltern ohne einsichtigen Grund gezwungen werden, sich mit lächerlicher Kleidung zu blamieren. Lange schwarze Wollstrümpfe und der Kampf um Jeans geistern durch Analysen älterer Patienten. Unmäßige Wut auf die bösen Eltern kocht auf. Die Demütigung ist in dem Augenblick unverzeihlich. Jahre später kann mit der wiederkehrenden Erinnerung ein Eisblock schmelzen, weil der nun Erwachsene die Kränkung jetzt verzeihlich findet. Der eingefrorene und nun aufgetaute Haß verfliegt. Verzeihung wird möglich. Dieses Böse ist bewältigt.

Vielleicht wird der Theologe einwenden, Psychotherapeuten könnten zwar das Böse bewußt machen, aber doch keine Sünden vergeben. Ohne Reue und Vergebung keine wirkliche Bewältigung des Bösen. Das ist richtig und wichtig. Aber der Zorn des gekränkten Kindes, der nicht böswillig festgehalten, sondern halb beschämt verdrängt wird, hat wohl selten den Tiefgang, die Entschiedenheit und Gründlichkeit jener Sünde, für die eine ausdrückliche Reue unerläßlich ist. Diese Schuld, wenn sie überhaupt eine wissentlich und frei gewollte war, gehört wohl zu jener Art, von der die Schrift sagt, daß die Liebe eine Menge von Sünden zudeckt, gewissermaßen in einer impliziten Reue.

Dieses ungründliche Viertelsböse oder Scheinböse ist aber, wie ich glaube, der Löwenanteil dessen, was wir in der Neurose finden und in der Psychotherapie bewältigen können. Überwiegend haben wir es selbst bei Kriminellen, Verwahrlosten und Süchtigen unter unseren Patienten mit sehr armseligen Sündern, mit Schwächlingen und Versagern in der Bosheit, mit Menschen oft guten Willens und schwacher Kräfte zu tun.

Das Element der Reinigung

Von daher ist es auch zu verstehen, daß wohl alle tiefenpsychologischen Therapien ein sogenanntes kathartisches Element enthalten. Sie gehen von der Erfahrung aus, daß bei Menschen, die nicht böse sein, werden oder bleiben wollen, ein Auftauen von eingefrorenem Haß und anderen negativen Gefühlen hilfreich werden kann. Der Patient erlaubt sich, seinen Zorn kräftig zu fühlen, auszusprechen oder gar auszuschreien und mit Fäusten an die Wand zu trommeln. Er macht dann oft die Erfahrung, daß die Wut nach einem Höhepunkt sich erschöpft. Unerwartet, oft unter Tränen, schlägt sie um in liebevolle Gefühle gegen den Menschen, dem sie gegolten hat; also etwa bei Eltern und Geschwistern, zu denen bisher das Verhältnis gespannt oder gleichgültig unterkühlt war oder auch gegenüber dem Therapeuten. „Alle Feuer brennen einmal aus" (Sigrid Undset).

Katharsis, Reinigung, nennen wir das, weil Aristoteles gelehrt hat, das Miterleben der antiken Tragödie, die ja von Freveln und von Strafen der Götter handelte, reinige den teilnehmenden Zuschauer von seinen eigenen frevelhaften Leidenschaften. Der erhabene Begriff hat eine weniger erhabene Bedeutung in der hippokratischen Medizin. Hier heißt Katharsis, Purgatio, abführende Darmreinigung.

Es ist eine Grunderfahrung mit Patienten, daß sie in der Mehrzahl liebend gern gute und gütige Menschen sein oder werden würden, wenn es möglich sein sollte und wenn man ihnen zeigen könnte, wie das geht. Immer wieder habe ich es bereuen und korrigieren müssen, wenn ich mich von Mißtrauen gegen den einen oder anderen Patienten habe verleiten lassen, ihn für einen recht unguten Menschen zu halten. Unausstehlich – ja, oft; eigentlich böse – eher selten!

Das Böse, das in der Psychotherapie sichtbar wird, also Haß, Quälsucht, Grausamkeit, Biestigkeit, Streitsucht, Rachsucht, Verlogenheit, Geltungssucht, Rechthaberei, Geldgier, unmäßige Aggressivität, bequeme Passivität und Ausnützung anderer, oft auch sexuelle Ausbeutung nebst vielen anderen höchst unerfreulichen Charakterzügen, ist meist keine fröhliche Bosheit aus vollem Herzen, kein Genuß ohne Reue; sondern eine gequälte, zwangshafte und suchthafte oder angst- und triebgejagte, eine *leidvolle Reaktion auf unerträgliche Verwundungen und Entbehrungen,* ein Außer-sich-Geraten wie bei einem zum äußersten getriebenen Kind, dem mit der Besonnenheit auch die Freiheit genommen wurde.

Dafür zwei Beispiele, die ich berichten darf, weil die Betroffenen ihre Geschichte schon selbst veröffentlicht oder der Veröffentlichung zugestimmt haben. Die erste betrifft einen Polizeibeamten, der zur Behandlung kam, weil er im Dienst aus Jähzorn mehrmals Roheitsdelikte gegen Bürger oder Kollegen sich hatte zuschulden kommen lassen. Nach dem Hinauswurf traktierte er Frau und Kinder in derselben Weise weiter. In der Therapie erlebte er voller Qual und Zorn die Erinnerung an die gleiche Behandlung, die ihm vom Vater zuteil geworden war. Das „Ausbrennen dieser Leidenschaft, das Auswüten seines Zornes, das Abtrauern seiner Sehnsucht" nach einem lieben Vater – das sind drei der wichtigsten Heilungsfaktoren, die Freud aufzählt – dies alles machte ihn fähig, den Jähzorn zu überwinden und seiner Familie ein liebevoller Mann und Vater zu werden.

Ein anderer Patient litt schwer unter einem Don-Juanismus, in dem er zwangshaft und süchtig immer andere Frauen verbrauchte. In wenigen Wochen konnte er, sexuell abstinent vom ersten Tag der Behandlung an, aber geschüttelt von quälenden Schmerzen, in denen er große Hautpartien wie offene Wunden fühlte, eine Kindheitsperiode wiedererleben, die er wegen Verbrühungen im Krankenhaus verbringen mußte. Dabei war nicht der Wundschmerz das schlimmste, sondern die für dieses sensible und zärtlichkeitsbedürftige Kind unerträgliche Entbehrung der Mutter. Nach der psychotherapeutischen Behandlung ging er an seinen fernen Wohnort zurück. Das unbeherrschbare Verlangen nach täglich neuen Sexualobjekten war überstanden.

Das sind etwas ausgefallene, aber doch instruktive Beispiele für eine Wirkung der Therapie, in der wohl von der Bewältigung von Bösem die Rede sein kann; ohne ein Urteil darüber, ob dieses Böse ein wirkliches, teilweise selbstverschuldetes oder nur, mangels Freiheit in der Vorgeschichte, ein sogenanntes Böses war. Für die betroffene Mitwelt der beiden Patienten ist diese Frage übrigens weniger wichtig als die erreichte Änderung.

Bei einer dritten Behandlung ging es um die Bewältigung eines Vaterhasses bei einer von einer unbewußten Haßliebe seelisch weitgehend blockierten jungen Frau. Sie hat die Geschichte ihres Lebens und ihrer Behandlung in dem Band „In irrer Gesellschaft" selbst beschrieben[5]. Die Geschichte liest sich ähnlich bewegend wie die literarisch größte und präziseste Darstellung der Entstehung einer neurotischen Charakterverformung, der „Brief an den Vater" von Franz Kafka[6]. Auch hier führt das leidvolle Auswüten eines Zornes zum Abtrauern und zur Auflösung des schmerzhaften Hassens.

Hier ist ein Mißverständnis zu vermeiden, die Analyse habe es vorwiegend mit dem eher harmlosen sogenannten Bösen zu tun, das verdrängt wurde, eben weil der Verdrängende es schon überwiegend mißbilligt und ablehnt. Das ist natürlich nicht ganz so. Wenn ein Patient in der Therapie im Zorn wüste Beschimpfungen gegen seine Eltern herausschreit, wenn er mit Fäusten nach ihnen schlägt oder gleichsam auf ihnen herumtrampelt; wenn er Gott verflucht oder in der Phantasie sadistische Quälereien erlebt; wenn ein Patient monatelang in der tiefen Verzweiflung des Depressiven Selbstmordplänen nachhängt; dann sind das schwerwiegende Befunde. Der Psychotherapeut, der weiß, daß keine

Autorität im Himmel wie auf Erden das Böse erlauben kann, auch nicht zu therapeutischen Zwecken, weil kein Zweck ein in sich böses Mittel heiligt; der Psychotherapeut fragt sich, ob er nicht endlich sagen muß: „Schluß jetzt mit diesen Orgien böser Phantasien. Das kann nicht heilend sein. Ich mache mich ja mitschuldig, wenn ich das fördere."

Es kommt auch vor, daß Menschen, die in ihrem Leben unter großen Opfern sich um das Gute bemühen, schlicht sagen: Ich will mich nicht in den Vaterhaß meiner Kindheit vertiefen, ich habe meinen Eltern verziehen und bin ihnen dankbar, weil sie mir zwar viel Böses angetan haben, aber doch auch viel Gutes. Es wäre unfair, jetzt nach Jahren nachzutarocken. Das klingt überzeugend. Aber bald sehen sie ein, daß ihre Neurose ein unaufhörliches Nachtarocken am falschen Platz ist. Viele Lieblosigkeiten, hervorragende Leistungen an Unausstehlichkeit, sind Zeichen einer noch nicht gelungenen Verzeihung. Solche Menschen verstehen intuitiv, daß sie den Haß niemals ernstlich wollen dürfen, wohl aber den ihn provozierenden Schmerz erneut fühlen müssen, um ihn ganz zu überwinden. Der Sinn ihres Tuns ist nicht Fortsetzung des Hasses, sondern seine Überwindung, nicht Verfestigung des Bösen, sondern Bewältigung. Das spüren sie, das wollen sie und das tun sie. Der Teufel wird nicht mit Beelzebub ausgetrieben, wohl aber darf er zu Wort kommen und angehört werden.

Für einen Psychotherapeuten klingt es recht unbescheiden; dennoch muß darauf hingewiesen werden, daß der Patient viel Gelegenheit findet, sich an der Geduld, Zuverlässigkeit, Nachsicht und Toleranz, an dem Respekt und der Aufmerksamkeit, am Verzicht auf Bestrafung und Rache, die er als nüchterne, trockene Weise einer liebevollen Zuwendung erfährt, ein Vorbild zu nehmen. Identifikation bessert oft mit der Neurose auch den Charakter.

Der Mensch macht die Erfahrung, daß bestimmte Verhaltensweisen sich nicht lohnen, daß sie nicht zum Wohlbefinden führen und deswegen modifiziert werden müssen. Das ist auch immer eine Auseinandersetzung mit gut und böse, Recht und Unrecht, weil der Mensch vernünftig, wach, bewußt nicht existieren kann, ohne diese Kategorie zu kennen und irgendwo auch anzuerkennen. Er kann sie verdrängen. Er kann sie aber nicht aus der Welt schaffen. Wenn er sich mit unvernünftigen Fehlhaltungen, also Unzweckmäßigem auseinandersetzt, dann geschieht das immer und notwendig auch mindestens mit einem Seitenblick auf ein Unrecht im Unzweckmäßigen, soweit vorhanden, und kann auch, ohne thematisiert zu werden, zu einer inneren Abwendung von der Bosheit des Unzweckmäßigen und Unvernünftigen führen. In der Psychoanalyse kann es zu ethisch und religiös bedeutsamen Reinigungs-, Läuterungs- und Bekehrungsprozessen kommen, ohne daß ein in dieser Sphäre gewohntes Wort fällt. Wenn in einer Psychotherapie Vaterhaß oder Geschwisterneid durchgearbeitet werden, dann kann daraus durchaus ein sittlicher Fortschritt in Fairneß, Gerechtigkeit, Nachsicht, im Erbarmen, im Urteil über andere Menschen, in Friedensbereitschaft die Folge sein; es kann ein neues Verstehen, Toleranz und Güte den Mitmenschen gegenüber entstehen, ohne daß die Aufgabe und ohne daß der ethische Vorgang als solcher beim Namen genannt werden. Das wachsende Verständnis für den gehaßten Vater, für den verfolgten Rivalen, die wachsende Anerkennung der Rechte anderer Personen, die sich in einem solchen Prozeß begeben, führen aber nicht selten dazu, daß zum ersten Mal das von Eltern und Erziehern positiv überlieferte, ihr ethisches und religiöses Angebot, unverzerrt von Haß, Trotz und Mißtrauen erblickt und in neuer Unbefangenheit gehört und gewogen wird.

Psychotherapie, Schuld und Schuldgefühl

Der Begriff der Schuld ist ein lästiger Begriff. Er bezeichnet eine Wirklichkeit, von der wir uns gern abwenden. Das Moralische ist langweilig. In der Psychoanalyse als einem Beispielfall moderner Selbstauslegung des Menschen hält man Schuldgefühle, die in seelischen Erkrankungen häufig vorkommen, oft für neurotische Symptome und versucht sie analytisch aufzulösen[7]. Das Problematische in diesem Verfahren zeigt ein Cartoon, auf dem der Analytiker entrüstet zu dem Patienten sagt: „So lange Zeit sind Sie schon in Analyse und haben immer noch Schuldgefühle! Schämen Sie sich!"

Es ist klar, daß eine wirklich schuldhafte Fehlentscheidung, wenn es sie gibt, ein Schuldbewußtsein, ein schlechtes Gewissen, also begründete Schuldgefühle hinterläßt. Genuß ohne Reue nach einer unrechten Tat wäre ein Zeichen von Verkommenheit. Der Psychotherapeut, der einen Freiheitsspielraum anerkennt und darum böse Taten für möglich hält, wird solche Schuldgefühle so wenig analysieren, wie er die Meinung analysiert, zweimal zwei sei vier. Gegenstand der analytischen Aufklärung sind Fehlleistungen und Fehlhaltungen, also *Schuldgefühle wie Unschuldswahn am falschen Platz* und im falschen Maß, z.B. ein quälendes Gewissen nach Bagatellen und Gewissensruhe nach niederträchtigen Gemeinheiten oder schweren Pflichtverletzungen.

Beim Krankheitsbild der Magersucht und bei anderen findet man aber Schuldgefühle bei Patienten, weil sie einen Leib haben oder weil sie einem Geschlecht zugehören, also in Zusammenhängen, in denen von Schuld keine Rede sein kann.

Bei Kindern kommt es häufig vor, daß sie sich für böse und für die Ursache allen Übels in der Familie halten, weil sie lieber alle Schuld auf sich schieben als sich Lieblosigkeit und andere Schwächen der Eltern einzugestehen. Schließlich findet man in Neurosen, besonders bei Depressionen und Zwangsneurosen noch Schuldgefühle aus der Unfähigkeit, die seelischen Vorgänge, die einer Entscheidung vorausgehen, wir nennen sie Versuchungen, von der freiwilligen entschiedenen Zustimmung zur Versuchung zu unterscheiden. Jeder Ärger mag einen Ansatz zum Beschimpfen, Schlagen, Quälen oder gar Töten enthalten. Der Gefühlskeim kann entsprechende Phantasien und Träume hervorrufen. Solche unwillkürlichen Regungen unserer Steinzeitreaktionen beurteilt der Zwangskranke ähnlich, als wären sie vollendete Untaten. Er straft sich dafür mit quälenden Schuldgefühlen und fühlt sich verworfen.

Schuldgefühle ohne Schuld führen aber leicht zu wirklicher Schuld, weil sie das verzweifelte Gefühl mit sich bringen, es sei von vornherein unmöglich, das frevelhaft Böse zu vermeiden. Ohne Entlastung von einem solchen falschen Gewissen ist die richtige Gewissensweisung und gewissenhaftes Verhalten nicht mehr zu haben.

Eine weitere Art von Schuldgefühlen am falschen Platz entsteht auf dem Wege der Verschiebung; wer den Balken im eigenen Auge nicht sehen will, starrt umso lieber auf den Splitter im Auge des anderen, er projiziert. Oft genügt es ihm aber auch, statt des Balkens im eigenen Auge ein Splitterchen in der eigenen Hand im Vergrößerungsglas zu betrachten. Die Fähigkeit, handfeste eigene Fehlhaltungen und Fehlhandlungen zu übersehen, sich statt dessen über Kleinigkeiten zu beunruhigen, „Mücken zu sieben und Kamele zu verschlucken" wird oft mit Schuldgefühlen bezahlt, die sich dann an Mücken heften. Über sie kann man sich leichter trösten oder von anderen trösten lassen.

Das Wissen „Ich habe mich nicht selbst geschaffen" (Schelling) bringt eine intuitiv gefühlte Einsicht mit sich, daß der Sinn meines Daseins nicht machbar und setzbar ist. Er muß in einem Verstehen des vorgegebenen Menschseins gefunden werden. Schuldgefühl bringen nicht nur Verhaltensweisen, die von erlernten Richtlinien abweichen, sondern das dunkle Bewußtsein, daß mein Handeln keinem vernünftigerweise vermutbaren Gesamtsinn gerecht wird, in keinen Horizont von „Bestimmung" paßt.

Die Frage nach der Bewältigung wirklicher Schuld der Vergangenheit, die zum größeren Teil die Zuständigkeit der Psychotherapie überschreitet, wird im zweiten Teil von Karl Rahner behandelt.

Eine vorläufige psychologische Antwort scheint ein banaler Gemeinplatz zu sein. Sie wird bewältigt durch jenen Akt der inneren Distanzierung von unserem bösen Handeln und unseren bösen Neigungen, den wir Reue nennen und der im Kern in einer Mißbilligung unseres Verhaltens und seiner Wurzeln in unserem Charakter besteht. In der entschiedenen Abkehr von der Fehlhaltung und dem Verhalten mit dem Vorsatz, die Fehlhaltung aufzugeben, das Verhalten nicht zu wiederholen. Reue ist Abkehr des geistigen Wollens, aber darin auch Ablösung der klebrigen Libido und der klammernden Aggression vom Gegenstand ihrer unguten Anhänglichkeit.

Das Tunnelprinzip

Die Psychotherapie geht in der menschlichen Grenzsituation der Neurose und Psychose hart an die Grenzen zum Bösen, aber unter Geleitschutz. Sie muß den kranken Menschen manchmal veranlassen, über die Grenzen in das verbotene Land zu blicken, aber sie muß und darf niemand dazu auffordern, diese Grenzen zu überschreiten. Sie mutet dem Patienten freilich schwere Versuchungen zu. Aber dies ist nicht nur erlaubt, sondern in vielen Lebenssituationen verpflichtend geboten, sobald ein gewichtiger Grund gegeben ist. Jedenfalls ist auch der strengste Moraltheologe noch nicht auf die Idee gekommen, einem Arzt das Anschauen und Anfassen eines nackten Körpers zu verbieten, weil dabei sexuelle Regungen auftreten können.

Mehr als alle Theorie illustriert dies der Ausruf einer kranken Frau, die in der Therapiesitzung nach einem Wutausbruch gegen ihre törichte ältere Schwester unter Tränen lächelnd zu der Quälerin sagte: „Du Liebe, ich hab Dich so gern und diese Therapie ist eine Gnade." Hier wurde Böses bewältigt.

Ich nenne diesen Vorgang das Tunnelprinzip. Es wird wieder hell, wenn man mutig in die tiefste Finsternis hineingeht. So geht es auch oft mit depressiv suizidalen Patienten. Die Versuchung zum Bösen des Selbstmords, die Wendung des Hasses gegen sich selbst kann schwinden, wenn die darunter verborgene Wut gegen die vielen Quäler der Vergangenheit herauskommt, zu denen der Kranke unbewußt auch den quälenden Gott rechnet; wenn der Schmerz über die erlittene Qual, wenn die Rachsucht durchlitten sind und das milde Licht des Verzeihens aufgehen kann. Dies ist zum Glück keineswegs der einzig mögliche, aber *auch* ein Weg zur Bewältigung des Bösen. Ich bin weit entfernt von der unsinnigen Meinung, alle Menschen oder die meisten bräuchten den psychotherapeutischen Prozeß und es gebe keine Heilung von Neurosen ohne Hilfe eines Therapeuten. Ich weiß auch, daß dieser Prozeß vom Patienten wie vom Therapeuten mißbraucht werden kann. Manche verlassen ihn böser als sie hereingekommen sind. Aber das gilt auch von Schulen, Universitäten und allen pädagogischen Unternehmungen. Überall hängt der Erfolg der Erziehung auch vom guten Willen der Kinder ab; der Erfolg der Psychotherapie auch vom guten Willen der Patienten. Was der Erziehung recht ist, sollte der Psychotherapie billig sein. Im günstigsten Falle ist bei der psychotherapeutischen Bewältigung ein einfacher Vorgang zu beobachten: Wenn wir an einer Wand ein Bild schief hängen sehen, dann haben wir das Bedürfnis, es richtig zu hängen. Ebenso kommt es vor, daß ein Patient in sich Regungen und Tendenzen vorfindet, die ihm mißfallen. Es kann sein, daß schon dieses Unbehagen an sich selbst ausreicht, um sich zu korrigieren. Die Tendenz, „schlechte Gestalten" in gute zu verwandeln, zeigt sich am deutlichsten im gestaltpsychologischen Experiment bei der optischen Wahrnehmung. Sie durchwirkt aber das ganze seelische Leben und alle Therapie.

Was Psychotherapie vermag. Wirksamkeit und Voraussetzungen

Psychotherapie vermag unbegründete Schuldgefühle aufzulösen und von begründeten zu unterscheiden. Sie schließt damit Quellen von neurotischem Selbsthaß.

Psychotherapie schafft Hindernisse des Guten weg. Sie vermag es, eine eingeschränkte Wahrnehmungs- und Fühlfähigkeit für Werte, vor allem für Werte von Personen freizulegen. Sie kann den Motivhorizont verändern und erweitern.

Psychotherapie vermag es, die Übermacht von zwingenden und suchthaften Impulsen zu ermäßigen. Sie erhöht die Fähigkeit des Ich, zu steuern, zu bremsen und zu beschleunigen. Sie hebt die Fähigkeit, Versagungen und Kränkungen zu ertragen, ohne depressiv oder aggressiv zu reagieren, Verzichte zu tolerieren und Versuchungen Widerstand zu leisten. Psychotherapie fördert unmerklich und unabsichtlich die Einübung von sittlichen Haltungen der Aufrichtigkeit, des Freimuts, der Fairness, des Verstehens und Verzeihens, der Einsicht in eigenes Unrecht, der Selbsterkenntnis überhaupt. Sie führt zur Aufmerksamkeit gegenüber Mitmenschen, zur Einfühlung und zum Achten auf Vorbilder. Sie lehrt Rücksicht, Selbstkritik gegen Projektionen und gefährliche Übertragungsneigungen. Das gilt für die psychoanalytischen Verfahren und in besonderem Maße z. B. für Partner- und Familientherapie.

Psychotherapie ist eine Schule der Gerechtigkeit und damit ein Zugang zur Liebe. So ermöglicht sie eine vielfältige Bewältigung des Bösen.

Die Psychotherapie kann keine Sünden vergeben und wo es darum geht, ist die Psychologie hoffnungslos am Ende. Die Psychologie und die Psychotherapie können die Bereitschaft des Menschen zur Selbstsucht, zu Ungerechtigkeit, zur Trägheit des Herzens nicht aus der inneren Welt schaffen. Einer der Propheten des Alten Testaments verspricht im Namen Gottes dem Volke, daß dieser Gott seinem Volk das steinerne Herz nehmen und durch ein Herz von Fleisch und Blut ersetzen werde, daß Er ihm ein neues Herz schaffen wolle. Das ist ein Versprechen, das nur Gott machen und nur Er halten kann. Die Hoffnung, der Mensch werde durch Psychologie durch und durch erneuert werden, ist keine berechtigte Hoffnung. Dennoch kann sie bei der Befreiung vom Bösen hilfreich werden.

Die hier beschriebenen Grundvorgänge finden sich in allen tiefenpsychologisch fundierten Psychotherapien in ähnlicher Weise. Darum mag es gerechtfertigt sein, am Exempel der Psychoanalyse und der Primärtherapie das wesentliche zu zeigen.

Der fachkundige Leser wird sich wundern, daß ich auf die Unterschiede in den Theorien nicht eingegangen bin. Schließlich ist es nicht unwichtig, ob man einen angeborenen

Destruktionstrieb, ein genetisches Überwiegen sadistischer Partialtriebe bei einzelnen Individuen, eine nekrophile Tendenz, eine Neigung zu malignen Regressionen, einen gestauten Urschmerz, einen Narbenreizzustand nach Gehirntraumen oder eine Psychose annimmt, um ein Verhalten zu erklären wie das eines jugendlichen Triebmörders, der Kinder fesselt, um sie lebendig zu sezieren; oder das Verhalten eines Politikers, der vor dem Genocid nicht zurückschreckt. Die Frage, wie abstruse Triebbedürfnisse zustandekommen, ist eine Frage an die Psychopathologie. Die Psychologie des Bösen, die Psychologie der Ethik fragt weniger, wie solche Vorschläge der Phantasie entstehen, sondern warum der Mensch seiner Phantasie zustimmt, sie ausführt und der Versuchung nicht widersteht. Die Antwort ist unter allen triebtheoretischen und psychopathologischen Voraussetzungen dieselbe: Weil es ihm etwas bringt; Lust, Rache, Abfuhr unerträglicher Spannung, ekstatische Selbsterfahrung oder irgendeinen ähnlichen Verhaltensgewinn, der natürlich besonders unter den Chiffrierungen der Psychose oft kaum mehr entdeckt werden kann. Schließlich, weil er in der Situation keine wirksamen Gegenmotive in sich vorfindet oder von ihnen keinen Gebrauch macht, vielleicht auch nicht machen kann.

Die Wirksamkeit einer Psychotherapie bei der Minderung des Bösen hängt davon ab, ob der Patient daran überhaupt interessiert ist. Wer Neidgefühle ausschließlich darum zu vermeiden sucht, weil sie Magengeschwüre mit sich bringen, wird nicht weit kommen, weder in der Bewältigung des bösen Neides noch in der Verhinderung der Geschwürsbildung.

Die Überwindung des Bösen hängt ferner wohl auch davon ab, ob die therapeutische Theorie (bzw. ihr Vertreter) dafür Raum gibt. Hält er Neid für ein stimulierendes Motiv im Kampf ums Dasein, wird er dem Patienten mit oder ohne Worte nahelegen, zu seinem Neid zu stehen, das Böse zu integrieren usw. Das könnte das Symptom beseitigen, weil der Patient nun mit besserem Gewissen neidisch sein kann. Durch einen entlastenden Irrtum werden Schuldgefühle gemindert und mit ihnen Streß abgebaut. Der Patient wird dadurch nicht unbedingt böser. Diesen Sturz ins gründlich Böse verhindert der Fallschirm des Irrtums.

Eine Form von subtiler Verführung wird Psychotherapie, wenn sie nicht nur zur notwendigen Bewußtwerdung des Neides beiträgt, sondern auf irgendeine Weise nahelegt, auf dieses Bewußtwerden mit einem zynischen oder resignierten „Sei's drum" zu reagieren. Auch diese Änderung kann medizinisch vorteilhaft sein. Psychotherapie kann Krankheitssymptome heilen, indem sie den Charakter verdirbt[8].

Der Verdacht, sie könne nur auf diese Weise „heilen", ist ebenso verständlich wie ungerecht.

VII. Das Christentum und das Böse

Abweisung des Christentums

Die Erfahrung, daß unsere Welt immer schneller vom Christentum wegzudriften scheint und die in ihm gegebene Möglichkeit der Bewältigung des Bösen abweist, ist leicht und schwer verständlich zugleich. Denn das Christentum bietet ein umfassendes, für den tiefsten Geist unerschöpfliches Sinnverständnis des Seins und der Geschichte im ganzen an. Nichts ist für unser Glück notwendiger, als daß wir den Sinn unseres Menschseins verstehen. Die Antwort des Christentums, Menschsein sei Berufung zur Freundschaft, ist unvergleichlich einfach. Das Christentum bietet eine prophetische Futurologie, ein Prinzip Hoffnung ohnegleichen, das nicht nur, wie etwa der Marxismus und alle Fortschrittsträume, die nach uns Lebenden umfaßt, sondern alle Menschen vom ersten Tag der Geschichte an. Es bietet eine Fülle von Einsichten in leuchtender Evidenz, es verwandelt unaufhörlich zunächst einmal Geglaubtes in Wissen. Es wird begründet durch einen Mann von strahlender Glaubwürdigkeit im ausreichend hellen Licht der Geschichte. Es wird heute und zu jeder Zeit bezeugt von glaubwürdigen Zeitgenossen. Jeder, der sich ernstlich und mit langer Geduld auf die inneren Erfahrungen der Herausforderung des Glaubens einläßt, kann sich gewissermaßen von innen her von vielen seiner Wahrheiten überzeugen. Es mutet uns manche große Denkschwierigkeiten und Probleme zu, aber niemals vernunftwidrigen Unsinn. Viel wichtiger ist aber, daß es die schwerste aller Lasten des Menschseins zu bewältigen ermöglicht, nämlich Leid, Entbehrung und Schmerz. Dieser Abgrund von Sinnwidrigkeit wird nicht nur mit Sinn aufgefüllt bis an den Rand, sondern so überfließend, daß im Lauf der Jahrhunderte Millionen Menschen ihr oft erdrückendes Leid gern und in Geduld, ja mit Frieden und Freude annehmen konnten: Schmerzgequälte, Einsame, Kranke, Krüppel, Behinderte, Gefangene und Gefolterte, der Elendstroß der Geschichte. Seit es das Christentum gibt, haben Millionen darüberhinaus noch schwere Leidenslasten freiwillig und lebenslänglich auf sich genommen, Verzichte und Entbehrungen ohne Maß, ohne Belohnung durch masochistischen Lustgewinn. Das sollte doch für's erste genügen, was will man mehr und wer bietet mehr in dieser Welt? Selbst im tiefsten Zweifel wäre es vernünftig zu sagen: In dubio pro Deo[1].

Wie kommt es, daß diese Chance zur Bewältigung des Bösen, eine Chance ohne Risiko, immer häufiger nicht einmal geprüft und dann abgelehnt, sondern einfach übersehen wird wie eine Reklame, die man ungelesen in den Papierkorb wirft? Wenn der Grundriß der menschlichen Natur so ist, wenn Menschsein Begabung zur Gottesnähe, gleichzeitig aber Gefangenschaft in der Gottesferne ist, warum fühlt sich das für den Einzelnen in der Neuzeit nicht so an?

Wenn er sein eigenes Sein und Wesen fühlen könnte, dann wäre für ihn die frohe Botschaft einleuchtend und erleuchtend. Dann würde er in ihr seine Chance spüren, etwas so überaus Kostbares wie Befreiung aus der unwürdigen Versklavung, an falsches Bewußtsein, an Selbstsucht und Lieblosigkeit, Befreiung aus der Gefangenschaft im Gefängnis eines in sich verschlossenen und von der Gottesnähe ausgesperrten Ego zu gewinnen durch die große Versöhnung.

Warum kann er sein Wesen, seine Bedürfnisse und seine Grundsituation nicht fühlen, nicht spüren, wer er zutiefst ist?

Die einfachste Erklärung sagt: Wenn man die Wahlfreiheit des Menschen ernst nimmt, muß man auch damit rechnen, daß eine große Zahl der Wählenden mit „Nein" stimmt. Die Freiheit unterliegt nicht statistischen Gesetzen.

Nun ist diese Lösung aus mehreren Gründen zu einfach.

Vor allem, weil viel dafür spricht, daß viele Menschen nicht aus Verstocktheit oder aus metaphysischem Leichtsinn, wie Max Scheler das nannte, sich vom Christenglauben abwenden, sondern aus Wahrheitsliebe oder aus verständlicher Verzweiflung an der Bewältigung des Bösen. Sie sehen eine unabweisbare Pflicht zur gewissenhaften, kritischen Skepsis. Sie halten Glauben für ein Unrecht und Unglauben für das Gute. In dubio sine Deo.

Warum aber haben die ernsten unter den Skeptikern so viele leichtfertige Mitläufer? Die Antwort ist wieder einfach: Weil Oberflächlichkeit viel für sich hat und jederzeit viele Unannehmlichkeiten erspart. Oberflächlichkeit ist bequem. Aber Oberflächlichkeit heißt doch, am äußeren Schein kleben bleiben. Wie kommt es zu dem Anschein, die Bewältigung des Bösen sei dem Christentum meist mißlungen und müsse ihm weiter mißlingen? Woher die *Glaubensenttäuschung* in der ganzen Welt? Mir scheint, sie ist unter anderem darin begründet, daß durch die ganze Geschichte hindurch die Mehrzahl der Christen, der Oberen und der Unteren, der Eltern und der Kinder, aber auch der geistlichen Väter nur in einer größeren oder geringeren Ambivalenz, in Zwiespältigkeit, ihren Glauben leben und weitergeben konnten. Wir sind Gottes Freunde und Freunde des Guten, vielleicht sogar mit dem Herzen, aber selten mit allen Eingeweiden. Immer ein wenig gespalten, oft schlitzohrig und aufmüpfig, mit einer geballten Faust in der Tasche, einem Zwinkern in den Augenwinkeln, immer auch auf gute Beziehungen mit dem Teufel bedacht. Wir wollen zeigen, daß wir Gott dienen können und dem Mammon.

Wir gleichen auch darin wieder dem Patienten des Analytikers auf der Couch, der fleißig über hunderte von Stunden mitarbeitet und doch auch ständig im Widerstand sabotiert, was zu seiner Heilung führen könnte. Auch hier ist der letzte Grund einfach. Wenn es wahr ist, daß die Sünde viel für sich hat, dann muß das Gute viel gegen sich haben. Es ist immer einiges an ihm auszusetzen. *Jeder Wert hat eine unangenehme Kehrseite,* die sich leicht in den Vordergrund drängt. Das Gute ist immer auch mehr oder weniger abstoßend.

Die Weitergabe des Christlichen geschieht darum durch die Generationen oft in der verwirrenden Form des sogenannten double-bind[2]. Wie der Schauspieler „beiseite" das Gegenteil von dem flüstert, was er offen ausgesprochen hat, so ist die gelebte Botschaft, die Christen weitergeben, oft von einem heimlichen Kommentar begleitet, der etwas ganz anderes sagt. Diese leisere Stimme zieht aber oft die größere Aufmerksamkeit auf sich. Der Empfänger, das Kind, spürt oder meint, daß die untergründige Botschaft die eigentliche sei. Die lautere Einfalt der Herzensreinheit ist selten. Jesus scheint jedenfalls nicht häufig Anlaß gefunden zu haben, von einem jungen Mann zu sagen: „Das ist ein wahrer Israelit, an dem kein Falsch ist" (Joh 1, 47), wie er von Nathanael gesagt hat. Die Botschaft hat viele zwiespältige Vertreter. Viele ihrer Parteigänger tragen auf zwei Schultern, halbherzig und doppelbödig. Ihr offizielles Zeugnis lobt Gott als den Heiligen und unendlich Guten. Ihr Verhalten aber vermittelt nicht selten eher die Botschaft: Glaubt ihm ja nicht, er ist nicht wirklich wahrhaftig. Liebt ihn nicht, er ist nicht echt gut. Hofft nicht auf ihn, er verspricht mehr als er halten kann oder halten will.

Die Welt empfindet die Christenheit, besonders die in Kirchen verfaßte, etwa so wie Jesus die Pharisäer erlebt hat: professionell Fromme, die viel von Gott und seinen Gesetzen reden, aber wenig Herzenswärme ausstrahlen, weder Güte noch Freude. Das seelische Klima der Christenheit ist oft unwirtlich, kalt wie ein schlechtes Caritasheim.

Das ist der Vorwurf: Die Welt ist durch das Christentum vielleicht trüber, gewiß nicht heller, wärmer und glücklicher geworden. Das Böse wurde im Kirchenstaat des achtzehnten Jahrhunderts vermutlich nicht besser bewältigt als heute in der Sowjetunion. Eine christliche Gemeinde zeigt nicht mehr Solidarität, Herzlichkeit, Hilfsbereitschaft als eine Gewerkschaftssiedlung oder ein Kleingärtnerverein. Intrigen, Eifersucht, Feindseligkeit finden sich hier wie dort. Nur ist das Ärgernis und die Lächerlichkeit im frommen Milieu wegen des hohen Anspruchs greller, das Böse durch seine heuchlerische Verleugnung noch böser, das

Neurotische durch die Last der Schuldgefühle noch neurotischer.

Das wäre eine Erklärung, die manches für sich hat. Wir
Christen sind in unserer Gesamtheit nicht besonders ver-
trauenerweckend, nicht so, wie man sich von Gottesfreundschaft beseelte Leute vorstellen würde. Wir sind nicht anstek-
kend. Niemand kommt auf die Idee, mit dem Finger auf uns
zu weisen und zu sagen: „Seht, wie diese Leute einander lieben". Dies ist zwar wünschenswert, aber nur selten zu erwarten.

Der in dieser Betrachtungsweise verborgene Anspruch, die
Christenheit müsse in ihren einzelnen Gliedern, Gruppen
oder in ihrer Gesamtheit als überzeugend christlich imponie-
ren, mit dem dann eine enttäuschte Abwendung gerechtfertigt wird, ist leeres Wunschdenken, im Grunde ein Fluchtver-
such. *Versprochen ist uns nicht eine Kirche der Heiligen,* sondern eine Kirche aus Heiligen, Sündern und „Mischlingen".
Genau diese haben wir und damit die schöne Möglichkeit,
froh entsetzt mit dem Finger auf die Sünder und die Durchwachsenen zu zeigen und den Heiligen aus dem Wege zu gehen. Hier liegt das Böse bei uns in der tendenziösen *Selektion
der Wahrnehmungen;* psychoanalytisch ausgedrückt, in der
Skotomisierung. Ich sehe nur, was mein Vorurteil bestätigt.

Jedoch, das ist nur eine Seite. Jesus selbst war von strahlender Wahrheit und Güte. Dennoch gelang es vielen Leuten,
ihn sich von der Seele zu halten, ihn abstoßend und unglaubwürdig zu finden, Auge in Auge mit ihm. Das aber konnte
wohl nicht an ihm, sondern nur an ihnen liegen, und von solchen gab es damals viele. Es gibt sie immer.

Jesus war kein Gewinner, sondern ein Verlierer, kein Er-
folgsmissionar auf Dauer. Er, seine Jünger und seine Kirche
bis zum heutigen Tage, haben immer nur eine kleine Schar
gründlich vom Bösen befreit und relativ wenige zu einer verläßlichen Gottesfreundschaft bewegt. Augustinus hat demo-
skopisch von der massa damnata gesprochen. Er hat aber
vielleicht angesichts der Vandalenhorden vor Karthago übersehen, daß dieses Urteil keinem Menschen zusteht. Er hat
wohl auch die Macht jener letzten Bitte des sterbenden Sie-

gers unterschätzt: „Verzeih ihnen, denn sie wissen nicht, was sie tun." Dieses Wort galt Verleumdern, Lügnern, Mördern, dem übelsten Gesindel der Großstadt, das Akademikergesindel dieser Stadt eingeschlossen, die keine Verzeihung erbeten hatten.

Ekklesiogene Neurosen

Im Erfahrungsraum des Psychotherapeuten gibt es die sogenannten ekklesiogenen Neurosen, also die durch eine kirchliche Erziehung bedingten Neurosen, die eine große Gruppe unter der noch weit größeren Zahl der „Evangeliumsgeschädigten" bildet[3].

Es gibt zahllose Menschen, denen das Evangelium, wie es von den Kirchen vorgelegt, ausgelegt und vom Hörer verstanden wird, nicht zur Nahrung und Medizin wurde, sondern zu einer unverdaulichen Belastung oder gar Vergiftung. Es gibt nicht wenige ekklesiogene Selbstmorde, ekklesiogene Ängste, Depressionen, Verwahrlosungen und schlimmere Fehlentwicklungen.

Unter allen Belastungen der Kirche, ihrer Oberen und ihrer Unteren, ihrer Heiligen und ihrer Unheiligen, ist das häufige Vergessen eines Grundgebotes, das für jede Autoritätsausübung das wichtigste ist, die verheerendste aller Fehlleistungen.

Dieses Gebot heißt: „Ihr Väter, erbittert nicht Eure Kinder!" (Eph 6, 4). Es gilt auch für alle „Oberen" in Staat und Kirche. Ein zweites Grundgebot sagt: „Richtet nicht, damit Ihr nicht gerichtet werdet!" Auch dieses haben Eltern und andere Autoritäten nicht selten mißachtet. Durch die Jahrhunderte haben Kinder und andere Unmündige wie Abhängige die christliche Familie und die ganze Kirche als Erbitterungsanstalten, als Zuchthäuser erfahren, weil diese Grundgebote und das Verbot Jesu, den Bruder zu beschimpfen, das doch gewiß auch für die Kinder gilt, nicht genügend beherzigt wurden.

Die Verbitterung der Kinder und Abhängigen scheint mir

mit dem Wort *Kulpabilisierung,* also Zuweisung ungerechter Schuldgefühle, gut ausgedrückt. Es bedeutet, dem jungen Menschen die notwendige Unterscheidung seiner Selbsterfahrung als ein schon Befreiter und doch noch Gefangener zwar begrifflich mitzugeben, aber im Gefühlsbereich das wieder umzustoßen, was in der Erkenntnis aufgebaut wurde. Das tun Eltern, die dem Kind zwar den Unterschied von schwerer und „läßlicher" Schuld klarmachen, es aber trotzdem wegen kindlicher Missetaten so kleinmachen, seine Selbstachtung zerstören, als habe es schwerste Schuld auf sich geladen. Vernichtende Kulpabilisierung bedarf im Grenzfall keiner brutalen Schläge, keiner wüsten Beschimpfungen. Es gibt Blicke und Mienen, die seelisch verwunden und töten können.

Es scheint, das Christentum habe es in den letzten Jahrhunderten nicht mehr gut verstanden, dem neuzeitlichen Menschen zu zeigen, daß und wie gerade die Bewältigung des Bösen wirklich möglich ist. Es hat vielmehr bei vielen den Eindruck erweckt, diese Bewältigung sei vielleicht für Helden und Heilige denkbar, aber nicht für Normalverbraucher. Jesus sei in seiner Art bewundernswert, aber ein hoffnungsloser Idealist, der die Menschen überfordert und neurotisiert, weil er sie nicht wirklich kennt. Ebenso seien seine Kirchen, jede in anderer Weise, irreal und darum unglaubwürdig. Versagend in der Bewältigung des Bösen.

Ein besonders erbitterndes Moment im christlichen Gottesbild ist noch zu nennen; es ist jene von der katholischen Kirche verworfene, aber in vielen anderen christlichen Bekenntnissen festgehaltene, dem Augustinus zugeschriebene Lehre von einer Prädestination zum Unheil. Auch wenn sie im heutigen religiösen Bewußtsein keine Rolle mehr spielt, so steht sie doch in der Ursprungsgeschichte vieler Auflehnung gegen das Christentum. Wie Sedimentgestein finden wir sie im unbewußten Selbstverständnis vieler seelisch Kranker, die sich selbst als Verworfene und Verdammte empfinden, ohne einen Grund zu kennen. Die milde, menschenfreundliche Prädestinationslehre eines zu Unrecht vielgeschmähten Theologen, Alfons von Liguori, ist nahezu

151

unbekannt geblieben. Nach seiner Lehre sind die zum Heil Auserwählten auserwählt „propter praevisas preces"; weil Gott voraussieht, daß Menschen Ihn selbst von Ihm erbitten, ihn suchen und nach ihm rufen werden, erwählt er sie. Dabei ist natürlich vorausgesetzt, daß in ihrem Bewußtsein irgendwann und in irgend einer Form die einladende Chance zu einem solchen Wünschen und Rufen auftaucht; und dies bei jedermann ohne Ausnahme.

Macht das Christentum böse?

Das Christentum, so sagt Romano Guardini, macht das Gute besser und das Böse böser. Außerdem aber bringt es als konkret gelebtes Leben in notwendig oft unreiner, nicht ganz gelungener Ausprägung, unvermeidlich Ärgernis mit sich, also Anreiz zu neuer Schuld. Es weckt Trotz und Protest, weil es uns in Unkenntnis der Menschennatur zu überfordern scheint. Jesus ist vielleicht ein schlechter Psychologe. Er entmutigt. Wer fühlte sich nicht zum Versager gestempelt, ja verspottet, wenn Er verlangt, Gott über alles zu lieben; mehr als sich selbst. Wer fühlt sich nicht ein wenig als Heuchler, wenn er betet: Dein Wille geschehe! Denn wer kann das schon ganz ernst meinen? Wer ist nicht gekränkt in einer auch nur maßvollen Selbstachtung, wenn ihm jede Möglichkeit abgesprochen wird, auch nur das geringste Gute aus eigenen Kräften hervorzubringen? Wer hört ohne Murren das Wort „ohne mich könnt Ihr nichts tun"? Ein unerreichbares Ziel vor Augen stellen heißt, den Menschen zu unaufhörlichen Schuldgefühlen verdammen. Das menschenfreundlichere Alte Testament sagt dagegen milde und psychohygienisch richtiger, wie wir zu meinen geneigt sind, „Wolle nicht zu vollkommen sein!" (Pred 7,16)

Andere Aussprüche Jesu finden wir erschreckend, ja destruktiv. So etwa das radikale Aggressionsverbot (Mt 5,22) „Wer seinem Bruder zürnt, der ist des Gerichtes schuldig. Wer ihm sagt: Du Nichtsnutz! der ist des Hohen Rates schuldig; wer sagt: Du gottloser Narr! der ist des höllischen Feuers schuldig." Abgesehen von dem Widerspruch dieser Aussagen zum Verhalten Jesu und zu der Aggressivität vieler Texte und Gebote des Alten Testamentes ängstigt uns die Zumutung, sozusagen eine Hälfte unserer biologischen Naturausstattung, die Begabung nämlich, energisch am Kampf ums Dasein teilzunehmen, eintrocknen zu sollen. Das, so scheint es, kann nicht gutgehen. Menschen, die allzu lieb und friedfertig sein wollen, läßt der zornige Jahve in die Hände der Psychotherapeuten fallen. Übermäßige Aggressionsvermeidung macht nicht gütig, sondern falsch, heuchlerisch und krank. Wenige Zeilen nach dem Aggressionsverbot finden wir wieder einen Ausspruch, der uns einen menschenmöglichen und menschenfreundlichen Umgang mit der eigenen Triebsphäre unmöglich zu machen scheint: „Wer eine Frau ansieht, ihrer zu begehren, der hat schon mit ihr die Ehe gebrochen in seinem Herzen." Als ob es damit nicht genug wäre, verschärft Paulus diesen Ausspruch, indem er verlangt, die Männer sollten ihre Frauen nicht besitzen in leidenschaftlichem Begehren wie die Heiden (Mt 5,28; 1 Thess 4,4).

Schließlich sprengt der Anruf Jesu: „Seid vollkommen, wie euer Vater im Himmel vollkommen ist", jedes menschliche Maß. Er scheint dazu angetan, das Leben mit beständigen Gefühlen des Versagens und des Schuldigbleibens zu vergiften.

Dem Christentum scheint eine unreale Überschwenglichkeit anzuhaften, ein manischer Enthusiasmus, der die Grenzen des normalerweise Menschenmöglichen mißachtet.

In den Apostelbriefen meinen wir unbegreifliche Täuschungen der sozialen Wahrnehmung zu finden. Wenn Paulus einer Gemeinde schreibt: „Einst wart ihr Finsternis, jetzt seid ihr Licht"; wenn er die Christen „der Sünde gestorben" nennt, als Heilige bezeichnet, dann hat dies zu keiner Zeit der nüchternen, von ihm selbst drastisch genug beschriebenen Wirklichkeit der Urgemeinden entsprochen; aber es hat oft Anlaß zu Minderwertigkeitskomplexen gegeben, die nicht selten zur wirklichen Minderwertigkeit führten.

Aufforderung zur Selbstverachtung, ja zum Selbsthaß gehören zum Standardvokabular der Erbauungsliteratur. Da scheint die moderne Menschenführung, die auf Selbstvertrauen und Selbstachtung, auf Entwicklung von Autonomie und „Erziehung zum Ungehorsam" Wert legt; die uns anhält „Ich bin o.k., du bist o.k." zu sagen, auf dem richtigeren Wege zu sein. Einer ihrer neuesten Pioniere, John Simkin, schlägt sogar vor, wir sollten das Wort „du sollst" aus unserem Vokabular streichen, weil es die Quelle aller neurotisierenden Schuldgefühle sei. Nun, immerhin „sollen" wir noch streichen.

Übrigens ist die masochistisch scheinende Aufforderung zum Selbsthaß kein katholisches Sondergut. Kierkegaard schreibt von der Sünderin Maria Magdalena, von der Jesus sagt, ihr seien viele Sünden vergeben, weil sie viel geliebt hat, in seiner Auslegung dieses Textes: „Sie hat viel geliebt – denn sie hat sich selbst gehaßt."[4]

Der evangelische Theologe Wolfhart Pannenberg hat in einem scharfsinnigen Aufsatz über „Aggression und die theologische Lehre von der Sünde", wie vor ihm schon der Psychoanalytiker O. Pfister[5], darauf hingewiesen, daß viele Schuldgefühle kleiner und großer Christen als Umschlag der Aggressivität in Selbstdestruktion zu verstehen seien. Nach dem Satz ‚Wie ich mir, so ich Dir' führt aber die selbstzerstörerische Wendung der Aggressivität nach innen in aller Regel schnell zu aggressivem Verhalten nach außen, ein seit Nietzsche und Freud wohlbekannter Mechanismus. Die unter Berufung auf den Willen Gottes gefeierten destruktiven Orgien des Christentums in Hexen- und Ketzerverfolgungen bis zu vielen alltäglichen Gehässigkeiten und Lieblosigkeiten professionell Frommer sprechen hier eine beredte Sprache.

Unmäßige Schuldgefühle entwickelt der, dem sein Gott an der Kehle sitzt. Er packte ihn, würgte ihn und sprach: Bezahle, was Du schuldig bist; nämlich selbstlose Liebe und Vollkommenheit. Wen wundert es, wenn der solcherart Gewürgte nicht antwortet: ‚Habe Geduld mit mir, ich will Dir alles bezahlen', sondern vielmehr in Verzweiflung antwortet: Was Du verlangst, kann ich in alle Ewigkeit nicht bezahlen.

Wenn ich also in den Schuldturm muß, sei's drum, ich kann es nicht hindern.

Es gibt *aggressionsfördernde Faktoren* in der Religion der Liebe und des Friedens. Diese Aggression kann sich nach außen oder in Schuldgefühlen nach innen wenden und „ein Klima einer falschen Bußgesinnung, vor allem aber eine von keiner Hoffnung aufgehellte Angst vor Hölle und Fegefeuer erzeugen". Pannenberg zitiert W. Neidhart, der als aggressionsfördernde Momente christlicher Frömmigkeit „die ständige Überforderung durch die maximalen Gebote der christlichen Ethik" rechnet. Solche Maximalforderungen, so schreibt er, müssen Frustrationen erzeugen und natürlich unendliche Ängste. Die Quintessenz bleibt: das Evangelium ist nicht ungefährlich. Vielmehr ist das Wort Gottes, so steht es im Hebräerbrief, „wie ein zweischneidiges Schwert, trennend Gelenk und Mark". Mit einem zweischneidigen Schwert aber sollte man in angemessener Umsicht umgehen. Das ist offenbar schwer.

Wenn aber Jesus sagt, sein Joch sei sanft und seine Last leicht zu tragen, dann schütteln wir müde und traurig den Kopf, weisen auf seinen Tod und sein Schicksal und fragen uns, ob er sich mit einem solchen Versprechen nicht übernommen habe. Diese Lebensverheißung glaubend anzunehmen ist unvergleichlich viel schwerer als der Glaube an den auf dem Wasser schreitenden und Wasser in Wein verwandelnden Wundertäter[6]. Der Glaube an die Möglichkeit, christlich zu leben und dabei Friede, Freude und Glück zu finden, verlangt viel mehr.

Diese Anforderung, die sichere, lebenslängliche Demütigung, die wir mit Religion auf uns nehmen, dies Annehmen unserer eigenen Naturlast können wir allerdings leicht vermeiden, wenn wir uns mit Alibiproblemen und intellektuellen Spielen gar nicht erst in die eigentliche Kampfzone begeben.

Die Leidenden, die Entbehrenden und die Versager sind im Christentum gut aufgehoben. Der Elendszug auf der Schattenseite des Lebens findet im Evangelium das Licht und die Kraft, geduldig auszuhalten auf dem Weg ins Heil. Auf der „Krebsstation"[7] ist das Evangelium am Platz.

Viel schwerer tun sich die Gesunden, die Erfolgreichen und Jungen. Ihr Lebensdrang, das sinnliche Glücksstreben, das Blühen und Prangen von Lebenskraft, der Eigensinn und Gefühlsstrom der Weltfreude findet sich dem Christlichen gegenüber in einer verlegenen Fremdheit. Die Lebenslust kommt sich überflüssig und unerwünscht vor, wie in feucht-kalten Nebel getaucht.

Wer in Israel den Sabbattanz eines Festes miterlebt, wie da in tanzendem Jubel das Gottesgeschenk der Thora gefeiert wird, der fragt sich, wo dieses Wunder der begeisterten Aufnahme des Göttlichen im Lebensgefühl der Christen geblieben ist. Sie scheinen das Enthusiastische, das Erotische und Sinnliche, das sich im Tanz sammelt und verströmt, vor der Tür lassen zu müssen; als wäre es vom Schöpfer eigentlich nicht so gemeint. Besonders der weiteste Bereich des Sexualen, von dem alles menschliche Fühlen und Handeln getönt ist, wird fast wie eine peinliche Fehlleistung Gottes empfunden, der Er sich nachträglich schämen müßte.

„David und das ganze Haus Israel tanzten vor Jahve mit aller Macht und unter Liedern mit Zithern und Harfen, Pauken, Schellen und Zimbeln" – solche Verleiblichung der Heilsfreude ist im gemessenen Schritt der Liturgie nur noch abgeblaßt erhalten: Religion für Alte und Leidende. Die Kirche gleicht Michal, der Tochter Sauls, von der es heißt: „Wie sie nun den König David vor Jahve springen und tanzen sah, verachtete sie ihn in ihrem Herzen ... Sie trat David entgegen und sagte: Wie ehrenhaft hat sich doch heute der König Israels benommen, als er vor den Augen der Mägde seiner Diener sich entblößte, wie nur irgendeiner aus dem Gesindel sich zu entblößen pflegt" (2 Sam 6, 16 20).

Die Leibhaftigkeit, Sinnlichkeit, das Tanzen, Springen

und Glänzen, die unbefangene Fülle der Weltlichkeit ist im Christentum zur Not schon irgendwie untergebracht. Es gibt für all das Reservate, die Kunst des Barock ist ein gern zitiertes Zeugnis. Doch wirken diese Reservate wie zoologische Gärten in den Städten, in denen die Wildnis hinter Gitter gebracht wurde. Schwer wiegt der Eindruck, die Eigendynamik von Vitalität und Spontaneität, das zentrale Glücksbedürfnis des Menschen, „die Hauptabsicht des seelischen Apparates" seien doch im Christentum ganz und gar nicht gut aufgehoben. Die menschliche Natur und das Natürliche finde keine Heimat. Im Vorraum mittelalterlicher Kathedralen sieht man „Frau Welt" als liebreizende junge Frau mit einem Apfel in der Hand. Der Rücken aber ist von Kröten und Schlangen zerfressen. Christentum scheint menschlich gerade und geglückt nur in seltenen Exemplaren der entsagenden Lebensform zu gelingen. Der humane Reichtum, wie er z. B. im Leben Goethes sich sammelt, hat kaum Parallelen in der christlichen Geschichte. Oder nur mit schlechtem Gewissen. Eine so geglückte Gestalt wie der heilige Thomas Morus mit seiner humanistischen Kultur, seiner Freude am Schönen und seinem Humor wäre wohl nie unter die Schar der kanonisierten Heiligen aufgenommen worden, wenn dieses humane Leben nicht im Martyrium geendet hätte. Sagt der Ankläger.

Das Christentum steht im Verdacht, das Naturhafte mit dem Bösen gleichzusetzen. Diese Gleichsetzung wird ganz unbefangen vollzogen in jenem Buch, das nach der Bibel das am meisten gelesene der Christenheit war, in der „Nachfolge Christi" des Thomas von Kempen. In dem berühmten 54. Kapitel über „Natur und Gnade nach ihren entgegengesetzten Richtungen und Regungen" wird „Natur" ganz im Gegensatz zur klassischen Anthropologie des Hochmittelalters einfach mit Eigenliebe und Selbstsucht gleichgesetzt: Die Natur ist listig und hat stets sich selbst zum Zweck (2); die Natur arbeitet immer nur für ihren eigenen Vorteil (4); die Natur ist habsüchtig und will alles für sich haben (10); die Natur tut alles aus Gewinn- und Selbstsucht, kann nichts umsonst tun (13); die Natur lenkt alles auf sich zurück, kämpft mit Mund und Faust für sich (16). Das ist die Natur, die

Freud meint, wenn er sagt, die Hauptabsicht des seelischen Apparats sei Lustgewinn. Immerhin findet es zu Anfang des neunzehnten Jahrhunderts der Thomas von Kempen-Herausgeber Johann Michael Sailer wichtig, darauf hinzuweisen, daß von der „sich selbst überlassenen Natur" die Rede ist, die sich nicht von der Gnade erleuchten und lenken läßt: „Was Euch zu schadenfrohen, ruhestörenden, selbstunruhigen, eigen-, hab- und selbstsüchtigen, stolzen, trotzigen, unversöhnlichen, wollüstigen Wesen macht, ist die sich selbst überlassene Natur." Ohne solche Kommentierung, die sich freilich auch aus dem Text von Thomas von Kempen ergibt, ist diese Art, von Natur zu reden, natürlich irreführend. Das wird ganz deutlich, wenn wir etwa in der klassischen Anthropologie bei Thomas von Aquin lesen: „Jegliches Wesen liebt von Natur Gott mehr als sich selbst" oder: „Weil alle Kreatur gemäß dem, was sie tut, von Natur Gottes ist, so folgt, daß auch der Mensch mit naturhafter Liebe Gott mehr und ursprünglicher liebt als sich selbst." Ganz konsequent schreibt er darum auch: „Die geschaffenen Dinge führen durch sich selbst nicht von Gott weg, sondern zu Ihm hin; daß sie aber von Gott wegführen, das entspringt aus der Schuld derer, die sie ohne Weisheit gebrauchen ... Und sie vermöchten nicht die Unweisen von Gott wegzuführen, wäre in ihnen nicht, verlockend, ein Fünkchen des Guten, das sie von Gott her besitzen"[8].

In der Schlichtheit solcher Einsichten könnte sich auch die Verzweiflung des sinnlichen Lebensdranges in eine notwendige Trauerarbeit umwandeln. Denn seine Begrenzung liegt nicht in einem mißgünstigen Asketismus des Evangeliums, sondern einfach darin, daß der „Elan vital" kein breiteres Strombett haben kann als das Menschenwohl, dieses Maß aller Dinge, es zuläßt. Das aber können jeweils nur Vernunft und Glauben, Erfahrung und Intuition sagen. Allerdings muß auch hier der Satz des Thomas beachtet werden: Die Vernunft selbst bringt es mit sich, daß der Vernunftgebrauch zuweilen eine Pause haben muß (Quandoque rationis usus intercipiatur)[9]. Der Satz bezieht sich zunächst auf den Schlaf und auf die den Vernunftgebrauch einschränkende Lust des

Geschlechtsverkehrs. Seine grundsätzliche Bedeutung geht wohl weit über diese beiden Beispiele hinaus.

Daß nicht Dionysos sondern Christus den Menschen als Weg, Wahrheit und Leben, als Vorbild für Identifikation und Nachfolge gegeben ist, das ist zum Wohl und Heil des Menschen sehr gut. Gleichwohl ist uns nicht verwehrt, den Abschied von Dionysos zu beweinen. Ich glaube nicht, daß dieser Ausdruck eine wehleidige Übertreibung ist. Er kostet Trauerarbeit, er tut weh. Dies zu verleugnen, bekommt uns nicht. Nicht einmal vom kleinen Pseudodionysos der dolce vita trennen wir uns leichten Herzens; denn wir hängen an jedem einzelnen der alten Götter mit vielen Fasern, da sie in uns weiterleben. Bekehrung bringt Trauerarbeit.

Es ist verblüffend, wie wenig es Patienten christlichen Glaubens gelingt, die von ihnen doch als maßgebend anerkannten Gesinnungen Jesu Christi auf so normale und allgegenwärtige Grunderfahrung wie Entbehrung, Beleidigung, Kränkung, Schmerz und Leiden zu wenden und sie sich mit dem Dechiffriercode des Glaubens verständlich zu machen.

Die christliche Lebenskunst besteht in einem großen Teil darin, das *Positive im Negativen* zu entdecken, ja sogar Freude zu finden in bitteren Dingen. Dennoch finden fromme Leute die Zumutung sehr verrückt, außerhalb des Gottesdienstes die lebensfremden Einstellungen des Jesus auszuprobieren: Unrecht bereitwillig ertragen, Kränkungen freundlich verzeihen, Unangenehmes freiwillig aufzugreifen, Menschenfurcht zu überwinden und Feinde zu lieben. Für einen einzigen Vertrauensbruch, für ein im Stich Gelassenwerden von einem Freund oder auch nur eine Nachlässigkeit brauchen wir schon unseren angesparten Vorrat von sieben mal siebzig Mal Vergeben, wenn die eine Verzeihung wirklich gelingen soll. Tatsächlich schafft kaum jemand diesen so zentralen christlichen Grundakt mit einem Schlag. „Erinnern, Wiederholen, Durcharbeiten", dieses Grundrezept der Psychoanalyse ist schon immer ein Grundrezept des Evangeliums. Was menschlich und was religiös bedeutsam sein soll, muß in der Regel einfach und wiederholbar sein. Einen einzigen Charakterfehler ein wenig auflockern, so daß er nicht mehr völlig unreflektiert bei jeder Gelegenheit durchschlägt, erfordert Jahre der *Seelenarbeit des Einfühlens* in die Gesinnung des und der Heiligen. Solche Seelenarbeit ist gemeint, wenn im Folgenden das Wort *Meditation* gebraucht wird.

Bewältigung des Bösen im Christentum

Nun aber: Was heißt Bewältigung des Bösen im Christentum? Der Rabbi Hillel wurde einmal gefragt, ob er das ganze Gesetz und die Propheten aufsagen könne, während er auf einem Beine stehe. Er konnte es. Wie Jesus antwortete er: Liebe Gott, liebe den Nächsten. Das ist das Gesetz und die Propheten.

Die ganze, so kompliziert scheinende und verwirrende jüdisch-christliche Glaubens- und Lebenslehre mit den unzähligen Seiten, die darüber geschrieben wurden, ist letztlich nur die entfaltete und differenzierte Auskunft über die Hilfen und Hindernisse von Freundschaft.

Erkenntnis von Recht und Unrecht ist ein erstes Verständnis für Wesensgesetze der Freundschaft und das, was ihr im Wege steht. Das ist einfach eine andere Fassung des einen Grundsatzes der christlichen Morallehre: Gut ist, was das Wohl und Heil des Menschen fördert, bös ist, was seinem Wohl schadet[10].

Auch alle Mittel der Bewältigung des Bösen faßt die Heilige Schrift in zwei Sätzen zusammen. Einer steht im Alten, einer im Neuen Testament. Der erste Satz: *„Ich will Dir sagen, Mensch, was gut ist und was der Herr von Dir fordert, nämlich das Rechte tun und Liebe üben und sorgsam wandeln mit Deinem Gott.“* (Micha 6,8) Der zweite Satz steht bei Paulus im Philipperbrief: *„Seid gesinnt wie Christus Jesus“* (Phil 2,6).

Beendigung von Feindschaft, Bewältigung von Unrecht gegen Menschen, gegen Gott, gegen mich selbst, geht das? Die Bewältigung des eigenen Bösen ist dann gelungen oder auf dem besten Wege, wenn wir bereit sind, um keinen Preis freiwillig ernstes Unrecht zu tun.

Es gibt eine Sentimentalisierung des Bösen, die wie gebannt auf Extremsituationen starrt. Sie vernebelt den nüchternen Sachverhalt, daß ungemein *viel Böses ohne Not*, ohne den Druck der Leidenschaft und um geringer Vorteile willen geschieht. Solches Böse, vielleicht die größte Masse des Bösen, ist leicht vermeidbar. Der Verzicht würde nicht schwerfallen. Es ist nicht die Regel, daß die Erfüllung einer Pflicht, das Unterlassen eines Unrechts große oder gar unerträgliche Schmerzen und Gefahren mit sich bringt.

Wer auch nur auf das Böse verzichtet, das er leicht einsparen kann, sammelt Kräfte, stärkt Einstellungen für schwerere Aufgaben – wenn er mag.

Auch der leichteste Anfang setzt freilich voraus, daß man eine Bewältigung des Bösen und der Unrechtsbereitschaft für wünschenswert, für möglich und sinnvoll im Gesamtzusammenhang des Daseins hält. Er setzt so etwas wie eine elementare Metaphysik für jedermann voraus.

Bewältigung des Bösen ist Aufgabe der Unrechtsbereitschaft und Minderung der Anfälligkeit für Versuchungen. Bewältigung des Bösen setzt die Befreiung von schwerer Schuld der Vergangenheit und von den Fixierungen an das Böse voraus, die jede Schuld im Schuldigen hinterläßt. Schuld verdirbt den Charakter; sie verhärtet die Unrechtsbereitschaft. Diesem Thema gelten die Überlegungen von Karl Rahner im zweiten Teil.

Alle Bewältigung des Bösen für die Zukunft ist in dem Satz von Bochenski enthalten, der zu Anfang zitiert wurde: „Das Licht, das Verständnis der Werte, und die Kraft, sie zu verwirklichen, das ist es, was wir für das geistige Leben am meisten begehren sollten."

Das Gewissenslicht

Das „Seelenorgan", mit dem wir das Licht, das Verständnis der Werte finden, der Experte in uns für das Gute, ist das Gewissen *nach* seiner Ablösung vom Überich. Bewältigung des

Bösen ist zunächst die Befreiung des Gewissens aus den Fesseln des Überichs.

Fast jedes Kind gewinnt einen fundamentalen Sinn für das Böse, sobald ihm Unrecht geschieht. Ebenso erfährt es früh das Gute, wenn und weil ihm Gutes angetan wird und Güte begegnet. Die Wahrheit der über die ganze Erde verbreiteten goldenen Regel: „Was Du nicht willst, das man Dir tu, das füg' auch keinem andern zu", enthält ein früh zugängliches Verständnis der menschlichen Grundwerte und einen elementaren Maßstab, der schon früh in kritischen Gefühlen gegen die Erwachsenen, gegen Gesellschaft und Überich eingesetzt werden kann. Sehr kleine Kinder protestieren schon, wenn die Eltern bös zueinander sind oder ungerecht zu den Kindern oder unzuverlässig in der Versorgung. Noch mehr gilt das Gesagte von der anspruchsvolleren positiven Fassung im Evangelium: „Alles, was ihr wollt, daß euch die Leute tun, tut ihr ihnen".

Das könnte man eine *nüchterne ‚operationale' Fassung des Gebotes der Nächstenliebe* nennen.

In vielen Fällen der kindlichen Erfahrung ist das Gute einleuchtend. Es hat die Wahrheit für sich, es ist vernünftig und fühlt sich gut an.

Das Kleinkind hat vor Erlernung der Sprache schon Erfahrungen mit Güte und Lieblosigkeit über seine Begegnung mit angenehmen und unangenehmen Objekten (good and bad objects) hinaus. Es kann auch schon im Mitmenschen den Feind erfahren und bekämpfen, Versagung mit Aggression beantworten. Früh erlebt es Neid, Trotz, Zorn und Gier, aber auch Zuneigung und frühe Dankbarkeit – Gutes und Böses in sich selbst wie in den anderen.

Augustinus beschreibt diese frühesten vorsprachlichen *Erfahrungen von Frustration und Aggression*: „Wenn man mir nicht zu Willen war, entweder weil man mich nicht verstand oder mir nicht schaden wollte, dann war ich sehr unwillig, daß die Großen mir nicht untertan sein, die Freien mir nicht gehorchen wollten, und ich rächte mich an ihnen durch Weinen" (Bekenntnisse, I,6)[11]. Im nächsten Kapitel schreibt er: „Ich selbst habe einmal so ein neidisches Kind gesehen; es

konnte noch nicht sprechen und sah doch schon blaß vor
Neid mit bitterbösem Blick nach seinem Milchbruder. Wer
kennt das nicht? Nun sagen freilich Mütter und Ammen, sie
könnten es durch weiß Gott was für Mittel später wieder gut-
machen. Jedenfalls kann doch von Unschuld gar keine Rede
sein, wenn man, während der Strom der Muttermilch über-
reichlich fließt, den von der Teilnahme ausschließt, der ihrer
im höchsten Maße bedarf und allein mit dieser Nahrung sein
Leben fristen kann" (ebda. I, 7).

Daß in dem beschriebenen Neid, in frühen Haßausbrü-
chen kleiner Kinder schon von Schuld die Rede sein kann, ist
wohl nicht so sicher, wie Augustinus meint. Aber wann ein
Kind Schuld entdeckt, im ersten oder im zehnten Jahr, ist
nicht so wichtig wie die Tatsache, daß es bei anderen und bei
sich überhaupt das Böse, die Schuld antrifft und als solche
versteht.

Entdecker des Guten

Der Mensch wird als Entdecker geboren. Seine ersten Ent-
deckungsfahrten gelten der Geographie des Liebenswerten:
Angenehme Empfindungen aller Sinne tun sich für ihn auf.
Früh auch entdeckt er im Angenehmen das Schöne, etwa in
einem Lied, das ihm die Mutter singt, oder in ihrem Angesicht. Wie und wann greift der kindliche Geist über das sinn-
lich Angenehme, über Libido und Lust hinaus in jenen geistigen Bereich des Guten, den wir das Sittlich-Gute nennen?
Wie wird diese besondere Art des Liebenswürdigen entdeckt,
die wir ja nicht als Annehmlichkeit von Sinnesempfindungen
antreffen? Das Gute und mit ihm der Unterschied zwischen
Gutem und Bösem wird entdeckt in den Handlungen, Worten und Personen, in denen sich das Liebe, das Rechte, das
Liebenswerte, das Wünschenswerte und Wohltuende verleib-
licht. In alledem können vor allen Worten die sittlichen Qualitäten entdeckt werden, selbst dort, wo ein Kind mehr Unrecht als Recht, mehr Abneigung als Anerkennung, mehr
willkürliche Strafe als verdientes Lob erfährt[12].

Der wichtigste Augenblick in unserer Entwicklung ist wohl jener, in dem wir zum ersten Mal die Liebe zum Guten und die Freude am Guten in uns entdecken. Das ist wohl meist früher, als das Wort „Gott" in unser Bewußtsein eindringt. Oft ist dann schon eine zweite Entdeckung ganz nahe: Daß nämlich das Tun des Guten oft einen Preis hat, ein Opfer erfordert, eine Kehrseite von Übel mit sich bringt. Das Gute kostet: Anstrengung, Verzicht, Geld, Schmerz. Nicht selten, aber auch nicht immer, ist es uns seinen Preis wert.

Die Liebe zum Guten, der Wunsch, ein guter Mensch zu sein oder zu werden, das Erblicken dieser Möglichkeit, ist eine grundlegende Entdeckung in der Geographie der Werte nach der Begegnung mit dem Angenehmen, die immer am Anfang steht. Wo der Mensch die in ihm naturhaft vorgegebene Liebe zum Guten nicht in sich entdeckt, sich nicht um sie sammelt und sich nicht zu ihr stellt, zerfällt die Vielheit seiner Antriebe wie von selbst, sie geraten außer Rand und Band ins Böse. Primitive wie hoch entwickelte Kulturen wenden viel auf, um den Kindern, der Jugend und den Erwachsenen das Gute in vielerlei Gestalten darzustellen und seine Anziehungskraft zur Wirkung zu bringen: Lob, Mißbilligung und Strafe, Mythos, Sage, Märchen, Dichtung und Heldengeschichte zeigen Gut und Böse berührend und bewegend.

Moral Sense

Die elementare moralische Intuition, der moral sense, entwickelt sich, soweit ich sehe, nicht später sondern eher früher als das Überich, oder gleichzeitig. Er ist ein Ursprung von Autonomie. Das Überich ist vorwiegend heteronom. Es ist vor allem die Stimme der anderen bei der Bildung des sittlichen Urteils; es enthält darum neben viel Richtigem auch alle Irrtümer der anderen, den Geist und Ungeist der Familie, der Zeit und ihrer vielen Schlagworte.

In den psychologischen Sachverhalt, daß die Werte, das Gute nicht immer in aller Himmelsklarheit vor unseren Augen liegen, sondern ebenso wie eine Landschaft manchmal in der Sonne leuchten, oft aber auch von Dunkel und Nebel verborgen sind, gründen viele Schwierigkeiten der Gewissensorientierung. Noch wichtiger ist, daß wir alle in Bezug auf Teile des Wertespektrums lichtflüchtig sind, Dunkelheit und Nebel vorziehen.

Verständnis der Werte gibt es als geistiges, intuitiv-autonomes Sehen und Fühlen des Guten. Diesem zentralen Sinn dafür, daß es das Gute und menschlich Richtige überhaupt gibt – C. S. Lewis nennt diesen ökumenischen, Welt und Geschichte umfassenden geistigen Sinn das „Tao"[13] –, lagern sich die teils übereinstimmenden, teils weit auseinandergehenden konkreten Normen der verschiedenen Kulturen an, die jede spezielle Ethik so verwirrend zu relativieren scheinen.

Dafür nur wenige Beispiele: Persische Manichäer und ihre westlichen Nachfolger, die Katharer hielten Sexualität und Fortpflanzung für die oder eine Wurzel des Bösen. Hippies in Californien und anderswo, manche Psychologen und Sexologen meinen, Versagung oder gar Verzicht auf ein sexuelles Bedürfnis, Mangel an Ermunterung zur Kindheitsmasturbation trage schon den Keim künftiger Neurosen und faschistoider Aggressivität in sich. Das Böse sei die Selbstbeherrschung. Treue in der Ehe gilt dann als böse, weil sie als ängstliches Ausweichen vor der Fülle erotisch-sexueller Erfahrungen gedeutet wird, deren der Mensch bedürfe.

Im jüdisch-christlichen Raum schwankt die Wertung des Sexuellen zwischen dem puritanischen Rigorismus eines Hieronymus, Augustin, Calvin und der saftigen Sinnlichkeit barocker Kunst. Salomon hatte tausend Frauen; das Christentum besteht auf der Einehe und gerät in größte Schwierigkeiten der Missionierung etwa gegenüber afrikanischen Eheformen.

Ähnlich steht es mit dem Gebot der Ehrfurcht vor dem Leben. Strenge Sektierer, für die jedes Töten Frevel ist, nähren sich nur von schon abgefallenen Früchten und toten Tieren, manche Primitive beschränken das Tötungsverbot dagegen auf gesunde, leistungsfähige Mitglieder der Sippe oder des Stammes. Alte und Witwen werden getötet. Als böse gilt die

Weigerung, die zu töten, die zum Sterben bestimmt sind: Feinde, Fremde, Kranke, öffentliche Sünder.

Primitive Ethik ist oft objektivistisch. Ein unschuldiger Zivilpilot, der aus seiner brennenden Maschine abgesprungen ist, wird von Beduinen geborgen und gastfreundlich aufgenommen. Als bekannt wird, daß das aufschlagende Flugzeug ein Stammesmitglied verletzt hat, wird der Pilot umgebracht. Schonung wäre böse.

Ähnlich beurteilt würde es, wenn ein Rockermitglied sich der Folterung eines Spielverderbers oder Verräters feige entziehen wollte; wenn ein Corpsstudent, ein Offizier des 19. Jahrhunderts ein Duell verweigerte, das doch andrerseits vom Staat und sogar vom Militärgesetz verboten war.

Allgemein gesprochen: Kulturen, Religionen, Subkulturen, Klassen, Kasten, Stände, auch Generationen haben je eigene Moralvorschriften, in denen allgemeine Moralgesetze wie etwa die Zehn Gebote, regional und epochal verändert werden durch Auslassung, Zufügung, Verkehrung ins Gegenteil und andere Maßnahmen.

Die Entwicklung eines an ethischen Grundkriterien des menschlichen Wohles orientierten moralischen Sinnes mutet uns das Durchlaufen eines langen Unterscheidungsprozesses zu, der aus einer Unzahl von angebotenen Verhaltensformen und Überichgeboten das herausfiltern soll, was wahrhaftig dem Wohl des Menschen dient. Früher glaubte man, im commonsense, dem gesunden Menschenverstand die Spürnase sehen zu können, die den Geruch von gut und böse unterscheiden könne. Commonsense macht konsensfähig ohne Spitzfindigkeiten. Diesen gesunden Menschenverstand gibt es hie und da noch, und die Glücklichen, die ihn nicht nur in lichten Intervallen haben, gibt es auch.

Nur ist er heute von unzähligen pseudointellektuellen Sophismen durchrostet. Der einfache Mensch kann der kritischen Hinterfragung ebensowenig standhalten wie ein Gerechter Athens der Verdrehungskunst der Sophisten. Und wer hätte immer den Sokrates zur Hand, der glitschige geistige Forellen festhalten könnte?

In einem Punkt gibt es einen Konsens des ganzen Erdkreises. Marxisten und Liberale, Agnostiker und Gläubige aller Religionen stimmen darin überein, daß in die Köpfe aller Menschen von Kindheit an ständig auch falsches Bewußtsein, ideologische Irrtümer eindringen wie saurer Regen in den Boden. Gnoseologische Konkupiszenz ist eben diese Bodenvergiftung bis in das Grundwasser des Unbewußten, von der niemand ganz ausgenommen ist.

Die Prälaten des Marxismus mühen sich mit ähnlichem Eifer, verderbliche Reste bürgerlicher, liberaler oder gar religiöser Irrtümer aus den Köpfen ihrer Heilsgemeinde zu entfernen, wie christliche Bischöfe versuchen, die Gläubigen vom sauren Regen falschen Bewußtseins zu bewahren.

Welche Hilfsmittel retten den moral sense des kleinen Kindes über die Anfälligkeit der Schulzeit und Pubertät ins Erwachsenenalter? Wie gelingt Befreiung aus dem Meinungsschutt der Zivilisation, der ihre Kostbarkeiten überlagert und das normale Überich mehr aufschüttet als aufbaut?

Vernunfteinsicht und intuitive Gefühlseinsicht, Lernen am richtigen Vorbild oder Modell, Initiation durch glaubwürdige Autorität sind wohl die wichtigsten Faktoren. Etwas kompakter mit Augustinus gesagt: Das Gute, die Werte werden erkannt und erspürt durch den „inneren Lehrer" und durch die Hilfe äußerer Lehrer, die zu inneren Lehrern werden.

Anders ausgedrückt: Verständnis der Werte gewinnt man durch direktes Erfahren in eigener Einsicht („Wissen"). Diese Einsicht bleibt aber dürftig, wie alle Lernvorgänge, in denen wir uns selbst überlassen bleiben, wenn sie nicht durch Lehre erweitert, vertieft und differenziert werden. Auch der Autodidakt bedarf wenigstens der gedruckten Lehrer.

Bewältigung des Bösen ist ohne eine der Fassungskraft angemessene Herzens- und Geistesbildung nicht einmal für Schwachsinnige zu haben. Auch nicht ohne ein der Situation entsprechendes Sachwissen. Wer Arbeitern den gerechten Lohn zahlen oder solchen verlangen will, – ihn vorzuenthalten gehört zu den wenigen „himmelschreienden Sünden", die das Neue Testament nennt – muß sich auskennen in Geldwerten, Familienbedürfnissen, Belastbarkeit des Haushalts oder Betriebs usw.

Die ethische Überlieferung der Welt ist voll von Wahrheit und Weisheit, voll von „Tao", aber durchsetzt mit schwer unterscheidbaren Irreführungen.

Judentum und Christentum halten den Menschen nicht für fähig, mit eigenen Kräften ausreichende Klarheit in diesen Wirrwarr zu bringen. Moses, die Propheten und Jesus Christus beanspruchen die Anerkennung gottgesandter Boten und Lehrer, die Weg, Wahrheit und Leben bringen. Sie verlangen vom Hörer, daß er ihnen glaubt, ohne ihre Wahrheit in allen Punkten durch eigene Einsicht kontrollieren zu können. Sie verkünden den Willen Gottes, den Gott ihnen mitgeteilt hat und den ohne solche Mitteilung der Mensch zwar vermuten, aber niemals in ausreichendem Maße wissen kann. Ohne solche Ergänzung des Wissens durch das Glauben keine Bewältigung des Bösen.

Auch die Philosophie vermag wegen der Pluralität ihrer Meinungen und ihrer Unfähigkeit, zu wissen, was Gott weiß und will, keine ausreichende ethische Führung anzubieten. Sokrates und Nietzsche sind sehr divergierende Wegweiser. Vernunft und Philosophie sind nicht dasselbe, wenngleich ethische Orientierung ohne Vernunft und Philosophie auch nicht durch Berufung auf Glaube und Offenbarung allein zu haben ist. Auch Jesus Christus verlangt Nachdenken. Vernunftlose Theologie ist irre und irreführende Theologie; schon weil jede Interpretation ihre Logik hat oder haben sollte. Nicht vergessen werden darf, daß es vor dem christlichen personalen Glauben im eigentlichen Sinn, einen „Glauben" als vernünftige Zustimmung zu einer Einsicht gibt, die weder zwingend bewiesen werden kann, noch von einfacher, ebenfalls zwingender Evidenz ist und dennoch klar vor Augen liegt; wie das z. B. bei gewissen moralischen Grundsachverhalten der Fall ist; also etwa bei dem Grundsatz: Menschen haben unverfügbare Rechte.

Das Böse ist falsches Bewußtsein bis zur Vergiftung des Unbewußten durch das Überich – das freilich auch gesunde Anteile enthält.

Das Licht, das Verständnis der Werte ist Befreiung. Erlösung von falschem und von beschränktem Bewußtsein. Bewältigung des Bösen ist Aufklärung, Erleuchtung, Lösung von Vorurteilen, die in jedem Bewußtsein vorhanden sind und wegen ihrer vielen Vorteile oft zäh festgehalten und vom Wunschdenken nach Kräften vermehrt werden. Damit hängt es auch zusammen, daß dieses falsche Bewußtsein oft auch arrogantes Bewußtsein ist. Wer das Licht der Werte verdunkelt, sitzt auf der Bank der Spötter. Er genießt eine Ironie, die er selbst am meisten verdiente.

Das Kind entwickelt den moralischen Sinn nicht ohne, aber auch nicht nur durch eigene Einsicht. Es ist bei der Unterscheidung von gut und böse der Autorität und dem Vorbild der Eltern ausgesetzt. Ihr gegenüber kann es sich zwar schon nach wenigen Lebensjahren oftmals auf seine eigene Intuition berufen. Aber der geistige Vorsprung der Erwachsenen, ihr Wissen und Können sichert ihnen eine zunächst fraglose und unersetzliche Autorität.

Die Frage: Was soll ich tun, was lassen? Wie soll ich sein? wird durch Verhalten und Wort der Eltern täglich neu beantwortet. Diese Antworten sind naturgemäß von großer suggestiver Kraft. Jede Bitte, jeder Befehl, jedes Lob und jeder Tadel, und alle Verhaltensweisen enthalten Wertungen. Jede Wertung ist der Ausdruck einer praktischen Philosophie. Sie ist eine Auslegung des Daseins.

Das Kind lernt, indem es der Autorität glaubt, was es für gut halten soll. *Es lernt aber gleichzeitig die praktische Psychologie* der Eltern und der Menschheit, daß dieses befohlene oder empfohlene Gute nicht nur „echt gut", sondern auch möglich, durchführbar ist.

Du kannst den Teddybären deinem Bruder lassen, auch wenn es dich noch so zieht, ihn wegzunehmen. Du sollst und kannst freundlich sein auch zu Verwandten, die du nicht magst; denn Höflichkeit ist noch notwendiger für den Frieden als unmittelbarer Gefühlsausdruck. Oder umgekehrt, die praktische Philosophie heißt: Du sollst jeden anmuffen, wenn du schlechter Laune bist, denn offene Gefühlsäußerung ist aufrichtig und seelisch gesund. Du darfst jeden prügeln, auf den du wütend bist, denn verdrängte Aggression ist schädlich. Arbeite niemals, wenn du keine Lust dazu hast, das führt zu Arbeitsstörungen. Arbeite ohne Rücksicht auf Lust und Laune, nur so wirst du an der Arbeit Freude finden.

Du kannst deinen Jähzorn zügeln, weil es dir nicht schadet, aber Friede und Freundschaft in der Gemeinschaft erhält.

Das „du sollst, du darfst" ist nicht nur ein Ethikunterricht über Rechte und Pflichten, sondern auch eine psychologische Auskunft über Raum und Grenzen dessen, was der Mensch kann und was das Kind zu lernen vermag. *Ethische Handlungsanweisungen sind gleichzeitig praktische Verhaltenslehrkurse*, wie in einer Handwerkslehre oder beim Fahrunterricht: So macht man das, so geht man zweckmäßigerweise mit anderen, mit sich selbst und mit der Welt um, wenn es gutgehen soll, wenn das Leben glücken soll. Moralisches Lernen ist das Lernen von Wegen zum Glück.

Weil die Weisungen der Autorität lange Zeit für das Kind und den Heranwachsenden nicht überprüfbar sind, gilt hier die simple anthropologische Grundeinsicht des Aristoteles: „*Wer lernen will, muß glauben.*"[14]

Wer lernen will, muß glauben

Ethische Bildung ist auf Autorität angewiesen, wie groß die Irrtümer und Mißweisungen auch immer sein mögen, denen die Autoritäten ausgesetzt sind. Weil der Mensch unwissend geboren wird und im Unterschied zum Tier, nur wenig ohne An-Leitung lernt, ist auch schlechte Autorität vorerst unersetzliche Auctoritas, und das heißt Urheberschaft von Sich-Auskennen und Können.

Glauben an Autorität ist in wichtigen Dingen beim Mündigen immer unsittlich, wenn es leichtfertig, leichtgläubig geschieht und wenn der, dem ich glaube, nicht nach der ganzen Situation als glaubwürdig anerkannt zu werden ein Recht hat.

Glauben ist unersetzlich und schon darum vernünftig,

wenn ich eine Erkenntnis brauche, die mir faktisch im Augenblick nicht selbst zugänglich ist; eine ärztliche Diagnose, eine Rechtsauskunft, eine wissenschaftliche Information über das Ergebnis von Experimenten, über Ereignisse der Vergangenheit oder auch nur über eine Telefonnummer. In diesem Fall glaube ich den Verfassern des Telefonbuchs.

Glauben ist unersetzlich und vernünftig, wenn ich Erkenntnisse über Sachverhalte brauche, die überhaupt mit der Sinneserfahrung nicht zu erfassen und aus ihr auch nicht zu erschließen sind: Erkenntnisse über Ursprung und Ziel der Geschichte, den Sinn des Lebens, die Existenz Gottes, das Sittengesetz und alle anderen Lebensfragen, die von der Wissenschaft nicht beantwortet werden können.

Unersetzlich und vernünftig ist das einem Anderen Glauben auch dann, wenn ich eine Erkenntnis über das brauche, was im verborgenen Inneren einer anderen Person vor sich geht. Der Glaube ist der Hauptweg, oft der einzige, in das Innere anderer Personen, also in die wichtigste Realität, die es überhaupt für den Menschen gibt. Der einzige Weg auch in die Gedanken und Absichten Gottes.

Selbst etwas für den Arzt so Alltägliches wie das Befinden, der innere Zustand eines Patienten, seine Schmerzen, seine Ängste, seine Zwänge und Versuchungen, ist nur erkennbar, wenn ich bereit bin, dem Kranken Glauben zu schenken. Sehr häufig bin ich ihm das einfach schuldig, Mißtrauen wäre ein beleidigendes Unrecht.

Glauben kann also je nach den Umständen und je nach der Glaubwürdigkeit des Gegenübers entweder ein grundvernünftiges Verhalten sein oder ein schlicht unsittliches Verhalten, unerlaubt und unverantwortbar. Handeln ist ja nur dann sittlich, wenn es vernunftgemäß ist. Die Erlaubtheit, Sittlichkeit und Vernünftigkeit des Glaubens mißt sich unmittelbar an der erkennbaren Glaubwürdigkeit dessen, dem ich glaube und an einer letzten Glaublichkeit seines Inhaltes. Credo, quia absurdum – ich glaube, weil es absurd ist – ist ein unmenschlicher und unsittlicher Satz. Trau, Schau – Wem! ist menschlich, notwendig und gut.

Hier möchte ich eine Geschichte einfügen. Martin Buber

171

hat sie aufgezeichnet: „Einer der Aufklärer, ein sehr gelehrter Mann, der vom Berditschewer gehört hatte, suchte ihn auf, um auch mit ihm, wie er's gewohnt war, zu disputieren und seine rückständigen Beweisgründe für die Wahrheit seines Glaubens zuschanden zu machen. Als er die Stube des Zaddiks betrat, sah er ihn mit einem Buch in der Hand in begeistertem Nachdenken auf und ab gehen. Des Ankömmlings achtete er nicht. Schließlich blieb er stehen, sah ihn flüchtig an und sagte: ‚Vielleicht ist es aber wahr‘. Der Gelehrte nahm vergebens all sein Selbstgefühl zusammen – ihm schlotterten die Knie, so furchtbar war der Zaddik anzusehen, so furchtbar sein schlichter Spruch zu hören. Rabbi Levi Jizchak aber wandte sich ihm nun völlig zu und sprach ihn gelassen an: ‚Mein Sohn, die Großen der Thora, mit denen du gestritten hast, haben ihre Worte an dich verschwendet, du hast, als du gingst, darüber gelacht. Sie haben dir Gott und sein Reich nicht auf den Tisch legen können, und auch ich kann es nicht. Aber, mein Sohn, bedenke, vielleicht ist es wahr.‘ Der Aufklärer bot seine innerste Kraft zur Entgegnung auf; aber dieses furchtbare ‚Vielleicht‘, das ihm da Mal um Mal entgegenscholl, brach seinen Widerstand.“[15]

Joseph Ratzinger zitiert diese Geschichte in seiner „Einführung in das Christentum“ und schreibt dazu: „Ich glaube, hier ist – bei aller Fremdheit der Einkleidung – die Situation des Menschen vor der Gottesfrage sehr präzis beschrieben. Niemand kann dem andern Gott und sein Reich auf den Tisch legen, auch der Glaubende sich selbst nicht. Aber wie sehr sich auch der Unglaube dadurch gerechtfertigt fühlen mag, es bleibt ihm die Unheimlichkeit des „Vielleicht ist es doch wahr". Das „Vielleicht" ist die unentrinnbare Anfechtung, der er sich nicht entziehen kann, in der auch er in der Abweisung die Unabweisbarkeit des Glaubens erfahren muß. Anders ausgedrückt: Der Glaubende wie der Ungläubige haben, jeder auf seine Weise, am Zweifel *und* am Glauben Anteil, wenn sie sich nicht vor sich selbst verbergen und vor der Wahrheit ihres Seins. Keiner kann dem Zweifel ganz, keiner dem Glauben ganz entrinnen; für den einen wird der Glaube *gegen* den Zweifel, für den andern *durch* den Zweifel und in der *Form* des Zweifels anwesend. Es ist die Grundgestalt menschlichen Geschicks, nur in dieser unbeendbaren Rivalität von Zweifel und Glaube, von Anfechtung und Gewißheit die Endgültigkeit seines Daseins finden zu dürfen."[16]

„*Wer nicht glaubt, ist schon gerichtet*" (Joh 3, 18) Wegen dieses Wortes ist viel unschuldiges Blut geflossen. Jesus selbst ist als Ketzer gegen den rechten Glauben hingerichtet worden. Jahrhunderte haben aufgrund dieses Wortes gemeint, in jeder Abweisung und Abweichung von den jeweils für orthodox gehaltenen Lehren, in jedem Irrglauben oder Unglauben zeige sich unmittelbar eine verstockte Bosheit des Herzens; eine Verderbtheit, für die jede irdische Bestrafung, Folter, Kerker und Tod als letzter Versuch zur Heilung des Hochmuts angewandt werden müsse; zum Wohl des Sünders und zum Schutz der Gemeinschaft vor Ansteckung.

Wenn die Verweigerung des Glaubens als das radikalste Verbrechen gilt, weil sie den Ungläubigen ins Verderben stürzt und die von seinem Wort und Beispiel Berührten in ihrem ewigen Heil gefährdet, dann erscheint einer Zeit, die einem harmlosen kleinen Dieb die Hand abschlägt, für den Ungläubigen und Ketzer keine Strafe groß genug. Auch der Dieb wurde schließlich nicht darum so grausam bestraft, weil er die ohnehin fragwürdige Verteilung irdischer Güter ein wenig zu seinen Gunsten änderte, sondern weil er das Vertrauen, die Freundschaft unter Menschen schädigte, sich gegen Gottes Gesetz auflehnte und durch schlechtes Beispiel das Böse, Heilswidrige förderte.

Wie heute noch islamische Kulturen zeigen, sind Gesellschaften, die an ein ewiges Leben glauben, in ihrer Justiz darauf bedacht, vor allem dieses Heil zu sichern; wenn nötig durch Blut und Tränen. Das wäre logisch wie die Bereitschaft des Kranken und des Arztes, ein Organ zu opfern, um den Organismus zu erhalten, wenn drei Voraussetzungen zuträfen: daß aus Glaubensabweichung oder Unglaube unmittelbar auf eine letzte Verderbtheit geschlossen werden könne; weiter, daß Folter und Tötung geeignete Mittel zur Rettung des Verstockten und der Gesellschaft wären. Die dritte Voraussetzung ist, daß die Gläubigen die Macht und den Auftrag hätten, alles Unkraut des Bösen schon in dieser Weltzeit auszurotten.

Das Gegenteil ist den Christen ausdrücklich gesagt: „Lasset das Unkraut wachsen bis zur Ernte" (Mt 13, 30).

Hier wie in vielen anderen Dingen brauchte die Christenheit Jahrhunderte, sich von tief verwurzelten Vorurteilen der Kulturen zu lösen, in die der Glaube eindringt oder aus denen er wächst. Der Kirche ist nicht garantiert, Jesus Christus immer richtig zu verstehen und jedes Mißverständnis seiner Lehre sofort zu durchschauen. Sie bleibt auf Versuch und Irrtum angewiesen. Sie muß, wie die Wissenschaft, auch mit Hypothesen leben, die sich als falsch erweisen können. Ihre begrenzte Unfehlbarkeit in den Punkten, in denen sie feststellen kann, was eindeutig zu ihrem Glaubensbestand gehört, was sie mit Sicherheit glauben soll und lehren muß, hat einen unabsehbaren Hintergrund von Fehlbarkeit, von Unsicherheiten und unvermeidlichen Irrtümern, die sie durch die Jahrhunderte mit sich schleppt.

Jesus Christus ist oft für lautere Herzen leicht faßlich. Für Intellektuelle, wie z. B. Augustinus, ist die Schwierigkeit groß, sich in den gewaltigen dialektischen Spannungen des Evangeliums zurechtzufinden, die von keiner der vielen christlichen Theologien ganz bewältigt werden. Viele Herzen haben Jesus sehr gut verstanden, aber nicht viele Köpfe konnten ihn gut auslegen. Wer schaffte es auch, eine Lehre ganz zu verstehen, die einmal Selbstverwirklichung, dann Selbstverleugnung, sowohl Selbstachtung wie Selbstverachtung, Liebe zur Schöpfung und Verachtung der Welt, Selbstliebe und Selbsthaß, Trauer wie Freude, Bewahrung von Würde und Vorliebe für den letzten Platz, Gehorsam und Selbständigkeit, Vorherbestimmung ebenso wie Freiheit, Friedensliebe und Kampfesmut, Gewaltverzicht und Gewalteinsatz, Essen und Fasten, Fruchtbarkeit und Keuschheit, Lachen und Weinen gleichsam in einem Atem gebietet oder empfiehlt. Wieviel Mühen des Verstehens mutet uns Jesus zu.

Das Christentum ist die Coincidentia oppositorum. Es ist schwer, sich in seine Gegensätze einzupendeln. Niemand gelingt das auf tadellose Weise, ohne gelegentlich das Gleichgewicht zu verlieren.

John Henry Newman sagt einmal in der „Apologia pro vita sua", es gäbe keine Theologie, die nicht den einen oder anderen Satz der Schrift gegen sich habe. Jeder Tor kann Jesus Widersprüche nachweisen und seine Worte ad absurdum führen.

„Jesulein, Jesulein, wie leicht könnte ich Dich auch vernichten", sagte ein Theologe der Frühscholastik in den Beifall der Studenten hinein, als er eine schwierige Aporie gelöst hatte.

Die spannungsreiche Botschaft des Christentums entspricht der dialektischen Botschaft der Erfahrungswirklichkeit von Welt und Person. Es gibt keine Weltformel, keine Weltanschauung, weder Philosophie noch Theologie, die das undurchdringliche Geheimnis der empirischen Welt auch nur annähernd widerspruchslos aufklären könnte. Selbst das Schlichteste und Leuchtendste, das Licht und das Sehen im Licht, läßt sich für den Verstand nicht durchschauen.

„Wer nicht glaubt, ist schon gerichtet", das könnte bedeuten, daß für die unmittelbar anwesenden Hörer und Zuschauer des Jesus, überschüttet mit überwältigenden Erweisen seiner Glaubwürdigkeit, der Unglaube vorerst unentschuldbar war. Das Wort kann aber auch darauf hinweisen, daß jeder Mensch in jeder Umwelt und mit jeder unverschuldeten Vorurteilsbelastung irgendwo einen noch so kleinen Ausguck in die Wahrheit hat, den er öffnen, aber auch schuldhaft verschließen kann. Z. B. jenen Glauben, in dem er anerkennt, daß Wahrheitsliebe geboten ist, daß Menschen Rechte haben oder daß das Ganze des Seins sinnhaltig ist.

Wer alle solche nicht beweisbaren, aber eben doch mit seiner eigenen Vernunft nicht zu leugnenden Ausblicke verdunkelt, der betrügt sich und andere, der hält die ihm zugängliche Wahrheit nieder und hat damit so lange sich selbst gerichtet, als er an seiner fundamentalen Lebenslüge festhält. Wer aber in diesem Sinne glaubt, was er zu glauben vermag und diesem Glaubenslicht im Tun folgt, hält die Wahrheit nicht nieder, die in ihm hochkommen will. Er vergräbt das

Talent nicht, das ihm als Existenzminimum anvertraut ist. Er läßt sich vom Strahlen des Lichtes erleuchten, das von Gott in die Welt scheint, auch wenn er mit dem Wort „Gott" und mit dem Namen Jesus nichts anzufangen weiß, weil er in einem Schattenloch der Geschichte aufgewachsen ist, welches ihm das Erscheinungsbild von Christentum und Kirche bis zur Unkenntlichkeit entstellt und vernebelt hat.

Der so verstandene *Glaube ist die Bereitschaft, jede sich etwa zeigende Wahrheit, jede Spur Gottes anzuerkennen* und jeder etwa vernehmbaren Mitteilung des Absoluten sich aufmerksam hörend zu öffnen. Unglaube ist zuerst und zumeist Unaufmerksamkeit.

Dieses nun ist ein Grundvorgang, der das ganze Glaubensleben durchzieht: Dem „Nachrichtensprecher", dem Boten des Glaubens gelingt es, ein Interesse, eine Neugier zu wekken, oder er findet ein solches Interesse schon vor. Was er zu sagen hat, klingt zum Teil für die Hörer zunächst befremdend. Es wird nun entweder spöttisch verworfen, vielleicht haßerfüllt abgelehnt oder es wird angehört, und grundlegende Teile des Gesagten gewinnen eine, sagen wir, raumfüllende Wahrscheinlichkeit. Es gibt diesen Glauben auf den ersten Blick wie es die Liebe auf den ersten Blick gibt. Dieser Glaube macht kurzen Prozeß. Bei vielen Menschen ist dieses Mit-einem-Blick-Verfahren in Bezug auf den ersten Glaubensartikel, in Bezug auf die Lehre von dem einen unendlichen Gott und Schöpfer, dem Herrn des Kosmos, das ganz und gar Vorherrschende. Der Gottesgedanke überzeugt sie, erleuchtet sie so stark, daß die gewaltigen Hindernisse, die Existenz des Bösen und des Leides, die Unbeirrtheit dieses Glaubens nicht beeinträchtigen.

Glaube ist eine Frucht der *Sachlichkeit.*

Sachlichkeit als Erkenntnishaltung besagt den Verzicht des Subjekts auf die Mitbestimmung des Erkenntnisinhalts. Sachlichkeit ist die Anerkennung der ausschließlichen Sachbestimmtheit des Erkenntnisinhalts und im Ethischen darüber hinaus die *Anerkennung der Erkenntnisbestimmtheit* des inneren Befehls und des äußeren Tuns[17].

Das Böse des radikalen Unglaubens ist der Mangel an

Sachlichkeit. Es *ist das Bestehen des Subjekts auf der Bestimmung des Erkenntnisinhalts.*

Der Mensch schrickt vor dem Glauben zurück und hat guten Grund dazu. Die Sprache sagt es: Glauben heißt, sich auf jemand verlassen. Der Hintersinn des Wortes „sich verlassen", nämlich von sich weggehen, nicht mehr allein auf die eigenen Sinne, das eigene Urteil vertrauen, an ihm festhalten können, sondern das Wagnis eingehen, mit den Augen eines Anderen zu sehen, sich der Verfügung eines Anderen zu überlassen, das macht Angst; denn der Glaubende weiß, daß er bei diesem sich Verlassen keine Bedingungen mehr stellen kann; etwa dies und jenes sei zumutbar, dies und jenes könne auch Gott nicht von ihm verlangen usw. Der Glaubende kann die Frage nicht mehr stellen, wie kann Gott dieses oder jenes zulassen? Sie ist für ihn sinnlos: Gott kann.

Glauben ist eine Beziehung zwischen Personen und trägt jede Beziehung von Personen. Eine Mitteilung wird auf die Glaubwürdigkeit des Mitteilenden und die Glaublichkeit des Inhalts hin angenommen. Wenn ich höre oder lese: „Ich will Dir sagen, Mensch, was gut ist und was der Herr von Dir fordert; nämlich das Rechte tun und die Liebe üben und sorgsam umgehen mit Deinem Gott", dann kann ich die Glaubwürdigkeit des Propheten Micha, die Zuverlässigkeit derer, die von ihm berichten und ihn übersetzen, nicht nachprüfen. Aber seine Worte können schon von ihrem Inhalt her meine Zustimmung ermöglichen, ja provozieren. Ja, es gibt einen absoluten Herrn. Der kann fordern. Was Er hier fordert, das muß geschehen, das nimmt mich in Anspruch. Das kann Er von mir verlangen. Weil Er es verlangt, kann ich es irgendwie auch geben. Micha hat Recht, das alles ist gut. Ich darf mich diesem Anspruch nicht verweigern. Ich weiß es.

Vielleicht ist der notwendige lebendige Kern des Glaubens schon dann gegeben, wenn ein Mitmensch, gleichsam als ein gegenwärtiger Prophet Micha, schon durch sein Dasein, vielleicht ohne Worte, dasselbe von mir mit einer letzten Autorität verlangt, in der ich den Herren aller Rechte durchspüre: Gönne mir mein Recht und gib mir Liebe, gehe sorgsam um mit mir und mit Deinem Gott.

Das ist eine gemeinsame Botschaft aller Zeugen Gottes in allen Religionen. Sie spricht eine ursprüngliche Offenheit des Geistes für den fordernden Herrn an, die zu verschließen es keinen gerechten Grund gibt.

Jeder Mitmensch steht in der Reihe der Zeugen und Boten, von denen er glaubend, ohne es zu wissen, elementare Überzeugungen, auch solche prophetischen Ursprungs empfangen hat, die er weitergibt. *Micha ist überall.* Die Prophetenschüler sind unter uns, wo immer Recht, Liebe und Sorgsamkeit im Umgang mit dem Menschlichen und dem Göttlichen gut gefunden werden. Das führt von selbst über den Kern des Glaubens hinaus in sein Wachstum, weil Recht, Liebe und Sorgsamkeit die Offenheit für den ganzen Gott und seine ganze Botschaft hervorbringen oder vorbereiten.

Wenn die Heilige Schrift den Kern des Bösen im Unglauben sieht, dann ist in solchem Unglauben nicht die Unfähigkeit gemeint, alle oder irgendeine dogmatische Lehre anzunehmen, sondern *die Weigerung, die Wahrheit wahr sein zu lassen.* Wo Gott im Horizont des Menschen erscheint, ist Unglaube die Weigerung, von dem Gott zu glauben, daß er göttlich ist, die vollkommene Güte und Weisheit, die absolute Menschenfreundlichkeit und die unendliche Hilfsbereitschaft für den Menschen, das Gute in Person.

Viele Menschen haben wegen ihres Unglaubens oder ihres Nichtglaubenkönnens schwere Schuldgefühle, weil sie das vernichtende Urteil des Johannes-Evangeliums und vielleicht auch ihrer Eltern über den Unglauben auf sich beziehen. Häufig haben sie aber im Grunde ihres Herzens, ohne es zu wissen, so viel Glauben, wie sie eben aufbringen können in der ihnen möglichen, vielleicht recht unvollständigen Gestalt. Der Herzensglaube ist nicht dasselbe wie intellektuelle Orthodoxie. Er mißt sich nicht nach der Zahl der Glaubensartikel, mit denen er zurechtkommt. So wenig ein erwachsener und ausgereifter Glaube an den Einzelheiten der Lehre Jesu und der Kirche uninteressiert vorbeigehen kann, ohne sich selbst aufzuheben, so wenig dürfen wir übersehen, daß die geistigen Vorprägungen in unserer Welt, die kognitive Konkupiszenz, viele im Gesamtzusammenhang unschwierige Glaubenswahrheiten ganz schwer oder gar unzugänglich machen können. In dieser Situation darf niemand in Schuldgefühle gedrängt werden, der möglicherweise seine geistigen Empfangsorgane so weit öffnet, wie er eben kann.

Die Christen haben oft bessere Startbedingungen, aber kein Monopol in der Bewältigung des Bösen. Die Chance ist jedem Menschen gegeben. Solche Bewältigung gibt es überall in der Welt, wo es Menschen der Wahrheitsliebe und des guten Willens gibt. Dies wußten vielleicht der Heilige Augustinus und sein Schüler, Martin Luther, zu ihrem und zu unserem Schaden noch nicht, obwohl es lange vor ihrer Zeit schon in der Theologie vertreten wurde. Es gab alte Kirchenväter, die den Sokrates wie einen Heiligen verehrten.

Das Rechte tun, Liebe üben, sorgsamer Umgang mit Gott, geht das? Wir können den einfachen Sachverhalt auch nüchtern philosophisch und psychologisch mit der zu Anfang zitierten Formel von Bochenski ausdrücken: Das Licht, das Verständnis der Werte und die Kraft, sie zu verwirklichen, – gibt es das?

Was der Prophet Micha anbefiehlt: Gehe sorgsam um mit Deinem Gott, das heißt für den Atheisten und den Ungläubigen, daß er auch bei dem Umgang mit seinem Gottesbegriff, der doch in jedem Bewußtsein vorhanden ist, das die Vokabel Gott enthält, sorgfältig vorgehen soll und kann. Das ist jedem zumutbar, der überhaupt denkt, und jedem höchst empfehlenswert, der nicht ganz sicher ist, daß man diese Vokabel Gott vergessen darf.

Elemente der christlichen Psychologie

Wie sieht nun jene Psychologie des Christentums aus, die zum Verständnis der Werte führt? Erstens lehrt sie, daß jeder Mensch von Natur als geistiges Wesen durch seine Geistbegabung, seine Vernunft für Wahrheit offen ist und zur Wahrheitsliebe begabt ist, auch für ethische Wahrheit. Sie lehrt ferner, daß diese Offenheit so lange bleibt als einer bereit ist, von seinem Verstand einen vernünftigen Gebrauch zu machen. Dieses Lumen rationis, das Licht der Vernunft, erlischt nicht einmal in der Geisteskrankheit, allenfalls in der völligen geistigen Umnachtung oder in der Verblendung des bösen Willens. Dieses Vernunftlicht gibt immer ein mindestens minimales Verständnis der Werte, einen Sinn für Recht und Unrecht. Es bietet immer die Möglichkeit, selbst tief eingewurzelte Irrtümer über Recht und Unrecht zu korrigieren; denn zur Vernunft gehört die Möglichkeit einer kritisch zweifelnden Selbstkorrektur. Auch der verbohrteste Nihilist hat immer einmal wieder die Chance, mit dem Lichtstrahl des Zweifels die eigenen skeptischen Positionen zu durchleuchten, die oft so unskeptisch festgehalten werden.

Die Mahnung der Heiligen Schrift zum Nonkonformismus und zur kritischen Prüfung der andrängenden Meinungsvielfalt ist in einer Zeit der Massenmedien weit dringlicher als zur Zeit der frühchristlichen Gemeinden, die sich leichter gegen eine glaubensfeindliche Welt abgrenzen konnten. Dies besonders bei der Klärung des sittlichen Urteils, mit der alle Bewältigung des Bösen steht und fällt. Aber auch heute vermag das erleuchtende, klärende Wort viel.

Die untergründige Botschaft jeder Versuchung zielt auf den Unglauben. Sie sagt: *Gott lügt.* Seine Gebote und Verbote sind nicht zu deinem Wohl. Seine Voraussagen zeigen nicht die wirkliche Zukunft. Das Böse bringt nicht den Tod, sondern das Leben und die Gottgleichheit. Gottes Motiv ist selbstsüchtige Furcht vor Konkurrenz. Er ist nicht dein Freund, er ist dein Feind, der Vorenthalter deines Glücks. Die Versuchung stellt als „Wert" vor Augen: Der Mensch soll richtiger von Gott denken als Gott sich selbst darstellt; richtiger aber, indem er schlecht von Gott denkt. Der Mensch soll nicht dem unglaubwürdigen Gott glauben; vielmehr soll er glauben der listigen verleumdenden Schlange, die den Gott nach dem Bild der Kreatur beschreibt als einen, der im Kampf ums Dasein von Rivalen gefährdet ist. Das Böse ist die Bereitschaft, der neueren Lüge mehr zu glauben als der älteren Wahrheit. Dem Tier der Erde mehr zu glauben als dem Geist des Himmels. Das Böse ist die Verleumdung des Gesetzgebers. Im ganzen sagt sie: *Gott ist nicht gut genug, er könnte besser sein.*

Aber das ist noch nicht alles. Eine erdrückende Last von Indizien aus Natur und Geschichte scheint zu beweisen, daß der verdächtige Gott nur ein Baal sein kann, ein Kinderfresser, welchen anbetend zu verehren nur Unsinn und Unwürde wäre.

Die „Leistung" des Heidentums war es, besonders deutlich im Hinduismus, den das Göttliche in seiner Gegensätzlichkeit fühlenden Ahnungen des Menschen geschiedene Objekte in den Gestalten guter und böser Götter zu geben. Er konnte die einen fürchten, ihren Zorn zu beschwichtigen versuchen, die anderen verehren, anbeten und lieben.

Der neue biblische Gott dagegen mutet dem Geschöpf die Demütigung zu, für alles Übel und alles Böse die Alleinverantwortung zu übernehmen, jeden Schatten eines Verdachtes von Gott abzuwenden, ihn ganz und gar frei und heilig zu sprechen. Allenfalls kann Adam mit dem Finger auf Verführer zeigen, das Weib und die Schlange. Nicht zuletzt, weil der Mensch nur ein jämmerlicher Mitläufer ist, der das Böse nicht erfunden hat, ist er noch zu retten. Dies aber ist besonders peinlich.

Das bedeutet im selben Atem, alles Leid, alle Vergeblichkeit, Entbehrung, Verbannung in Labyrinthe der Unfreiheit, als Begnadigung anzusehen; so wie ein Verbrecher begnadigt ist, der anstelle der Todesstrafe nur einige Jahre abbüßen muß[18].

Diese Haltung des sorgsamen Umgehens mit dem Gott erreicht schon eine weitere Stufe des Glaubens in der Bereitschaft, mit großer Aufmerksamkeit darauf zu achten, wo etwa weitere Weisungen Gottes zu finden sein könnten, die über die fast selbstverständlichen elementaren hinausführen. Der Wille Gottes ist nicht einfach deduzierbar, sondern bedarf, solange wir dem Weltgeist nicht ins Konzept blicken können, der Mitteilung. Die glaubende Annahme der Weisung ist nicht durch Vernunft ersetzbar, wie auch die Anwendung der Vernunft durch nichts anderes ersetzt werden kann. Von ihr ist auch niemand durch den Glauben dispensiert.

Zur Bewältigung des Bösen genügt es nicht von Gott gut zu denken, wenn man nicht auch richtig von Ihm denkt. Die nur Wohlmeinenden sind gefährlich. Mit gutem frommen Willen allein ist die *Verleumdung* Gottes nicht zu vermeiden. Die Kirchen haben in ihrer Geschichte viel Gottesverleumdung betrieben, z. B. wenn sie mit der ihnen gegebenen Autorität erklärt haben, es sei der Wille Gottes, daß Kinderkreuzzüge geführt, Hexen gefoltert, wirkliche und vermeintliche Ketzer verbrannt, Forscher ihrer Freiheit beraubt werden müßten. Doch bin ich nicht darauf aus, eine nicht immer ganz aufrichtige Empörung zu erneuern. Denn solange Gott Autorität gibt an Eltern, an einen Staat, an eine Kirche, ohne gleichzeitig völlige Befreiung von Irrtum, Schuldfähigkeit und Anfälligkeit für Fehlleistungen zu gewähren, sind solche Dinge mehr oder weniger unvermeidlich; zum Glück scheint es möglich zu sein, sie zu erkennen und zu ermäßigen. Eliminieren lassen sie sich nicht. Auch die besten Eltern werden dann und wann, oft ohne es zu wissen und zu wollen, zu Kinderquälern. Auch der weiseste Bischof und Papst bleibt befangen in seinem Anteil der kognitiven Konkupiszenz durch religiöse Erziehung und viele andere Faktoren.

Auf die Frage eines Schriftgelehrten nach dem Hauptgebot im Gesetze antwortet Jesus:„Das erste lautet: Höre Israel, der Herr, unser Gott, ist allein Herr. Du sollst den Herrn, Deinen Gott, lieben aus Deinem ganzen Herzen, aus Deiner ganzen Seele, aus Deinem ganzen Gemüte und aus allen Deinen Kräften" (Mk 12, 29). Es ist leicht, die *zwingende Logik und Psychologie dieses Gebotes* einzusehen. Wenn Gott so ist, wie Jesus ihn beschreibt und wie die Vernunft ihn denken muß, nämlich die unendliche Liebenswürdigkeit in Person; wenn der Mensch von Natur und Gnade die Begabung ist, Liebenswürdigkeit, wo immer sie sich findet, zu erfassen und auf sie zu antworten, dann sagt das Gebot nur etwas, was natürlich und selbstverständlich ist.

Die Unbegreiflichkeit Gottes

Der Gedanke findet seine Grenze an der Unbegreiflichkeit
Gottes, der schwersten Zumutung und Demütigung für den
erkenntnisbegierigen Menschen. Das Unmaß von Leid und
Entwürdigung, das der Menschheit auferlegt ist; das hilflose
Siechtum nach einem Schlaganfall; der Sinne und Verstand
beleidigende leibliche und der entwürdigende geistige Zerfall
bei manchen Krankheiten; die Leiden von Gefolterten, Gefangenen und Geisteskranken sind schlechthin unfaßbar.
Niemand kann in die Unbegreiflichkeit Gottes eindringen.
Die Frage des sterbenden Jesus „Mein Gott, warum hast Du
mich verlassen?" ist die Frage aller gequälten Menschen. Niemand findet eine bessere Antwort als die Er gab: „In Deine
Hände lege ich meinen Geist." Allenfalls läßt sich am Unmaß
des Leidens ablesen, wie abgründig das Böse sein muß, das
eine solche Weltverfassung unsäglicher Qualen, ein solches
Tal der Tränen aus der schönen Erde macht. Aber ganz einleuchtend und erleuchtend ist der Gedanke nur für Heilige[19].

Zustimmung zur Unbegreiflichkeit Gottes, Zustimmung
zur Wirklichkeit, das setzte doch voraus, daß der Mensch erkennen kann, wer er ist, wie er ist und wie die Welt ihm bekommt. Zustimmung zur Wirklichkeit setzt voraus, daß die
Gesamtheit des Seins von ihm akzeptiert, für gut gehalten
werden kann. Es ist eine merkwürdige ärztliche Erfahrung,
daß diese „Acceptance", wie Charles Morgan das in seinem
Roman „Die Lebensreise" nennt, von vielen einfachen Leuten gerade in den Grenzsituationen der Krankheit und der
Not auf eine sehr schlichte Weise geleistet wird. Sie sagen
nämlich, „es wird schon zu etwas gut sein". Sie behaupten
nicht, daß sie wissen oder auch nur ahnten, wozu ihr Krank-
sein oder ihr Leid gut sein könnte, sondern sie umfassen in
einer umgreifenden Intuition das Ganze ihres Schicksals und
akzeptieren es in dieser oft unbegreiflichen Hoffnung. Solche
Hoffnung wird in großen Weltteilen heute noch von den Religionen wachgehalten. Das mag morgen nicht mehr so sein.
Solange aber in Sprache und Gedächtnis des Menschen die
Vokabel Gott noch vorkommt, solange stellt eben diese Vo-

kabel ihm eine Frage. Wenn sie vergessen wird, hat der Mensch auch sich selbst vergessen.

Das tiefste und demütigendste Hindernis der Zustimmung zur Wirklichkeit ist jenes Moment ihrer undurchdringlichen Unbegreiflichkeit trotz aller faßbaren Sinnlinien, in dem sich die unendliche Unbegreiflichkeit des verborgenen Gottes für den auf Verständnis bestehenden Menschen spiegelt. Die Unbegreiflichkeit Gottes ist das Ärgernis aller Ärgernisse, ihre Spuren in Welt und Geschichte, das Böse, das Leid, die Torheit, die Schuld, die Unbegreiflichkeit auch des Menschen. Gegen all dieses gibt es nur eine Medizin, die ich mit einer unvergeßlichen Erfahrung andeuten möchte, welche mir als jungem Arzt in der Geburtshilfe zuteil wurde:

1945, kurz nach Kriegsende – die Kliniken arbeiteten unter unbeschreiblichen personellen und sachlichen Unzulänglichkeiten – wurde eine junge, lieb und lebhaft blickende Frau, Mutter von vier Kindern, kurz vor der Geburt des fünften mit einer schweren Blutung eingeliefert. Ihr Zustand war lebensbedrohlich. Sie spürte das und sagte zu ihrem Mann: „Franzl, ich muß wohl sterben, segne die Kinder." Er: „Marile, verstehst Du den Herrgott noch?" Sie: „Nein, ich verstehe Ihn überhaupt nicht" – und nun mit einem strahlenden Lächeln – „aber ich bin ganz und gar mit Ihm einverstanden!" Wenige Minuten später war sie tot. Sie hatte wohl verstanden, daß der schreckliche Abgrund der Unbegreiflichkeit Gottes ein Abgrund des unfaßlichen Lichtes, einer unendlichen, heiligen Liebe ist. Diese schien das Gesicht der Sterbenden zu spiegeln. Ihre Religion war Einverständnis mit dem Geist, aus dem Anfang, Mitte und Ende hervorgehen; der sie und den sie verstand, ohne zu begreifen.

Bewältigung des Bösen für die Vergangenheit kann nur in Reue und Vergebung geschehen. Bewältigung des Bösen für Gegenwart und Zukunft ist geleistet, wenn – und nur wenn – jedermann alle Rechte Aller *gern* respektieren würde. Es ist klar, daß das Christentum insofern einen triumphalen Optimismus vertritt, als es jedem glaubenden und betenden Einzelnen, der guten Willens ist, zusichert, daß die Macht des Bösen in ihm nicht imstande sein wird, ihn gegen seinen Willen zu überwältigen. Es ist ihm garantiert, daß *keine innere oder äußere Macht ihn nötigen kann, wichtige Rechte anderer Personen schwer zu verletzen,* solange er ganz bei sich, das heißt im Besitz von Einsicht und Wahlfreiheit ist. Nicht garantiert ist ihm die Vermeidung des Unrechts, die sich aus Irrtum, psychologischen Einschränkungen der menschlichen Wahlfreiheit und aus jenen Motivations-Defekten ergibt, die die Geringfügigkeit des Gegenstandes mit sich bringen. Banal gesagt: Die großmütigste Ausrichtung nach der Bergpredigt garantiert weder, daß einer von fahrlässiger Tötung im Straßenverkehr zuverlässig bewahrt werde, noch daß es ihm erspart ist, gelegentlich Hervorragendes an Unausstehlichkeit zu leisten und ein ethischer Versager zu sein in den Augen der Umwelt.

Der Beitrag der Psychoanalyse zur Anthropologie

Hier genau liegt der wichtigste Beitrag der Psychoanalyse zur Anthropologie. Sie scheint zu zeigen, daß unsere Freiheit Grenzen hat, die bewirken können, daß ein grundguter Wille ohnmächtig bleibt, weil ihm sozusagen die psychischen Voraussetzungen und Erfolgsorgane fehlen, vor allem im Gefühlsbereich. Die Einsicht, daß wir darum Freunde Gottes bleiben können, auch wo wir trotz aller Mühe ethische Versager sind, kann viele Menschen guten Willens vor dem Verzagen und Verzweifeln bewahren.

Was ist also die Befreiung vom Bösen, die das Evangelium verspricht?

Die angebotene Gottesnähe und Freundschaft bringt die innere Möglichkeit mit sich, alle Haltungen und Handlungen zu lassen, mit denen freiwillig die Verbindung mit Gott gebrochen wird. Sie bringt das Licht und die Kraft, jederzeit das zur Erhaltung der Freundschaft notwendige zu tun. Wir sind instandgesetzt, ohne Bruch für unser ganzes Leben in Glaube, Hoffnung und Liebe zu bleiben. Wir sind nicht radikal von der Selbstsucht und anderen Fehlhaltungen befreit. Die Kraft, ohne schwere Schuld zu leben, verhindert nicht alle jene Fehlhaltungen und Fehlhandlungen, die ohne gründliche radikale Bosheit geschehen. Die Gnade Gottes schützt nicht zuverlässig vor jedem Bösen, wohl aber vor jener Gründlichkeit und Energie im Bösen, die die Theologen Todsünde nennen.

Die angebotene Gottesnähe tilgt alle Schuld der Vergangenheit und ermöglicht auch dem einen radikalen Neuanfang, der sich durch eigene Schuld menschlich ruiniert hat, auch dann, wenn sein Ruiniertsein psychologisch irreparabel ist.

Am klarsten sind die Verhältnisse am *Beispiel der Suchten* darzustellen. Das Nehmen von Drogen ist etwas Böses, wenn es trotz der Einsicht geschieht, daß die eigene Gesundheit und Zukunft schwer gefährdet wird. Gesundheit ist ein unverfügbares hohes Gut. Mein Leib gehört nicht mir zur beliebigen Verwendung und Lusterzeugung. Wenn ich aber mit oder ohne Schuld in eine Sucht oder suchtartige Gewohnheit geraten bin, dann kann es sein, daß ich wiederum fahrlässig meine Befreiungschancen unterschätze; aber es ist auch möglich, daß ich wirklich keine mehr habe. Dann liegt die Befreiung darin, daß ich die Kraft behalte, meinem fortdauernden unfreien Tun die innere Billigung zu entziehen. Ich tue, was ich nicht lassen kann, aber auch nicht will. Mein Tun ist nicht mehr adäquater Ausdruck meines eigentlichen Selbst, das dieses Tun mehr erleidet als vollzieht. Diese innere Situation, die nicht nur bei Alkoholikern und Drogenabhängigen vorkommt, können wir oft nur dadurch bewältigen, daß wir sie aushalten. Mindestens die Suchtform der Selbstsucht ist unser aller Problem bis zum letzten Atemzug.

Die Befreiung vom Bösen ist das, was Augustinus das „posse non peccare" nennt, die Kraft, die schwere Schuld zu vermeiden.

Noch ursprünglicher ist es die Kraft, innere und äußere Werke dienstleistender Liebe mit aufgekrempelten Ärmeln zu tun, unabhängig von Stimmungen, Launen, Hemmungen und Neurosen. Es ist die Wiederherstellung einer geistigen, ungegenständlichen, darum oftmals kaum fühlbaren, aber höchst realen Liebesfähigkeit.

Was bedeutet die Befreiung vom Bösen nicht? Sie bedeutet wohl nicht, in diesem Leben ein für allemal aus aller Eigenliebe, allem Eigenwillen und allem Eigennutz herausspringen zu können. Wir werden nicht das, was der Pietismus „schlechthin Bekehrte" nennt, schon gar nicht für den Augenschein. Wir können uns befreien lassen von den groben und schweren Äußerungen der Selbstsucht. Wir können uns darauf verlassen, daß Gottes Gnade von Stunde zu Stunde ermöglicht, was Er von Stunde zu Stunde verlangt an Glaube, Hoffnung, Liebe.

Die psychologisch-empirische Erscheinungsform der Gnade ist das für den nächsten Schritt ausreichende Helldunkel des Geistes und die Kraft, diesen nächsten Schritt zu tun. Beides mag anfänglich nur in der vagen Hoffnung bestehen, das Leben möchte doch nicht ganz sinnlos sein; in der Sehnsucht, seine Wahrheit und sein Ziel möge sich finden lassen. In der Einsicht, es könne nicht falsch sein, Unrecht zu meiden und jedem das Seine zu geben, eigene Schuld zu mißbilligen und Vergebung zu wünschen. Man sagt zwar, der Weg zur Hölle sei mit guten Vorsätzen gepflastert. Aber der Weg zum Himmel ist mit Wünschen und Sehnsüchten bereitet.

Die Versuchung zum Guten

Es gibt auch in unserer Welt reichliche Versuchungen zur Wahrheit und zum Guten, sogar im miesesten Krimi oder Kino kommt das vor. Überdies ist in der Lektüre, in Gesprächen, im Beispiel anderer Menschen diese Versuchung zum Guten ebenso wenig ganz zu vermeiden wie die Versuchung zum Bösen.

Jeder Mensch kann die abenteuerlichen Versuchungen der Wahrheit und des Guten verstärken, eben auf dieselbe Weise, wie der Playboy etwa durch fleißige Lektüre des gleichnamigen Magazins die Versuchungen der abgeschlafften Sinne fördern kann. Das Licht, das Verständnis der Werte, kann ähnlich ohne zu große Mühe und sogar auf unterhaltsame Weise um ein vielfaches erhellt werden. Der Appetit kommt beim Essen hier wie beim Bösen. Motive zum Guten wollen freilich gesammelt werden wie Briefmarken und andere Kostbarkeiten. Auch dieser Sammeleifer ist ein Vergnügen; es kann zur Sammelleidenschaft werden.

Das alles ist noch simpelste Alltagspsychologie des Umgangs mit sich selbst. Aber auch die Theologie bringt ihre eigene Psychologie ins Spiel und in die Bewältigung des Bösen ein. Das so übernatürlich Klingende, was die Theologen Gnade nennen, ist nur zum Teil eine unsichtbare Glaubenswirklichkeit. Zum anderen Teil ist es handfeste *innere Erfahrung* dessen, das die Theologen die *illuminatio intellectus und die inspiratio voluntatis als die zweieinige, erfahrbare Wirkweise der Gnade* nennen, nämlich Erleuchtung des Geistes und Inspiration, das heißt bewegende Anregung, Erwärmung des Fühlens und Wollens. Das nüchterne Wort voluntas in der alten augustinischen Sprache und in der theologischen Tradition ist nämlich nicht das abgemagerte Gespenst, das die Psychologie der Neuzeit den „Willen" nennt und mit der sogenannten Willenskraft ausstattet; es ist vielmehr die urmächtige Einheit von Einsicht, Fühlen und Streben, die Augustinus an anderen Stellen einfach cor, das Herz, nennt. Voluntas, „Wille", heißt Herz.

Die Erleuchtung, die wir in die Ferne schweifend, im Osten als Satori oder unter anderem Namen schaudernd bewundern, können wir mit ein wenig Aufmerksamkeit jeden Tag in unscheinbarer Form in uns selbst vorfinden, sozusagen mit Augen sehen und mit Händen greifen. Jeder aufmerksame Mensch kann täglich Augenblicke der Erleuchtung des Verstandes und der Inspiration des Fühlens und Wollens vorfinden. Den Moment der Chance zu einem guten Gedanken, einem guten Wort oder zu erheblich mehr, zu großen Dingen. Darunter wird sich gelegentlich auch die innere Anregung, etwas Unbequemes, das man ohnehin tun muß, auch einmal gern zu tun, die Anregung zu einem Verzicht, zu einem Aufbegehren gegen die Diktatur der eigenen Selbstsucht und Selbstherrlichkeit finden. Das Licht und die Kraft zu sagen, jetzt ärgere ich mich und sofort will ich nun versuchen, aus diesem Ärger etwas Gutes zu machen; das Licht und die Kraft, auch etwas Schweres zu tun oder zu leiden. Im Alltag des Arztes oder Lehrers sieht man überdeutlich, wie handfest alle diese Dinge auf seinem Wege liegen. Bewältigung des Bösen geschieht sozusagen wie von selbst in jedem Berufsalltag, wenn einer Stunde um Stunde versucht, seine Sache einigermaßen gut zu machen.

Wenn man bedenkt, daß nicht einmal verlangt wird, in jeder Stunde sein Bestes zu tun, weil das niemand ehrlich kann, müssen wir uns in dieser Hinsicht auch nicht überfordert fühlen. Ein Grundsatz des alten römischen Rechts sagt: Ultra posse nemo tenetur; zu dem, was einer nicht kann, ist er auch nicht verpflichtet. Dieser übrigens selbstverständliche Grundsatz einer menschenfreundlichen Moral gilt auch im Christentum weiter. Wo die notwendigen psychologischen Hilfen der illuminatio intellectus, der erleuchtenden Einsicht, und die inspiratio voluntatis, die Kräftigung des Herzens fehlen, da geht überhaupt nichts, im Guten nicht und in der Bewältigung des Bösen nicht.

Christliche Lebenslehre muß zeigen, daß es ein know how der Bewältigung des Bösen gibt. Sie muß zeigen, daß es nicht möglich und nicht verlangt ist, zu jeder Stunde sich ins reine Gute zu schwingen, sondern daß vielmehr jeder Tag mit seiner Plage auch eine Chance bringt, ohne Überforderung einen oder mehrere Schritte zu tun auf das Gute hin, auf die Freundschaft hin; Schritte von der Mißweisung weg.

Das ist die notwendige, aber auch zureichende Bewältigung des Bösen, zu der uns in unserer Lebensspanne Stunde um Stunde geschenkt wird in großer Geduld. Die Zeit ist der mächtige Strom, in dem alles Böse nach und nach ertrinkt, während alles Gute in ihr getragen und aufgehoben ist.

Weil ein Doktor nicht ohne den Rezeptblock auskommen kann, will ich jetzt noch nach ihm greifen. Martin Luther sagt: Das christliche Leben besteht aus: temptatio, oratio, meditatio. Hier findet sich also die Einsicht, die in manchmal etwas verzerrter Form die heutige Meditationswelle trägt: Ohne irgendeine Weise der schlichtesten Meditation gibt es weder ein christliches noch ein wahrhaft

menschliches Leben. Ich habe einen ganz einfachen Vor-
schlag: Nehmen Sie eine gute und gut gedruckte Überset-
zung des Neuen Testamentes, z. B. die schöne Ausgabe des
Matthäus-Evangeliums von Walter Jens, unter dem Titel
„Am Anfang der Stall, am Ende der Galgen" erschienen.
Nehmen Sie zweitens einen Filzstift mit Leuchtfarben. Lesen
Sie langsam ein oder zwei Seiten und streichen Sie mit dem
Leuchtmarker an, was Ihnen einleuchtet und gefällt. Und
markieren Sie, was Sie falsch finden und was Sie ärgert.

Am Ende des schmalen Bändchens angelangt nach ein paar
Wochen, haben Sie Ihre Seele mit einem Netz von Erleuch-
tungen des Geistes und Inspirationen des Willens überzogen.
Wenn Sie nun den Versuch noch einmal durchführen – es ist
wirklich ein existentielles Experiment, – dann werden Sie finden, daß inzwischen die Zahl der ärgerlichen und unverstandenen Sätze abgenommen hat. Sie haben einen Fortschritt
gemacht in der Freundschaft. Und in der Bewältigung des
Bösen.

Solche Meditation erleuchtet, weil sie in das Verständnis
der Gesinnungen Jesu Christi einführt. Sie bringt den Glanz
der Werte zum Vorschein, die ihm wichtig waren. „Ipsa
actualitas rei est quoddam lumen ipsius" schrieb Thomas von
Aquin. Die Wirklichkeit der Dinge ist schon von sich aus ein
Licht. Das gilt auch von jener „Res", die wir Wert oder Motiv
nennen. Die Wirklichkeit seines Erscheinens spendet ein anziehendes Licht. Dieses Licht des Guten ist als Anziehendes
schon Kraft. Meditation als Wanderung in der Landschaft
des Spirituellen oder Wanderung in der Welt als einer spirituellen Landschaft bringt nur dann Gewinn, wenn sie bei jedem
Schritt auf verstehendes Einvernehmen hinzielt. Ein solches
Hinzielen, wie immer es des Näheren aussieht, ist Gebet.
Ohne ein Spurenelement von Gebet, das möglicherweise gar
nicht ausdrücklich bewußt ist, keine Bewältigung des Bösen.

Ein Beispiel, in dem ein zufälliger Blick auf eine unschein-
bare Alltagserfahrung gleichzeitig in einem unwillkürlichen
Anrühren eines transzendenten Horizonts den Charakter
des Gebetsvertrauens gewinnt, finde ich in einer Vorlesung
des Philosophen Max Horkheimer. Er sagte etwa, ich zitiere

aus dem Gedächtnis: „Wenn ich erklären soll, warum Kant am Gottesglauben festgehalten hat, dann kann ich das nicht besser als durch eine kurze Geschichte, die Victor Hugo erzählt. Er beschreibt eine abgehärmte Frau, die ihren Wäschewagen auf der Straße zieht. Sie hat Kinder aufgezogen, hart gearbeitet, gedarbt und ist einsam geworden; aber sie ist ohne Bitterkeit und hilft, wo sie kann. Da durchfährt den Betrachter der Gedanke: Ça doit avoir un lendemain; das muß ein Morgen haben!" Hier ist Illuminatio, Inspiratio, Meditatio, Oratio in einem Blick.

Bewältigung des Bösen bedarf des Gebetes. Das ist nicht nur die Überzeugung des Christentums, sondern die Übereinstimmung aller Religionen. Eben das Beten ist für den Menschen aber ärgerlich. Es ist öde, jemand anzureden, den man weder sieht noch hört und von dem keine Antwort kommt. Es ist demütigend, Schwäche, Hilfsbedürftigkeit und Abhängigkeit zuzugeben, wenn man doch viele Erfahrungen eigener Tüchtigkeit und eigenen Erfolges vorweisen kann. Es ist ärgerlich, sich immer wieder als Bettler zu gebärden, oft ohne die erbetene Gabe zu erhalten. Es scheint unsinnig, dem Allwissenden vorsagen zu wollen, was man braucht und wünscht; Er weiß es ohnehin. Wozu also die für beide unwürdige Häufung von Erinnerungen, als sei Gott vergeßlich, achtlos oder schläfrig?

Gebet ist nicht nur zuweilen langweilig, es ist schmerzhaft; dieses Anlaufen gegen eine Mauer von abweisendem Schweigen wird quälend. Die Erfahrung unserer Gottesferne trotz aller Allgegenwart machen wir nie so intensiv wie in den oft vergeblichen Versuchen, seiner Anwesenheit innezuwerden. Was wir finden, ist unsere Leere.

Bitten ohne Antwort und Erfolg verschärft unsere Erfahrung äußerster Ohnmacht. Nichts zeigt uns, daß wir den Gott erreichen oder wenigstens den geringen Einfluß auf Ihn haben, den sonst jeder Sprecher auf jeden auch Unwilligen ausübt, der ihn hört.

Vergebliche Mühe, das ist der Eindruck. Letzte Frustration.

Zudem scheint alle Erfahrung zu zeigen, daß Jesus sich mit

seinen Verheißungen der unfehlbaren Wirksamkeit des Gebetes übernommen hat. Ausdauerndes Beten bringt anscheinend eher eine starrsinnige Unerbittlichkeit Gottes zutage.

Dagegen steht die Einsicht, daß jede Beziehung von Personen auch des Wortes und daß alles Innere des Ausdrucks bedarf, um die größte Dichte zu gewinnen. Huldigung, Dank, Rühmung, Liebe; aber auch Bedürftigkeit, Sehnsucht, Bitte, Reue werden im Wort besiegelt oder sie verkümmern. Menschsein ist Intentionalität, Gespanntsein auf den Gesamthorizont einer Realität, in der das Absolute alles Relative unendlich überragt und gerade darum dem ins Endliche gebeugten Blick entgeht. Diese Aufrichtung der Aufmerksamkeit realisiert sich im Gebet. Es ist die Ausweitung des Aufmerksamkeitsstrahles, der das Innerste des Menschen ausmacht, auf seinen letzten Horizont.

Zu unserem Glück gibt es nicht wenige Situationen, in denen Pflicht und Neigung, das Gute und das Angenehme, konfliktlos übereinstimmen. Wenn aber beide in Gegensatz geraten, kann das Unvollständige, Enttäuschende aller begrenzten Güter die Anziehungskraft des Angenehmen ebenso zugunsten des oft unangenehmen Guten aufwiegen, wie die Beschwerlichkeit des Guten dessen Anziehungskraft vermindert.

Die psychologische Chance, dem Guten ein Übergewicht zu schaffen, liegt eben darin, daß das Gute seine eigene überwältigende Reklame wird, sobald es aufmerksam, meditativ, er-wogen wird.

Die unmerkliche Allgegenwart auch des Guten in unserer Welt kann mehr und mehr eingelassen werden.

Wie stärke ich das immer schon vorhandene Gute, die Neigung, mich anderen gegenüber fair, hilfsbereit, freundlich, wohlwollend zu verhalten in mir? Wie vermehre ich meine Anteilnahme, meine Sympathie, mein Wohlwollen gegen meine Mitmenschen, so daß all dieses, das Gute nämlich, die Oberhand behält gegenüber Tendenzen der Feindseligkeit, der Gehässigkeit, der Schadenfreude, der kalten, abweisenden Uninteressiertheit dem anderen und den anderen gegenüber. Wie fördere ich meine naturgegebene Begabung zur

Liebe und wie mindere ich meine ebenso naturgegebene Begabung zur Rücksichtslosigkeit und zum Niedertrampeln von allem, was meinen Begierden und Egoismen im Wege steht?

Schwächung des Bösen, Stärkung des Guten scheinen zwei Seiten derselben Medaille zu sein. Ein Rezept der gesamten Menschheitstradition über die ganze Erde, ganz besonders aber im Mittelmeerraum entwickelt, ist so einfach wie möglich. Es heißt: „Das Gute wird gepflegt und gestärkt indem man es übt." Haltungen entstehen dadurch, daß man die ihnen entsprechenden Handlungen, die inneren und die äußeren, häufig wiederholt. Voraussetzung dafür ist freilich wiederum eine andere Übung, nämlich die Übung, sich die Gutheit des Guten zu Gemüte zu führen, klarzumachen, intuitiv und meditativ anzueignen, sich davon zuinnerst zu überzeugen, daß das Gute wirklich gut ist, darum auch belebend, erfreulich, friedengebend, glückfördernd. Und umgekehrt ist die Einsicht zu finden, daß das Böse wirklich schlimm ist und nicht ‚halb so schlimm' oder belanglos oder unvermeidlich oder tragisch notwendig.

Wir wissen aber, daß eben dies uns nicht immer gelingt. Zuweilen können wir unsere Aufmerksamkeit nicht sammeln, oder die Motivation zum Guten gewinnt trotz aller Sammlung weder Glanz noch Wärme.

Auch der geschickteste Segler kommt ohne Wind nicht voran. Die gemeinmenschliche Erfahrung, daß *die wichtigste Bedingung der Bewältigung des Bösen, die Motivatio victrix,* nicht einfach greifbar wird, obwohl sie oft genug vor Augen und zur Hand ist, wird erklärt und bestätigt durch eine Information, die wir zwar vermuten, aber nicht rational bezwingen können; wir müssen sie einer göttlichen Mitteilung entnehmen: Gott will mit oder ohne Worte um Licht und Kraft, um Illuminatio intellectus und Inspiratio voluntatis, um seinen Geist gebeten werden. Er will kein ungebetener Gast, kein unerwünschter Freund sein. Seine Liebenswürdigkeit wie die Liebenswürdigkeit des von Ihm gewollten und gesegneten Guten ist ebenso selbstverständlich wie verborgen. Sie öffnet sich nur dem zudringlich Anklopfenden „um seines unverschämten Geilens willen", wie Luther saftig übersetzt (Lk 11, 8).

Gottesnähe ist zunächst einmal sozusagen eine Naturtatsache. Der Ewige ist anwesend, uns näher als unser Selbstbewußtsein; Immanenz und Transzendenz zugleich: „In Ihm leben wir, bewegen wir uns und sind wir." Diesen Satz eines griechischen Dichters zitiert Paulus vor den Athenern (Apg 18.28). Aber diese Nähe respektiert die Grenzen der Freiheit. Die naturale Nähe ist noch keine personal angeeignete. Sie ist noch nicht die des Angenommenseins und Aufgenommenseins. Solche Nähe bedarf der Zustimmung und des Einverständnisses. Den wortlosen oder worthaften *Vollzug des Einlassens nennen wir Gebet.*

Im Beten nimmt der Mensch sein Menschsein an sich, um darüber zu verfügen. Er nimmt sein Herz in die Hand. Es ist die dichteste Weise, wie er sich zu sich bekennt, sich annimmt und sich ausliefert, Gott annimmt und sich von Ihm annehmen läßt. Es ist die Art, die Last Gottes zu ertragen, der die unsere erträgt.

Es ist der Beginn jeder Bewältigung des Bösen, weil es die Einigung mit Gott ist, die das Böse überwinden wird. Beten ist die erste Artikulation von Glaube, Hoffnung und Liebe; es ist Vorform des Handelns. Es heißt, sich selber ins Wort fassen und so seiner selbst innewerden.

Überall dort, wo diese Ausrichtung wirksam bleibt, in der Liebe, in der Arbeit, im Spiel, da betet der Mensch. Auf die Frage, ob es denn überhaupt möglich sei, beständig zu beten, wie die Schrift gebietet, antwortet Thomas von Aquin: Beständig betet der, dessen Tun beständig auf Gott hingeordnet ist.

Dem Gebet ist nicht versprochen, daß es eine Krankheit heilt, eine Hungersnot beendet, einen Bankrott verhindert, eine Depression aufhellt, eine Gaskammer hinwegträgt oder irgendein vergleichbares Übel beseitigt. Es ist aber versprochen, daß es sicher zur rechten Zeit das Licht und die Kraft bringt, die wir brauchen, Gottes Gegenwart zu finden in allem Glück und Unglück.

Bewältigung des Bösen beginnt damit, daß wir einen den

Menschen in Bann haltenden *Teufelskreis durchbrechen*. Wir beten nicht, weil wir nicht an die Wirksamkeit dieses so unsinnlichen, geistigen „Instrumentes" glauben, und wir glauben nicht, weil wir nicht geduldig mit langem Atem beten. Nun können wir unser Glauben nicht einfach durch guten Willen vermehren. Wohl aber liegt die Möglichkeit zu beten bei uns, vorausgesetzt, daß wir bescheiden damit anfangen, einen Fuß in den Türspalt zu schieben. Und sei es in der etwas hilflosen Form: O Gott, wenn es Dich gibt, rette meine Seele, wenn ich eine habe. Besser in der biblischen Bitte:

Lehre mich beten, auch wenn ich nicht mag. Denn die Abneigung gegen das Gebet ist oft der Ausdruck jener Antipathie gegen den Gott, der verdächtig ist, mit dem Bösen zu konspirieren. Gegen sie hilft kein anderes Mittel.

Das Böse und die Glückshoffnung

In einem entscheidenden Punkt stimmt die moderne Anthropologie mit den großen Menschheitstraditionen, mit dem Tao überein. Freud formuliert ihn so: „Wir wenden uns darum der anspruchsloseren Frage zu, was die Menschen selbst durch ihr Verhalten als Zweck und Absicht ihres Lebens erkennen lassen, was sie vom Leben fordern, in ihm erreichen wollen. Die Antwort darauf ist kaum zu verfehlen; sie streben nach dem Glück, sie wollen glücklich werden und bleiben."[20]

Freud und viele modernen Humanismen erklären uns nun, dieser Sinn des Lebens sei leider mit keinem Mittel zu erreichen. In Freuds Worten: „Die Absicht, daß der Mensch glücklich sei, ist im Plan der ‚Schöpfung' nicht vorgesehen."[21]

Die Unerfüllbarkeit des tiefsten menschlichen Sehnens macht die eigentliche Absurdität des Daseins aus: Passion inutile, sagt Albert Camus.

Das wäre unbestreitbar, wenn für uns nach diesem Leben nichts mehr zu erhoffen wäre. Der ungeheure Raum eines geistigen Wesens ist mit dem Welt- und Zeitstoff an Glück, der sich unter den günstigsten Umständen in ein paar Jahren zusammenpressen läßt, nicht auszufüllen. Dafür würde es sich nicht lohnen, den Menschen anzuschaffen. Dies wäre eines unendlich reichen und seligen Gottes nicht würdig.

Das Christentum bestätigt dieses Lebensgefühl. Es sagt, endgültiges Glück sei in diesem Leben nicht zu haben und nur im nie endenden Besitz Gottes zu finden. Den aber könne der Mensch sich nicht durch seinen Zugriff aneignen. Das Glücksbedürfnis wäre eine absurde Passion inutile; es sei denn, Gott wolle sich dem Menschen übereignen und so den unendlichen Glückshunger stillen in einer nie endenden Erfüllung.

Nicht alle, aber diese Lust will Ewigkeit. Die Nachricht des Christentums ist eben die, solche Lust und solche Ewigkeit sei zu haben. Gott kann kein Kleinkrämer sein, der nur Pfennige verschenkt. Wenn Er schenkt, schenkt Er göttlich. Das ist Er sich schuldig – nicht uns.

Das Christentum bestärkt und bestätigt das Glücksbedürfnis des Menschen. Glücklich werden und bleiben ist ein „Zweck des Lebens". Daß der Mensch glücklich sei, ist nicht nur im Plan der Schöpfung vorgesehen, es ist der Schöpfungsplan selbst. Das Leben ist ein Laboratorium beatitudinis, sagt Ernst Bloch, ohne zu wissen, wie sehr er recht hat.

Daß dieser Plan für mich gelingt ist nicht völlig sicher. Er kann für meine Person an mir scheitern. Doch gibt es keine Pannen, an denen er zufällig scheitern könnte. Das weltliche Glücken des Lebens kann an vielerlei äußeren Umständen mißlingen; an Erbanlage, Umwelt, fremder Schuld, eigener Fehlleistung, an günstigen oder unglücklichen Zufällen. Das Erreichen des letzten Zieles hingegen ist nur durch einen einzigen Faktor gefährdet; durch meine freie Verweigerung. Das letzte verborgene Nein, für das ich die Verantwortung an keine Versuchung noch Verführung abschieben kann, an kein Schicksal, keine Gesellschaft, keine Vorherbestimmung.

Weil der Mensch glücksbegierig und heilsbegierig gebaut ist, besteht die christliche „Lohnmoral" darin, ihm mitzuteilen, wo und wie Glück und Heil zu finden sind und welche Verhaltensweisen dazu führen. Alle Verwirklichung des Guten und alle Bewältigung des Bösen besteht darin, daß der Mensch auf seinem unendlichen Glückshunger energisch besteht, der das Beste und Tiefste in ihm ist, und daß er das nicht abweist, das allein diesen Hunger stillen kann, das menschlich Gute und das höchste Gut, dessen Morgendämmerung das Gute und alle Herrlichkeit der Erde ist.

„Wir haben ein festes prophetisches Wort und Ihr tut wohl, daß Ihr darauf achtet als auf ein Licht, das scheint in einem dunklen Ort bis der Tag anbricht und der Morgenstern aufgeht in Euren Herzen" (1 Petr 1, 19 f).

Das einfache und einzige Rezept, welches das Christentum zur Bewältigung des Bösen gibt, heißt „Laßt euch nicht vom Bösen überwinden, sondern überwindet ihr das Böse durch das Gute" (Röm 12, 21).

Was ist das Gute? Das Gute ist nicht ein philosophisches Prinzip, kein ethisches Abstraktum. Man kann, genau genommen nicht „das Gute" lieben. Man kann auch nicht das Gute um des Guten willen tun. Das Gute ist vielmehr alles, was „jemand zuliebe" getan oder gelassen wird, anderen zuliebe, sich selbst zuliebe, Gott zuliebe; alles was jemand echt zugutekommt, ihn fördert und vervollkommnet, ohne gleichzeitig anderen Unrecht zuzufügen. Jeder, der gern ein guter Mensch sein will, der will ein gütiger, gerechter, liebender sein, anderen zugetan. Das Gute und das Rechte tun, Gutsein ist immer eine Beziehung, eine Beziehung zu Personen oder personähnlichen Wesen wie Katzen und Teddybären.

Wer immer zum Guten auffordert oder verpflichtet, Konfutse, Buddha, Sokrates oder Jesus, der befiehlt Liebe.

Kann man Liebe befehlen? Offenbar nicht die spontane, gefühlte Liebe der Sympathie und des Eros. Wohl aber die oft nüchterne Bereitschaft, andere anzuerkennen, sie gelten zu lassen, auf sie Rücksicht zu nehmen, schonend, fair, anständig, wohlwollend, hilfsbereit mit ihnen umzugehen.

In vielen Situationen heißt das Gebot der Nächstenliebe nicht, finde Unausstehliche sympathisch, möge den Unsympathen, wohl aber: Sei ein guter Kamerad für ihn; fang einmal damit an, solange mehr nicht geht. Dies ist die notwendige, aber fürs Erste auch zureichende Form der Liebe, vor allem ist sie die Grundbedingung aller darüber hinaus gehenden zärtlichen Liebe. „Was man nicht erfliegen kann, muß man erhinken! Es ist keine Schande zu hinken!"[22]

Eine unerläßliche erste Bedingung der Bewältigung des Bösen und des Erlernens der Liebe ist, es wurde zu Anfang gesagt, die Bereitschaft zur Nothilfe. Das Evangelium weist auf sie mit einer Strenge hin wie auf wenige andere Bedingungen. Der Unhilfsbereite hat vorerst keine Chance.

Eine zweite Bedingung steht nicht so deutlich im christlichen Bewußtsein. Sie ist seltener Gegenstand der Gewissensprüfung. Sie ist aber jene Bedingung des Heils – und der seelischen Gesundung – von der es keine Dispens gibt. Sie ist auch die Klippe, an der die Erhörung vieler vergeblicher Gebete scheitert. Es ist die Bereitschaft, Unrecht zu verzeihen, ohne darum gebeten worden zu sein. „Und wenn ihr stehet und betet, so vergebet, wenn ihr etwas wider jemand habt! Wenn ihr aber nicht vergebet, so wird euer Vater, der im Himmel ist, eure Übertretungen auch nicht vergeben."

Jeder Groll, der im Herzen festgehalten wird, jedes Nachtragen, jedes Festhalten von Abneigung, jede freiwillig gehegte Ungüte und Unliebe schließt die Freundschaft mit Gott und Menschen aus. Wir können hassen, wir möchten hassen – aber *wir müssen nicht hassen.* Das ist unsere Chance zu einem guten, immer möglichen Anfang.

Zweiter Teil

Karl Rahner

Schuld, Vergebung und Umkehr
im christlichen Glauben

VIII. Unsicherheiten und Schwierigkeiten im heutigen Schuldverständnis

Schuld und Vergebung sollen im Mittelpunkt dieses theologisch ausgerichteten zweiten Teils der Überlegungen stehen, die die Bewältigung des Bösen zum Thema haben. Beide Worte bezeichnen so ursprüngliche und die ganze menschliche Existenz betreffende Wirklichkeiten, daß es selbstverständlich ist, daß darüber nur fragmentarisch und in einer unvermeidlich willkürlichen Auswahl gesprochen werden kann. Der Mensch ist ein Geheimnis, mindestens weil sein Wesen die Verwiesenheit in die Unbegreiflichkeit Gottes selber ist. Und darum können auch Schuld und Vergebung gar nicht in eine glatte Klarheit aufgelöst werden. Wenn daher die Hinweise, die hier nur möglich sind, sich gewissermaßen immer wieder entziehen in das Geheimnis hinein, das wir Gott nennen, dann ist dies kein Argument gegen die Wahrheit des Gesagten.

Verlorene Selbstverständlichkeiten

Zunächst einmal muß festgestellt werden, daß, mindestens für den ersten Blick, beim Menschen von heute im Durchschnitt Schuld und Vergebung nicht mehr so selbstverständliche Gegebenheiten sind, wie es mindestens für den abendländischen Menschen fast zweitausend Jahre selbstverständlich *gewesen* war. Dieser abendländische christliche Mensch wußte von der Schrift und der Verkündigung des Christentums her, daß es so etwas wie Schuld, und zwar vor Gott, geben könne, er war auch bereit einzugestehen, daß sich so etwas in seinem eigenen Leben ereignen konnte und vielfältig ereignete: Taten, die seiner eigenen, nicht mehr auf etwas anderes abwälzbaren Freiheit entspringen, die nicht nur gegen diese oder jene Maxime eines vernünftigen Lebens und gegen die berechtigten Ansprüche eines anderen verstoßen, sondern die in einem radikalen Widerspruch zu dem heiligen Willen des absoluten Gottes stehen und von ihm schlechthin verworfen werden, obwohl unbegreiflich bleibt, wie dieser heilige Gott solchen Widerspruch überhaupt zulassen, ja sogar die in der bösen Tat gegebenen Wirklichkeit mittragen und in die Pläne seiner Allwirklichkeit einbeziehen könne.

Die abendländische Theologie hat zwar immer diese Allwirksamkeit Gottes gelehrt und sich spekulativ um Lösungen bemüht, wie diese Allwirksamkeit Gottes, die nie als Alleinwirksamkeit verstanden wurde, versöhnt werden könne mit der auf Gott nicht abwälzbaren Schuld des Menschen und der Verwerfung dieser Schuld durch den Heiligen Gott. Aber im durchschnittlichen Empfinden der Menschen der christlichen Zeiten war das kein Problem, das viel Kopfzerbrechen machte. Man lebte einen Unterschied zwischen Gott und der Schöpfung, bei dem die unabwälzbare Schuld des Menschen höchstens in sublimer Spekulation ein Problem wurde. Man könnte sich fragen, ob es nicht heute, wo die Unterscheidung zwischen Gott und Welt als zwei einfach nebeneinander stehenden Wirklichkeiten nicht mehr ganz so selbstverständlich ist, von daher für den heutigen Menschen schwieriger ist, die Schuld für sich zu behalten und nicht auf Gott abzuwälzen.

Und der frühere Mensch in unserem Raum des Geistes und der Geschichte war gleichzeitig durch die Botschaft des Christentums davon überzeugt, daß dieses Böse, obzwar es eine über den Tataugenblick hinaus bleibende Gültigkeit im Menschen hat, dennoch wirklich getilgt, vergeben werden könne, ausgelöscht, nicht einfach durch das Vergehen der Geschichte, noch einfach durch einen Gesinnungswandel des Menschen, durch seine Reue, sondern durch Gott selbst, in dessen nicht einklagbarer, aber dem reuigen Menschen aus reiner Gnade verheißenen Vergebung.

Dem Menschen aber von heute sind in einem schrecklichen Widerspruch zu seinem eigenen Erleben der Fürchterlichkeiten unserer Gegenwartsgeschichte die Wirklichkeit von eigentlicher Schuld und der Notwendigkeit göttlicher Vergebung unsicher und blaß geworden. Er ist versucht, sich einfach als Produkt einer anonymen Entwicklung zu empfinden, als eine zufällige kleine Kombination in anonymen Vorgängen, eine Kombination, die sich wieder auflöst. Er ist dann versucht, das, was die Alten als Schuld der eigenen Freiheit vor Gott erfuhren, zu deuten als unvermeidliche Reibungserscheinungen einer solchen Entwicklung in Natur und Geschichte, in denen es zwangsläufig Sackgassen, Irrwege, Fehlentwicklungen, Abfall, Dissonanzen gibt, die der frühere Mensch als eine Schuld vor dem heiligen Gott mystifizierte. Der Mensch von heute ist überdies geneigt, in die Abgründe seiner genetischen Veranlagung, seines Unterbewußtseins mit den komplizierten Verwicklungen seiner Triebe hinabzusteigen und, was man als Schuld der Freiheit vor Gott erlebte, von da aus als Produkt dieser Unterwelt zu deuten, das er im Letzten nicht schafft, sondern erleidet. Der Mensch von heute ist versucht, sich und den anderen restlos zu verstehen als Produkt der Gesellschaft, ihrer Strukturen, ihrer Zwänge, ihrer Vorurteile, denen er auch dort noch unterliegt, wo er ihnen widerspricht, aber so immer noch unter den durch diese Gesellschaft vorgegebenen Alternativen steht. Er hat dann den Eindruck, daß die sogenannte Schuld, das sogenannte Böse, das er tut, gewiß vielfältig auf ihn, den Täter durch die Reaktion der Natur oder der Gesellschaft zurückschlägt, aber nicht eigentlich von ihm selbst als seine ureigene Tat vor Gott verantwortet werden müsse. Von daher ist es dann nicht mehr verwunderlich, daß dieser Mensch von heute, wenn er das Böse – wenn vielleicht auch in einem unreflektierten Widerspruch zur eigenen Theorie – auf einen Verantwortlichen zurückführen will, eher Gott als sich selbst für das Böse und das daraus entspringende Leid verantwortlich macht, daß ihm die Weltgeschichte nicht als das Weltgericht über den Menschen und seine Freiheit erscheint, sondern als eine Gerichtsverhandlung gegen Gott, der heilig zu sein erklärt und das Böse in der Welt, zulassend oder bewirkend, duldet.

Vielleicht kann man noch eine weitere Beobachtung bezüglich der Interpretation der Schuld durch den heutigen Menschen machen. Es gibt da eine merkwürdige Schizophrenie: fast jeder ist heute geneigt, lautstark und aggressiv das Böse, das andere tun, zu beklagen und zu verdammen; Menschen aber, die ihre eigene Schuld eingestehen, auch anderen gegenüber, oder gar öffentlich Buße tun, trifft man wohl selten. Sich selbst gegenüber bringt der Mensch von heute alle Theorien und Mechanismen in Gang, um seine Schuld wegzuerklären, und versagt dasselbe den anderen, weil sie ihm Böses getan haben, das keine Entschuldigung verdient.

Ein vertieftes Verständnis
von Freiheit und eigentlicher Schuld

Nun sind all diese Erfahrungen des heutigen Menschen, die zur Anfechtung seiner früheren Überzeugungen über Schuld und Vergebung geworden sind, nicht einfach Irrtümer und auch nicht einfach *bloß* noch einmal die Erzeugnisse einer bösen Freiheit, die sich durch diese modernen Theorien gegen die Anklage des echten Gewissens zu verteidigen sucht. Die Entdeckungen der modernen Anthropologie in den Vererbungswissenschaften, in der Tiefenpsychologie, in den Gesellschaftswissenschaften haben weitgehend ihr Recht, können aber im Letzten das Phänomen der eigentlichen Schuld und der damit gegebenen Notwendigkeit göttlicher Vergebung nicht beseitigen, zwingen aber zu einem tieferen Verständnis von Schuld und Vergebung. Davon soll nun zunächst noch ein wenig ausführlicher gesprochen werden.

Zunächst einmal macht uns die moderne Anthropologie und das auf ihr gründende moderne Selbstverständnis des

Menschen es nicht mehr so leicht mit dem Verständnis von eigentlicher Schuld. Zwar kann auch die heutige Übung des Strafrechtes und zwar mit Recht nicht darauf verzichten, zwischen Taten zu unterscheiden, die, als verantwortlich gesetzt, im eigentlichen Sinn bestraft werden, und solchen, die wegen augenblicklicher oder dauernder „Unzurechnungsfähigkeit" des Täters höchstens andere, etwa psychiatrische, Reaktionen der Gesellschaft erlauben. Und unter dieser auch heute nicht vermeidbaren Unterscheidung ist gewiß eine Ahnung von der Möglichkeit eigentlicher personaler Schuld verborgen, selbst wenn man sich weigern wollte oder sogar müßte, bei dieser Unterscheidung eine unmittelbare und klare Unterscheidung zwischen eigentlicher Schuld und unschuldiger Fehlhandlung anzunehmen. Jedenfalls aber hat das moderne Empfinden, die Frage nach der Schuld sei ein dunkles Problem, gewiß weitgehend recht. Wo Freiheit als unabwälzbare Verantwortung vor Gott, als Ursache von eigentlicher Schuld vor Gott gegeben ist, wo ihre Grenzen sind, deren Möglichkeit und Gegebenheit grundsätzlich auch die alte Anthropologie nicht leugnete, das ist eine Frage, die nicht leicht beantwortet werden kann, wenn sie nicht ein abstraktes Problem im Allgemeinen, sondern konkrete Taten des Menschen anzielt.

Freiheit und Determination sind unentwirrbar

Es gibt wirklich auch eine Vererbung, die aus dem biologischen Bereich heraus das geistig personale Leben des Menschen mitbestimmt. Es gibt psychologische Fehlentwicklungen, die den ganzen Menschen mitprägen und *vor* seinen wirklich verantwortlichen freien Steuerungen seiner Lebensgeschichte liegen. Es gibt gesellschaftlich bedingte Überzeugungen, die der einzelne in seinen eigenen Handlungen als selbstverständlich voraussetzt, ohne auch nur zu ahnen, wie bedingt und auch moralisch fragwürdig sie eigentlich sind. Es gibt Meinungen und Handlungsnormen, die, gesellschaftlich, wirtschaftlich, kulturell bedingt, allgemein als selbstverständlich rezipiert sind, nach denen der einzelne unschuldig handelt, obwohl sie objektiv falsch sind. Weithin ist der Mensch das schuldlose Produkt seiner Gesellschaft, seiner Geschichtsperiode, seiner individuellen Entwicklung. Selbst wenn er als frei Handelnder vorausgesetzt wird, ist die Breite seiner Handlungsfreiheit sehr begrenzt. Dazu kommt folgendes: Selbst wenn wir mit wahrer Überzeugung voraussetzen, daß mindestens dem normal entwickelten Menschen ein echter Freiheitsraum und unabwälzbare personale Verantwortung zukommt, er wirklich ein Subjekt von freier Personalität ist, und selbst wenn wir ebenso mit Recht voraussetzen, daß diese Würde der freien Person vom Menschen als grundsätzlich gegeben erkannt werden kann, so ist damit noch lange nicht gegeben, daß diese Freiheit als konkret vollzogene an ganz bestimmten Einzelaugenblicken unserer Handlungsgeschichte mit eindeutiger Sicherheit lokalisiert werden könne. Wir werden zwar verpflichtet sein, größere und gewichtigere, wohl überlegte Einzelereignisse als von uns in Freiheit getan mit einer moralischen Gewißheit, die erkenntnistheoretisch eine große Wahrscheinlichkeit ist, zu beurteilen und für unser weiteres Handeln aus solcher Beurteilung Konsequenzen zu ziehen, aber eine absolute und reflexe Gewißheit schlechthin, *wo* in unserer Lebensgeschichte die eigentlichen Entscheidungen unserer Freiheit und Verantwortung gefallen sind, haben wir nicht. Wir können uns im Letzten nicht, wie Paulus sagt, richten. Die Freiheit wird getan und entzieht sich gleichzeitig unserer Beurteilung von absoluter Eindeutigkeit. Wir können zwar sagen, daß wir bei einer Einzeltat keine *solche* Motivation durch unsere begleitende Reflexion entdecken können, die uns *zwingen* würde, und wir haben dann Recht und Pflicht, diese unsere Tat mit moralischer Sicherheit als frei zu qualifizieren, aber wir wissen dabei eben doch nicht mit absoluter Sicherheit, daß wir bei dieser einzelnen Tat nicht durch uns unbekannte Ursachen mitbestimmt sind, die diese Tat als freie aufheben, aber durch unsere begleitende oder nachträgliche Reflexion nicht entdeckt werden können. Wir müssen in den wachen Augenblicken unseres Lebens uns immer als Subjekte der Freiheit wollen, uns als verantwortlich voraussetzen, aber wenn diese Augenblicke getan sind, haben wir doch keine schlechthinnige Gewißheit darüber, daß sie aus unserer freien Subjekthaftigkeit und nicht nur aus jenen Dimensionen unseres Wesens entsprungen sind, die uns als unser von anderswoher verfügtes Schicksal auferlegt sind. Wenn wir reife erwachsene Menschen sind, dann können wir auf ein Stück unserer Geschichte zurückblicken, können gewiß da und dort in dieser Geschichte irgendwie Höhepunkte und Verdichtungen mit einer gewissen Vorsicht anzugeben versuchen, die wir ehrlicherweise nicht aus unserer Verantwortung ausscheiden können, wir sind gewiß auch davon überzeugt, daß diese Geschichte trotz aller Vorgegebenheiten, Bedingtheiten tausendfältiger Art, trotz aller schuldlosen, wenn auch lastenden Irrtümer voll Schmerz und Not auch eine Geschichte unserer Freiheit war, die wir getan und nicht nur erlitten haben, die wir sind und bleiben. Aber eben diese Geschichte aus Notwendigkeit und Freiheit zusammen läßt sich letztlich nicht entwirren, wenn wir nicht naiv sind, wenn wir weder in die Verantwortungslosigkeit unserer Vorgegebenheiten flüchten wollen, noch uns einbilden, wir seien die schlechthin autonomen Subjekte, deren Geschichte die reine Objektivation ihrer Freiheit sei. Diese Geschichte läßt sich nicht in ihre chemisch reinen Bestandteile von Freiheit und Notwendigkeit auflösen. Darum aber ist auch die wirkliche Schuld vor Gott, die sich in unserer Freiheitgeschichte wirklich ereignen kann, die wir auch im Einzelereignis unseres Lebens nicht wegdiskutieren sollen, wenn sie darin mit der moralischen Sicherheit gegeben ist, von der wir gesprochen haben, im allerletzten eben doch eine Wirklichkeit, die unserem reflektierenden Bewußtsein, das eine absolute Sicherheit zu haben wünscht, entzogen ist. Da nun der Mensch von heute deutlicher und reflexer alle die Bedingtheiten seiner Freiheit erkennt und da er darum die letzte Unfestlegbarkeit von Schuld deutlicher erfährt als früher, tut er sich wohl schwerer als der Mensch vergangener Zeiten, sich konkret als schuldig zu erkennen und anzuerkennen, auch dort, wo er es wirklich ist. Er muß auch heute davon überzeugt sein, daß Freiheit, Schuld vor Gott keine Mythologeme früherer Zeiten sind, die er aufklärerisch wegzaubern dürfte, und er tut sich mit Recht heute schwerer als früher, die freie Schuld in seiner Lebensgeschichte an ganz bestimmten Einzelmomenten seines Lebens zu lokalisieren. Denn (nochmals) wenn er dies versucht, ist immer die Möglichkeit gegeben, diese Tat entweder auf ihn freisprechende Vorgegebenheiten zurückzuführen oder auf freie Entscheidungen, die früher gefallen sein können und die jetzige Tat unvermeidlich nach sich ziehen.

Mit dem eben Gesagten soll nicht der Eindruck erweckt werden, es sei eine Metaphysik und Apologetik der Existenz einer wahren Freiheit des Menschen dargelegt. Hier bei unseren Überlegungen wird die Existenz einer solchen Freiheit vorausgesetzt. Nur sei nebenbei die Ansicht erwähnt, daß die Existenz der Freiheit nicht eigentlich und durchschlagend durch eine einfache Reflexion auf einen Einzelvorgang in unserem Bewußtsein festgestellt werden könne, weil eine solche Reflexion höchstens feststellen könne, eine zwingende Motivation sei nicht zu entdecken, nicht aber, sie sei nicht vorhanden. Eine positive Philosophie der Freiheit als einer Wirklichkeit einer transzendentalen Erfahrung muß anderswo geboten werden (vgl. meinen Grundkurs des Glaubens, Seite 46 ff.).

Ein besonderes Problem einer solchen Freiheitslehre wäre dann auch ausdrücklicher als sonst es üblich ist, zu behandeln, nämlich die Frage, warum wir nicht bloß so etwas wie Freiheit in unserem Bewußtsein (empirischer oder transzendentaler Art) entdecken können, sondern diese Freiheit auch gegenüber dem allumfassenden, allem Sein gebenden Urgeheimnis gegenüber gilt, das wir Gott nennen. Auch darauf sei noch wenigstens aufmerksam gemacht, daß das vorhin verwendete Bild vom Freiheitsraum, der begrenzt ist, ein Bild ist, das auch mißverstanden werden kann. Denn es ist ja bei einer Freiheit, die als Überantwortetheit des Subjekts an sich selbst verstanden wird, sehr fraglich, ob man die Gegenstände des Willens so einfach auf freie und unfreie aufteilen kann, oder ob diese beiden Prädikate, wenn auch in immer

wieder verschiedener Weise, jedem solchen Gegenstand zukommen, wenn doch im eigentlichen Grundakt der Freiheit
der Mensch immer über sich als Ganzen verfügt und so auch
das Notwendige in der verschiedensten Weise frei annehmen
oder verwerfen kann.

IX. Wandlungen in der christlichen Lebenspraxis und im christlichen Bewußtsein

Die Verantwortung des einen und ganzen Lebens

Wenn dem so ist, wie wir es anzudeuten versuchten, dann ist wohl für das christliche Bewußtsein und die christliche Lebenspraxis gegenüber früheren Zeiten eine nicht unerhebliche, aber legitime Wandlung gegeben, mindestens in dem (vielleicht auch nur in dem), was ausdrücklich und vordergründig im Bewußtsein des Christen stand oder steht. Früher empfand der Christ seine personale Geschichte doch mehr oder weniger als die Summe hintereinander gereihter Einzeltaten, die jede für sich gewissermaßen aus einem an sich neutralen, gleichmäßig zum Guten und zum Bösen geeigneten Freiheitspotential entspringen, die jede wie selbstverständlich als frei getan erfahren werden und jede für sich aufgezählt und verantwortet werden müssen. Von da aus war, um es gleich hier zu bemerken, die frühere Beichtpraxis als selbstverständlich empfunden: man war gewissermaßen die Summe seiner Einzeltaten; wenn man sich als Sünder bekennen wollte, brauchte man nur die Einzelereignisse aufzählen, die man als einzelne als schuldhaft qualifizierte; man fand es aber doch mehr oder weniger selbstverständlich, daß Gott einen schlechthin für schuldig und verwerflich betrachtete wegen einer bestimmten Einzeltat, obwohl diese nur eine Einzelsetzung der Freiheit war neben vielen moralisch guten anderen, weil sie eben nicht aus der Summe der Einzelhandlungen ausscheidbar war, aus denen der Mensch sich gewissermaßen additiv zusammensetzt. Von diesem Selbstverständnis aus war es dann auch wieder selbstverständlich, daß der letzte bewußte Augenblick unseres Lebens als von entscheidender Bedeutung für das ganze ewige Schicksal des

Menschen empfunden wurde; ist dieser gut, war alles gut; ist dieser böse, ist alles verloren, weil eben dieser letzte bewußte Augenblick als solcher einzelne nochmals über das ganze frühere Leben entscheiden kann. So hatte für das reflexe Bewußtsein das Leben als ganzes nicht eigentlich eine Gestalt (soweit das Leben von Gott her beurteilt wird), sondern jeder Augenblick des Lebens reichte einfach nur seine Bedeutung dem nächsten Augenblick weiter bis zum letzten, in dem die eigentliche Entscheidung der endgültig machenden Freiheit geschah. Es soll nun nicht bestritten werden, daß in diesen überlieferten Vorstellungsmodellen Wahrheit verpflichtender Art gegeben ist, die nicht so leicht auch in denen bewahrt werden können, die dem Menschen von heute zunächst näher liegen. Aber zunächst einmal dürfen solche heutigen Vorstellungsmodelle sich unbefangen melden und akzeptiert werden und sie signalisieren den Bewußtseinswandel auch beim Christen von heute, den wir deutlich machen wollen. Der Mensch von heute wird gewiß, wenn er sich nicht selbst verkennen will, sich als Subjekt der Freiheit verstehen. Aber er hat das Empfinden, daß diese Freiheit sich letztlich in wenigen Grundentscheidungen und Grundeinstellungen vollziehen wird, von denen aus die Einzelheiten seines Lebens ihre gemeinsame, eigene Gestalt empfangen. *Wo* (was natürlich notwendig ist) diese letzten Grundentscheidungen sich konkret in seinem Leben ereignen, das mag vielleicht oft für die Reflexion des Menschen dunkel bleiben, ohne daß darum bezweifelt werden muß, daß solche Grundentscheidungen sich wirklich ereignet haben, auch wenn sie in der eigenen Lebensgeschichte durch die Reflexion nicht genau zeitlich und in ihrer Konkretheit festgelegt werden können, sondern sich oft fast anonym, aber wirklich ereigneten und von solchen nicht festlegbaren Einzelereignissen der Freiheit sich auf das ganze Leben und seine Gestalt ausbreiteten, das Gesetz waren, nach dem wir lebten und das dennoch die Setzung unserer eigenen Freiheit ist. So wird der Mensch von heute, wenn er seine Verantwortung und Freiheit nicht leugnet, diese seine Freiheit nicht so sehr als in sich neutrales und in vielen Einzelmomenten seines Lebens aktualisiertes Vermögen erleben, sondern als die eine unabwälzbare Verantwortung seines einen und ganzen Lebens, das er von sich nicht distanzieren kann, die eine und ganze Einheit des Lebens, der Existenz, die er selber ist. Er erfährt die getane Freiheit, nicht eigentlich und unmittelbar die neutrale Möglichkeit des freien Tuns. Er kann und muß dann gewiß nachträglich, soweit dies – immer nur asymptotisch – möglich ist, diese eine Ganzheit seiner freien Existenz reflektiert artikulieren durch den Rückblick auf seine einzelnen Taten in seinem Leben, aber es kann und muß ihm dabei gar nicht gelingen, sich als ein in sich neutrales Subjekt der Freiheit eindeutig zu unterscheiden von einer bestimmten Tat innerhalb seines Lebens, die als solche eine frei getane ist. Er hat den Eindruck, daß, wo er sich als solches auch nach der Tat in sich neutral bleibendes Subjekt von seiner freien Tat als einem zeitlich gewesenen Ereignis, wenn vielleicht auch mit Bedauern, einfach absetzen würde, er töricht die Radikalität seiner Freiheit, die er selber ist und die er nicht nur hat, verharmlosen würde oder daß er eben doch nur ein Vorkommnis erfahren hat, das gar nicht frei war und das er eben darum von sich abwälzen kann. Das moderne Freiheitsbewußtsein ist, wo es nicht verleugnet oder mit den Vorstellungsmodellen früherer Zeiten unreflex verharmlost wird, ursprünglich orientiert an der einen ganzen Einheit der Existenz, die als ganze frei übernommen und frei interpretiert wird, auch wenn, wie gesagt, diese freie eine Grundbestimmung der ganzen Existenz ganz gewiß durch einzelne „kategoriale" Taten innerhalb des Lebens hindurch geschieht. Man könnte auch sagen: die Freiheit ist als vollzogene das Ereignis der Transzendentalität des einen und ganzen Subjekts, das zu sich selber durch seine kategorialen Einzeltaten vermittelt wird, aber in diesen nicht aufgeht. Freiheit wird darum nicht ursprünglich und adäquat an der kategorialen Einzeltat als solcher erfahren, die als solche für sich immer auch anders, ohne Freiheit, interpretiert werden könnte, sondern an der immer schon wachen, in der Einzeltat nie aufgehenden Subjektivität des handelnden Menschen. Natürlich ist diese neu sich anmeldende Freiheitserfahrung, die die vordergründi-

gen alten Vorstellungsmodelle der Freiheit sprengt, früher
nicht einfach abwesend gewesen. Wie sollte man sonst verstehen, daß man auch früher sich *selber* als schuldig erfuhr,
obwohl doch die frühere Tat nur noch gewesen ist? Wie
hätte man sonst früher sich selbst als böse und sündig und
nicht nur seine Einzeltaten als böse empfinden können? Wie
hätte man sonst vom bösen Herzen sprechen können, aus
dem die bösen Taten entspringen? Wie hätte man sonst denken können, man sei vor Gott noch längst nicht sicher gerechtfertigt, wenn man eigentlich nicht wisse, aus welchen
konkreten Einzeltaten des eigenen Lebens im Ernst einem
ein Schuldspruch entgegentreten könne? Wie hätte sonst in
früheren Zeiten so leicht ein oft übertriebenes Verständnis
für das haben können, was mit „Erbsünde" oder mit dem
„bösen Trieb" meinte? Wie hätte man sonst beten können,
daß Gott uns die *verborgenen* Sünden wegnehmen und vergeben solle, wenn das frühere vordergründige Bewußtsein von
der Schuld nur an ein mit reflexem Bewußtsein getanes Böses
denken konnte? Diese Selbstverständlichkeiten ändern aber
doch nichts daran, daß das heutige ausdrückliche Bewußtsein der Freiheit und der Schuld, wenn diese nicht überhaupt geleugnet werden, sie in einer hintergründigeren Dimension unserer Existenz gegeben erlebt, dort, wo sie sich
als eine über das ganze Leben sich ausbreitende Grundent-
scheidung vollzieht und dadurch für die nachträgliche Reflexion nie mit einer absoluten Sicherheit greifbar bleibt. Der
Mensch von heute erlebt das paulinische Wort, daß man sich
nicht selber richten könne und erst recht nicht den anderen,
in ganz neuer Schärfe und Selbstverständlichkeit. Schuld ist,
aber sie ist, wo sie nicht banal im bürgerlichen Sinne mißverstanden wird, wo sie wirklich ursprüngliche Tat oder Freiheit
ist, wo sie ein (wenn auch oft unreflex anonymes) Nein zu
Gott selbst ist, ein Geheimnis.

Konfrontation mit der Grundsündigkeit – ein neuer Zugang zum Beichtverständnis

Es sei an diesem Punkt gestattet mit allen Vorbehalten und Unsicherheiten, die selbstverständlich sind, eine pastoral-theologische Anmerkung anzufügen. Es ist nicht zu leugnen, daß die Beichthäufigkeit, die Häufigkeit der sakramentalen Einzelbeichte in unseren Gegenden in einem vor wenigen Jahrzehnten noch gar nicht denkbaren Ausmaß zurückgegangen ist. Wenn man bedenkt, daß die Kirche eine strikte Verpflichtung zur Einzelbeichte nur dort aufstellen kann, wo subjektiv und nicht nur objektiv sicher (mit moralischer Sicherheit des Alltags) schwere, das letzte positive Verhältnis des Menschen zu Gott aufhebende Sünden vorliegen, wenn man dabei ferner bedenkt, daß das Urteil über eine solche Sündigkeit dem einzelnen Christen gar nicht abgenommen werden kann durch eine andere Instanz, dann ist leicht einzusehen, daß die Amtskirche gar nicht in der Lage ist, auch nicht bei grundsätzlicher Willigkeit der Christen, durch allgemeine Normen die alte Beichtfrequenz wieder zu erzwingen. Der menschliche und christliche Segen einer doch wenigstens relativ häufigeren sakramentalen Beichte kann darum, so vermute ich, nur wieder gewonnen werden, wenn es gelingt, die heutige Schulderfahrung, die wir anzudeuten versuchten, mit dem Bußsakrament in Verbindung zu bringen. Grob gesagt: früher fühlte man sich bestimmter, ohne weiteres angebbarer Einzeltaten schuldig und klagte sich dieser an; heute ist es dem Menschen, wo es sich nicht gerade um enorme Verbrechen handelt, sehr leicht (und sehr oft beim ersten Blick gar nicht mit Unrecht), die Einzelvorkommnisse seines Lebens zu bagatellisieren mit dem Eindruck, es sei am besten, sie als die unvermeidlichen Schwächen eines durchschnittlichen Alltagsmenschen auf sich beruhen zu lassen, ohne nachträglich noch ein großes Aufsehen damit zu machen und einen komplizierten Apparat der Kirche damit zu beschäftigen. Ein neues Verständnis der alten Praxis könnte aber vielleicht dadurch gewonnen werden, daß im heutigen Menschen ein Verständnis dafür geweckt wird, daß er die undurchsichtige Fragwürdigkeit seiner Existenz mit all ihren unreflektierten, aber darum noch lange nicht von seiner Verantwortung freien Tendenzen eines verhohlenen Egoismus gegenüber dem Nächsten, einer geheimen Gereiztheit gegen Gott, die sein ganzes Leben durchziehen und unausdrücklich bestimmen können, nicht einfach auf sich beruhen lassen könne, daß er vielmehr von Zeit zu Zeit sich selber mit all dem konfrontieren müsse. Bei einer solchen Selbstkonfrontation kommt es dann nicht so sehr darauf an, jedesmal im Rückblick auf die jüngste Vergangenheit besonders gravierende Ereignisse festzustellen, obwohl es möglich ist, daß sich solche zeigen. Man wird sich selber und somit auch im sakramentalen Bekenntnis diese oder jene nicht einfach schlechthin unbedeutenden Geschehnisse eingestehen, ohne die ein sakramentales Bekenntnis nun einmal nicht möglich ist. Worauf es aber ankommt bei all dem, ist die Tatsache oder Möglichkeit, sich selber und der Kirche über solche Einzelheiten hinaus und zurück als Sünder zu bekennen. Als Sünder in jener verborgenen Schicht seiner Existenz mit ihren unreflektierten, aber durchaus dennoch freien, das Ganze der Existenz mitbestimmenden Grundeinstellungen und Grundentscheidungen egoistischer und gottfremder Art, die noch längst nicht überwunden und getilgt sind, wenn man sich von diesem oder jenem Einzelvorkommnis seines Lebens distanziert und dabei von diesen geheimen Grundeinstellungen her doch nicht recht weiß, wie sie in Zukunft vermieden werden könnten. Der ehrliche Mensch von heute mit einer ihm möglichen selbstkritischen Einstellung kann, so meine ich, etwas erfahren von dieser Grundsündigkeit, die sich zwar auch in den Alltäglichkeiten seines Lebens objektiviert und meldet, aber doch nicht einfach mit der Summe der armseligen Banalitäten seines Alltags identisch ist. Dieser anonymen Grundsündigkeit, von der man natürlich nicht genau weiß, wie weit sie noch wirkliche Freiheit ist oder zu dem gehört, was die christliche Tradition Begierlichkeit nennt, die, obzwar nicht selbst Sünde, doch zu ihr Anlaß geben kann und selber nicht bloß zur menschlichen Natur einfachhin gehört, sondern selber durch frühere schuldhafte Taten

215

angereichert sein kann, dieser anonym diffusen Sündigkeit konfrontiert der Mensch sich selber, bringt sie vor das Gericht Gottes und auch der Kirche im Sakrament und läßt sich im Vergebungswort des Bußsakramentes immer wieder sagen, daß diese Sündigkeit, von der er sich immer aufs Neue zu distanzieren und zu befreien sucht, ohne zu wissen, wie weit ihm dies tatsächlich gelingt, bei solcher Einstellung auf jeden Fall umfangen ist von der heiligen, vergebenden und heiligenden Liebe Gottes, der unser Herz kennt und größer ist als es. Ich meine, daß unter solchen Aspekten auch der Christ von heute einen neuen Zugang zu der alten Beichtpraxis (deren nüchtern vernünftiges Maß vorausgesetzt) finden kann, auch wenn er seine Existenz eher unter den heutigen als unter den früheren Vorstellungsmodellen versteht, die wir anzudeuten versuchten.

X. Vergebung der Schuld

Wirklich radikale Schuld ist menschlich unaufhebbar

Wir müssen nun endlich ausdrücklich vom zweiten Thema unserer theologischen Überlegungen sprechen, von der Vergebung der Schuld. So wenig man mit absoluter Sicherheit sagen kann, wo sich Schuld im christlichen Sinne ereignet, es kann nach christlicher Überzeugung, so unbegreiflich dies scheinen mag, ein freies Nein des Menschen zu Gott geben, das sich zwar an einem falschen Verhältnis des Menschen zu sich, dem Mitmenschen und zu den Dingen der Welt vollzieht, aber wirklich ein Nein zu Gott ist, das in seiner letzten Absicht, wenn auch nicht notwendig reflektiert und thematisiert, auf seine eigene Endgültigkeit und Unwiderruflichkeit hinstrebt und dieses Ziel auch erreicht, wenn im Tode die Freiheitsgeschichte des Menschen sich vollendet und dadurch die Endgültigkeit des freien Neins zu Gott als Gericht und endgültige Verlorenheit in Erscheinung tritt. Soll nun das Wesen einer wirklichen und notwendigen Vergebung solcher Schuld durch Gott und nur durch ihn deutlich werden, dann ist zunächst die Unaufhebbarkeit der menschlichen Schuld durch den Menschen allein zu bedenken. Die wirkliche radikale Schuld, das, was man traditionell die „schwere Sünde" nennt im Unterschied zur läßlichen Sünde, die zwar Verstöße gegen Gottes Gebote, aber kein radikales Nein zu ihm selbst bedeuten, darf bezüglich ihrer Aufhebung nicht verstanden werden vom Modell eines Verstoßes her, den ein Mensch in der bürgerlichen Gesellschaft gegen einen andern begeht und dafür auch noch haftbar bleibt, wenn er diesen Verstoß bedauert und gerne hätte, er sei nie geschehen. Bei diesem unzureichenden Modell ist es gleichgültig, ob der gedachte Verstoß dem anderen einen materiellen Schaden oder eine Verletzung seiner persönlichen Würde zufügt; in beiden Fällen ist dieses Modell für das Verständnis der Unaufhebbarkeit einer Schuld vor Gott durch den Menschen allein unzulänglich. Die Unaufhebbarkeit der Schuld durch den Menschen allein bedeutet gerade, daß eine freie Distanzierung der früheren Entscheidung gegenüber, so wie diese Distanzierung als Tat des Menschen als solchen allein gedacht wird, noch keine Aufhebung der Schuld, noch keine wirkliche Umkehr zu Gott bedeutet. Mit dieser Feststellung ist nicht geleugnet, daß, wenn und wo eine solche Umkehr schon von Gottes gnadenhafter Zuwendung, von seiner Vergebungsbereitschaft getragen ist, eine solche Umkehr auch schon selbst die Aufhebung der Schuld und deren Vergebung ist, und deren Vergebung nicht eigentlich eine nachträgliche Reaktion Gottes auf diese „Reue" bedeutet, vielmehr diese selber schon trägt und zur Erscheinung bringt.

Die Hoffnungslosigkeit der Schuld annehmen

Die Hoffnungslosigkeit der Schuld von ihr selbst her ist eine dunkle und nur schwer deutbare Eigentümlichkeit der wirklichen Schuld. Gerade die angenommene Erfahrung dieser Hoffnungslosigkeit, die verdrängen zu wollen, selbst noch einmal zum Geheimnis der Schuld gehört, ist schon eine Art Anfang der Umkehr. Die hoffnungslose Unaufhebbarkeit der Schuld durch den Menschen allein ist zunächst einmal begründet in der dialogischen Eigentümlichkeit der Existenz des Menschen auf Gott hin. Wenn nämlich dieses Verhältnis freie Geschichte ist, und zwar von beiden Seiten, also auch von Gott her, dann ist ein solches positives Verhältnis nicht dadurch allein schon wiederhergestellt, daß der schuldige Mensch sein Nein zu Gott zu widerrufen versucht. Die heilbedeutende Liebe zwischen Gott und Mensch ist durch die freie Tat Gottes so sehr konstituiert, daß der Mensch sogar seine eigene Liebe zu Gott trotz deren Freiheit nochmals als Geschenk der freien Liebe Gottes zu ihm verstehen muß. Die personale Selbsterschließung und Selbstmitteilung Gottes in seiner Liebe zum Menschen ist an sich und als Ermöglichung unserer Liebe zu ihm Freiheit Gottes und bleibt immer Freiheit, gleichgültig, ob man solche dem umkehrenden Sünder geschenkte Liebe als ein uneinklagbares Bleiben solcher Liebe oder als neue Zuwendung Gottes verstehen will. Diese Freiheit der Liebe Gottes macht aber wohl noch nicht den ganzen Grund für die Unaufhebbarkeit der Schuld vom Menschen allein her aus. Oder es müssen wenigstens weitere, implizit in dieser Freiheit göttlicher Liebe enthaltene Momente noch deutlicher gemacht werden, um diese Hoffnungslosigkeit der Schuld von ihr selbst her einigermaßen zu begreifen. Das Wesen der menschlichen Freiheit darf nicht verstanden werden als das Vermögen immer offen bleibender Wahl, die immer aufs Neue revidiert werden kann und so eigentlich ins Leere schweift. Freiheit ist trotz ihrer zeitlichen Geschichtlichkeit von sich aus der Wille zum Endgültigen. Nur so ist ja zu verstehen, warum eine kurze zeitliche Geschichte des Menschen bis zu seinem Tod sinnvollerweise Endgültigkeit von Heil oder Verlorenheit schaffen kann, da man sich ja Gott nicht denken kann als denjenigen, der eine solche Freiheitsgeschichte, wenn sie von sich aus noch länger weitergehen könnte, einfach willkürlich von außen abbricht, oder da man christlich nicht mit einer immer weitergehenden „Seelenwanderung" rechnen darf.

Gottes Liebe ist stärker als die unheimliche „Ewigkeit" der Schuld

Von da aus wird in ihrem eigentlichen Gehalt die Erfahrung verständlich, in der ein Mensch, auch wenn er noch in einer offenen Geschichtszeit steht, das Vergangene seiner Freiheitsgeschichte nicht als das Verweste empfindet, es nicht schon darum als aufgehoben erfährt, weil er jetzt etwas sinnt und tut, was im Widerspruch zu seiner vergangenen Entscheidung steht. Wenn jemand seine frühere Freiheitstat als bleibend und unwiderruflich empfindet, wenn er Vergessen oder Widerrufen als machtlos erfährt gegenüber dem „Ewigen", das sich eigentlich in seiner früheren Freiheitstat ereignet hat, wenn er entgegen einem banalen Alltagsempfinden merkt, daß er das *ist,* was in seinem Leben gewesen war, und er dem gar nicht entlaufen kann, was er seine Vergangenheit nennt, dann nimmt er seine frühere Geschichte nicht zu wichtig, er erlebt vielmehr das Eigentliche und Unheimliche seiner Freiheit. Und wenn er sich dann dennoch in einer Hoffnung, die sich nicht durch sich selbst ausweisen kann, sagt, es müsse die Möglichkeit geben, daß die unheimliche „Ewigkeit" seiner Schuld aufgehoben werde, obwohl eine solche Möglichkeit im Bereich seiner bloß menschlichen Erfahrung gar nicht zu entdecken sei, obwohl er z. B. die Erfahrung macht, er sei und bleibe in alle Ewigkeit einer, der seine Liebe und Treue verraten hat, dann appelliert eine solche Hoffnung wider alle Hoffnung gerade an jenes auch noch einmal alle menschliche Freiheit mit ihrer „Ewigkeit" umfassende Geheimnis, das wir Gott nennen. Man könnte fast sagen, man habe von Gott erst dann etwas verstanden, wenn man glaubt und hofft, es gäbe entgegen aller Selbsterfahrung der Freiheit denjenigen, der die „Ewigkeit" der bösen Tat aufheben könne, welche Ewigkeit, wie gesagt, nicht in dem Gedanken verharmlost werden kann, ein Geschehenes könne zwar nicht ungeschehen gemacht werden, dies aber, das von allem Zeitlichen, Vergehenden gilt, sei auch nicht besonders aufregend, da das Vergangene zwar nicht ungeschehen gemacht werden könne, aber von selber vergangen sei. Wer will, kann sich die Unheimlichkeit der „Ewigkeit" einer freien Tat zwar verständlicher machen durch die Unterscheidung zwischen der vorübergehenden Tat und den dennoch bleibenden Folgen. Aber die so erzielte Verständlichkeit verdunkelt eben doch wieder das Geheimnis der freien Tat, deren „Ewigkeit" nur einen einzigen Mächtigeren kennt: die die Schuld selbst wirklich aufhebende Liebe, deren vergeben könnende Unbegreiflichkeit zur Unbegreiflichkeit Gottes als solchen selber gehört.

Reue als Selbstdistanzierung des sündigen Menschen

Es seien nun einige unvermeidlich fragmentarische Anmerkungen gemacht über das, was man im kirchlichen und alltäglichen Wortgebrauch die „Reue" nennt. Nach kirchlicher Lehre, wie sie vor allem im Trienter Konzil ausgesprochen wurde, ist die „Reue" eine unbedingte Voraussetzung der Vergebung der Schuld durch Gott, auch wenn bei einem solchen Satz nicht vergessen werden darf, daß diese Reue selbst nicht die autonome Tat des Menschen von sich allein aus ist, sondern selbst wieder bedingt ist durch die vergebende Liebe Gottes, die der Freiheit des Menschen immer zuvorkommt und sich selber die Bedingung schafft, durch die sie zu ihrem Ziel kommt. Reue wird üblicherweise beschrieben als „der Schmerz der Seele über die begangene Sünde mit dem Vorsatz, sie in Zukunft nicht mehr zu begehen". Diese Beschreibung kann durchaus als richtig anerkannt werden, auch wenn nicht leicht deutlich gemacht werden kann, was mit einem solchen „Schmerz" gemeint ist, wenn er doch nicht als sentimentale Emotion verstanden werden darf, und wenn auch die Verwerfung einer bestimmten Tat und der Vorsatz, eine solche nicht mehr zu begehen, dann nicht einfach das letzte Wesen der Reue deutlich zu machen scheinen, wenn man auf die Grundsündigkeit des Menschen reflektiert, von der gesprochen wurde und die sich zwar in einer bestimmten Tat zeigt, aber mit dieser nicht einfach identisch ist. Reue ist offenbar doch eine Distanzierung des Menschen von sich selbst als Sünder und darum nicht so leicht zu verstehen, wie es die übliche Definition der Reue vorauszusetzen scheint.

Sich bedingungslos dem heiligen Gott übergeben

Es soll hier nun keine neue Definition der Reue versucht werden. Aber man kann vielleicht doch sagen: In der Reue übergibt sich der Mensch bedingungslos dem heiligen Gott, aber mit der ebenso bedingungslosen Zuversicht, daß er sich damit *dem* Gericht übergibt, das von der die Schuld wirklich aufheben könnenden Liebe ergeht. Bei einer solchen Betrachtung der Reue wird auch etwas verständlich, was sonst dem Menschen heute schwer begreifbar ist. Es gibt nämlich oft solche Ereignisse im menschlichen Leben, die einerseits als Schuld und Sünde qualifiziert werden müssen (nach Gottes Offenbarung in Schrift und Tradition und nach der Praxis der Kirche), und die anderseits vom einzelnen Menschen in seinem eigenen Leben nicht nur als (bei aller Freiheit) fast unvermeidlich, sondern als höchst segensreich für ihn empfunden werden. Solche Ereignisse gibt es und da scheint eine Reue unmöglich zu sein. Wie soll z. B. jemand eine zweite, kirchlich ungültige Ehe „bereuen", wenn er sie als (im Unterschied zu seiner ersten, menschlich verunglückten Ehe) menschlich und auch als sittlich glücklich erfahren hat? In solchen Fällen kann eigentlich ein Mensch nur so bereuen, daß er sich mit all der unentwirrbaren Einheit von Gutem und Bösem seiner Existenz einfach Gott und seiner erbarmenden Liebe übergibt, die allein das eigene Herz wirklich kennt. Wenn die Kirche in ihrer Liturgie das Wort von der felix culpa, von der glückseligen Schuld kennt, dann ist es dem Christen in seiner Reue offenbar doch erlaubt, seine Schuld zwar als wirkliche Schuld, die vergeben werden muß, anzuerkennen und doch gleichzeitig als solche zu sehen, die für ihn Segen gebracht hat, ohne darüber theoretisieren zu müssen, daß und wie dieser Segen auch auf andere Weise hätte erreicht werden können, ohne eine solche Schuld zu begehen.

Einheit von Selbstdistanzierung und Gnadenhoffnung

Aber wie kommt nun eine solche bedingungslose Kapitulation vor dem Gericht des heiligen Gottes in der festen Hoffnung, dieses Gericht sei Gnade, zustande? Wie kann der Mensch sich von sich selber distanzieren? Natürlich setzt dieses Wunder der Selbstdistanzierung des Menschen von sich selber voraus, daß seine Freiheit noch unterwegs ist, noch gewissermaßen unverbrauchte Möglichkeiten seiner

Freiheit gegeben sind. Aber damit ist dieses Wunder noch nicht erklärt. Es ist auch noch nicht begriffen, wenn man bloß sagt, daß ein Mensch erkennen könne, daß er in einer falschen Weise frei mit Normen und Geboten in Konflikt gekommen sei, die er doch als auch für sich selbst geltende anerkenne. Denn damit ist noch nicht erklärt, wie der Sünder sich nicht bloß von dem distanzieren könne, was er getan hat und was jetzt doch – glücklicherweise – der Vergangenheit angehört, sondern von sich selbst als dem, der er selbst in Freiheit geworden ist. Zwar gehört natürlich die Erkenntnis und Anerkenntnis der frei getanen Diskrepanz zwischen der eigenen Tat und der anerkannten, von Gott sanktionierten Norm des Handelns zu den Momenten der Reue. Aber daß der Mensch sich selber verurteilen kann, ist nur möglich, weil ihm Gott selbst die Möglichkeit anbietet, sich selber zu verurteilen, ohne sich dadurch selber aufzugeben. Nur von Gott her und mit Gott und seiner zuvorkommenden Gnade und Liebe kann sich ein Mensch von sich selber distanzieren. Insofern setzt eine solche Verurteilungsmöglichkeit seiner selbst voraus, daß man das Wort der Bereitschaft Gottes, zu vergeben, schon gehört und angenommen hat, mag dieses Hören bloß in der Tiefe des eigenen Gewissens geschehen oder auch in der ausdrücklichen Wortbotschaft der Offenbarung vernommen werden.

Natürlich gibt es noch viele andere Aspekte und Dimensionen der Reue, die genannt werden müßten, wenn man die Reue auch nur einigermaßen gleichmäßig und genügend beschreiben wollte. Ein Aspekt sei wenigstens noch genannt. Wenn und insofern die Gottesliebe und die Nächstenliebe letztlich immer nur in einem einzigen Vollzug verwirklicht werden können, und wenn jede Sünde, so innerlich und nur einen selbst angehend sie auch erscheinen mag, immer auch eine Sünde gegen den Nächsten ist, dann ist – reflex oder unreflex – jede Reue auch ein Vollzug der Nächstenliebe, eine Bitte der Vergebung gegenüber den anderen und somit auch eine Vergebungsbitte, die an die heilige, in Gott gegründete Gemeinschaft aller Menschen, an die Kirche gerichtet wird.

Im übrigen wird es zu empfehlen sein, nicht zu sehr die Existenz und die Qualität seiner Reue reflektieren zu wollen. Zwar wird man den von Leo X. zurückgewiesenen Satz, ein neues Leben sei die beste Buße und Reue, nicht einfach wiederholen. Im Normalfall des menschlichen und christlichen Lebens wird zur wahren Reue auch eine Rückbeziehung auf das vergangene Leben gehören, weil die „memoria" eben doch zu den Grundmöglichkeiten des Menschen gehört, die anzunehmen und zu verwirklichen seine Pflicht ist. Das gilt für den Normalfall, weil auch die katholische Reuelehre selbstverständlich mit dem Fall rechnet, daß Sünden durch Gott vergeben werden, die aus dem Gedächtnis des Sünders praktisch gänzlich verschwunden sind, ohne daß sie dadurch allein schon vergeben wären, aber in diesem Falle durch eine allgemeine und grundsätzliche Neueinstellung auf Gott ohne ausdrückliche Reflexion auf sie vergeben werden. Aber wie gesagt, eine grundsätzliche Bezogenheit auf die vergangene Schuld bedeutet noch nicht, daß man eine übertriebene Reflexion auf die Reue selber pflegen solle. Wer ehrlich die Unrichtigkeit seiner Vergangenheit als Nein zum heiligen Willen Gottes anerkennt, und zwar nicht nur in einem theoretischen Urteil, sondern in einer wirklichen Distanzierung von sich selbst, und wer dabei den Entschluß hat, diese praktische Anerkennung sich auch in der Zukunft auswirken zu lassen, der mag getrost voraussetzen, daß er die für die Vergebung seiner Schuld erforderliche Reue hat, auch wenn es ihm schwerfiele, seinen Gewissenszustand als „Schmerz" der Seele zu beschreiben. Natürlich sind mit dem eben Gesagten nicht alle Schwierigkeiten einer solchen Reue behoben. Wenn man in der klassischen Beschreibung sagt, zur Reue gehöre der Vorsatz, in Zukunft nicht mehr zu sündigen, so hat der Mensch von heute bei dieser Beschreibung die Schwierigkeit, wie es denn mit seinem Vorsatz bestellt sei, wenn er doch wisse, daß er wieder sündigen werde. Spekulativ kann man natürlich leicht sagen, daß eine Koexistenz des Willens, nicht mehr zu sündigen, und des Wissens, daß es doch wieder geschehen werde, denkbar ist. Aber praktisch fürchtet der Mensch nicht gerade grundlos, daß es mit seinem Besserungswillen nicht sehr gut bestellt sei, wenn er schon so bald auf jeden Fall nicht mehr vorhanden sei. Demgegenüber ist es auch kein besonders überzeugender Trost, wenn man sagt, die Existenz eines Besserungswillens jetzt könne gegeben sein, ohne daß sein Fehlen morgen diese Existenz heute aufhebe. Es kann natürlich gesagt werden, daß solche wirklich bei ehrlicher Beurteilung voraussehbaren „Rückfälle", eben weil sie mehr oder weniger sicher sind, zeigen, daß sie gar nicht mit jener Freiheit begangen werden, die zu wirklich ernsthafter Schuld vor Gott erforderlich ist. Aber kann dann der Vorsatz, einen solchen Verstoß gegen Gottes Willen nicht mehr zu begehen, einen wirklichen Sinn haben? Oder bedeutet es dann nur, daß man (was gewiß möglich ist) entschlossen ist, sein Leben und sein Bewußtsein nach Kräften so zu steuern, daß jene inneren und äußeren Situationen möglichst selten gegeben sind, in denen ein zwar objektiver, aber subjektiv aus Schwäche nicht mehr vermeidbarer Verstoß eintritt? Wenn dies im Großen und Ganzen richtig sein sollte, dann würde sich ein „Vorsatz" in solchen Fällen gar nicht so sehr auf die eigentliche Schuld in der Vergangenheit beziehen, sondern auf die Schaffung von Situationen, in denen die Wiederholung der bereuten Schuld wirklich vermieden werden kann. Der Alkoholiker würde sich nicht so sehr vornehmen, in Zukunft nicht mehr zu trinken, sondern die Meetings der AA zu besuchen. Angesichts der Unmöglichkeit einer adäquaten Reflexion darauf, wie Schuld und Reue existentiell peripher oder wirklich aus der Mitte der Existenz entspringend sind, und wie sich Radikalität oder Oberflächlichkeit der Reue zu der der Schuld genau verhalten, wird man (so paradox es klingen mag) sagen können, zum echten Wesen der Reue gehöre auch die Reue über die Reue: man weiß nicht so genau, ob man sie wirklich hat, ob sie der Radikalität der Schuld oder deren Oberflächlichkeit angemessen ist. Man weiß um diese geheimnisvolle Ungewißheit des Menschen in seiner Reflexivität, man flieht von sich selber weg zu dem uns entzogenen Gericht Gottes, als dem unbegreiflichen Erbarmen, man hofft, daß man Hoffnung hat, ohne sich noch einmal ängstlich dessen vergewissern zu wollen, weil nur in dieser angenommenen Unsicherheit der Reue, der Reue über die Reue der Mensch Gott die Ehre gibt, die den sein läßt, der kein von uns durchschauter Posten in der Rechnung des Lebens ist.

Schwere Schuld und „läßliche" Sünden

Ehe wir nun unmittelbar das vergebende Wort Gottes weiter bedenken, ist noch kurz auf eine Unterscheidung in der traditionellen christlichen Lehre von der Sünde hinzuweisen: die Unterscheidung zwischen der schweren Schuld (Todsünde genannt), von der wir bisher gesprochen haben, und den sogenannten „läßlichen" Sünden des Alltags. Diese Unterscheidung ist an sich legitim, weil die in Raum und Zeit gedehnt und gestreut sich vollziehen müssende Freiheit des Menschen gar nicht immer mit jenem letzten Engagement sich vollziehen kann, das ein wirkliches Nein zu Gott begründen kann, und weil in der Pluralität und Oberflächlichkeit des menschlichen Alltags dem Menschen gar nicht immer ein konkreter Gegenstand zur Verfügung steht, an dem ein solches absolutes Ja oder Nein zu Gott sich zu sich selber vermitteln kann. Aber so richtig diese Unterscheidung an sich ist, so darf sie doch nach dem früher Gesagten nicht so billig verstanden werden, als ob es bezüglich der konkreten Frage, ob in einem bestimmten Fall eine schwere oder eine bloß läßliche Sünde vorliege, eine bestimmte Antwort ganz einfach sei. Auch hinter einer bürgerlichen Wohlanständigkeit, in der nur scheinbar harmlose moralische Verstöße festzustellen sind, kann sich ein letzter Unglaube und eine lieblose Herzenshärte Gott gegenüber verstecken, die das Heil wirklich in Gefahr bringen. Die Unterscheidung zwischen beiden, sehr wesentlich und nicht graduell verschiedenen, Sündenarten, von denen nur die eine „vom Reich Gottes ausschließt" (wie Paulus sagt), kann praktisch wichtig sein in der Frage, ob eine bestimmte Schuld dem kirchlichen Bußgericht in der „Beichte" unterworfen werden muß, oder nicht. Die Schwierigkeit der Unterscheidung macht es aber auch sinnvoll, zum sakramentalen Vergebungswort der Kirche sich hinzuwenden, auch wenn man nur „läßliche Sünden" zu bekennen hat.

Gottes Vergebung als das größte und unbegreifliche Wunder

Wenn man wirklich verstanden hat, was Schuld als Möglichkeit oder als schreckliche Wirklichkeit in unserem Leben bedeutet, wenn man erfahren hat, wie ausweglos wirkliche Schuld vor Gott und vom Menschen allein her ist, dann verlangt man, das Wort der Vergebung von Gott zu hören. Man wird es nie als selbstverständlich empfinden, sondern als Wunder seiner Gnade und seiner Liebe. Man hätte ja Gott überhaupt nicht auch nur von ferne verstanden, wenn man denken würde, wie Heine zynisch sagte, es sei Gottes „Metier" zu vergeben. Vergebung ist das größte und unbegreifliche Wunder der Liebe Gottes, weil sich Gott selbst in ihr mitteilt und dies einem Menschen gegenüber, der in einer bloß scheinbaren Banalität des Alltags das Ungeheuere fertiggebracht hat, zu Gott Nein zu sagen.

Wo ist dieses Vergebungswort Gottes zu hören, das nicht nur Folge, sondern auch im letzten Grund Voraussetzung für die Umkehr ist, in der der schuldige Mensch glaubend, reuig vertrauend sich Gott zuwendet und übergibt? Dieses leise Vergebungswort kann in der Tiefe des Gewissens gehört werden, weil es ja schon als tragender Grund mitten in jener vertrauenden und liebenden Rückwendung des Menschen zu Gott innewohnt, in der der Mensch, sich selber richtend, der barmherzigen Liebe Gottes die Ehre gibt. In der weiten Länge und Breite der Menschheitsgeschichte muß dieses leise Vergebungswort allein in unzähligen Fällen genügen. Aber was so meist verborgen und unartikuliert in der Geschichte der Gewissen geschieht, nämlich die allen Heil und Vergebung anbietende Gnade Gottes, hat doch selbst seine Geschichte in Raum und Zeit. Dieses raumzeitlich konkret werdende Vergebungswort Gottes an die Menschheit hat ihren Höhepunkt und eine letzte geschichtliche Unwiderruflichkeit gefunden in Jesus Christus, dem Gekreuzigten und Auferstandenen, in dem, der liebend sich solidarisierte mit den Sündern und für uns in der letzten Tat seines Glaubens, Hoffens und Liebens mitten in der Finsternis seines Todes, in dem er die Finsternis unserer Schuld erfuhr, das Vergebungswort Gottes für uns annahm. Dieses Vergebungswort Gottes in Jesus Christus, in dem die Unbedingtheit dieses Wortes auch geschichtlich unwiderruflich geworden ist, bleibt Gegenwart in der Gemeinde der an diese Vergebung Glaubenden, in der Kirche. Die Kirche ist das Grundsakrament dieses Vergebungswortes Gottes. Dieses eine Vergebungswort, das die Kirche ist, und das in ihr lebendige Gegenwart von Macht und Wirksamkeit bleibt, artikuliert sich entsprechend dem Wesen des Menschen in vielfacher Weise. Es ist als grundsätzliche Botschaft an alle gegenwärtig in der Verkündigung der Kirche: ‚Ich glaube ... die Vergebung der Sünden', heißt es im Apostolischen Glaubensbekenntnis. Dieses Vergebungswort der Kirche wird in einer Weise, die für die ganze Geschichte eines einzelnen grund- und maßgebend bleibt, dem einzelnen von der Kirche zugesprochen im Sakrament der Taufe. Dieses Vergebungswort bleibt lebendig und wirksam in dem Gebet der Kirche, in dem sie für sich, die Kirche der Sünder, und für jeden einzelnen zuversichtlich das Erbarmen Gottes immer neu erbittet und so die immer neue und immer zu vertiefende Umkehr des Menschen begleitet, die erst in seinem Tod zur Vollendung und zum endgültigen Sieg kommt. Dieses Vergebungswort (immer aufbauend auf dem in der Taufe gesprochenen Wort) wird dem einzelnen nochmals von der Kirche in besonderer Weise zugesagt, wo und wenn der Christ, der auch nach der Taufe Sünder bleibt und in neue schwere Schuld fallen kann, seine große Schuld oder die Armseligkeiten seines Lebens reuig der Kirche in ihrem Vertreter bekennt oder unter Umständen auch in einem gemeinsamen Bekenntnis einer Gemeinde vor Gott und seinen Christus bringt. Wenn dieses Vergebungswort Gottes durch den dazu beauftragten Vertreter der Kirche einem einzelnen Getauften auf sein Schuldbekenntnis hin gesagt wird, nennen wir dieses Ereignis des Vergebung schaffenden Wortes Gottes die Spendung des Bußsakramentes.

Anmerkungen

Erster Teil: Das Böse und die Bewältigung des Bösen in Psychotherapie und Christentum

Vorwort

[1] Vgl. *C. S. Lewis,* Was der Laie blökt (Einsiedeln 1977). *Lewis* ist Literaturwissenschaftler, Verfasser von Romanen und wohl der durch seinen liebenswürdigen Humor und eine einzigartige Argumentationsweise bekannteste anglikanische Laientheologe unserer Zeit. Der Ausdruck vom „blökenden Laien" stammt aus einer eindrucksvollen Polemik gegen den literaturwissenschaftlichen Dilettantismus jener theologischen Exegeten, die ihr Handwerk nur im Umgang mit biblischen Texten erlernt haben. Mein eigenes Mißtrauen gegen manche Exegeten rührt daher, daß ich selbst als Psychotherapeut aus einer interpretierenden Wissenschaft komme und sozusagen am eigenen Leibe erfahren habe, daß das Wasser der Hermeneutik keine Balken hat. Lewis' mir wichtigste Werke sind: Über den Schmerz (Köln 1954); Dienstanweisung für einen Unterteufel (Freiburg i. Br. 1977); Die Abschaffung des Menschen (Einsiedeln 1980).

[2] Alles geht! ist der übermütige Grundsatz des wissenschaftstheoretischen „Anarchisten" *Paul Feyerabend,* der die Fragwürdigkeit vieler bisher unangefochtener methodischer Grundregeln scharfsinnig gezeigt hat. (vgl. *P. Feyerabend,* Der wissenschaftliche Realismus und die Autorität der Wissenschaft, Wiesbaden 1978).

I. Was ist das Böse?

[1] Sie bestätigen mit dem Wort „echt nicht gut" einen philosophischen Gedanken des *Anselm von Canterbury.* Er sagt: Das Böse, das Übel, (malum) ist nichts anderes als das Nichtgute, das Fehlen des Guten, wo etwas sein sollte oder förderlich wäre. (Vgl. *R. Allers,* Anselm von Canterbury, Leipzig 1936).

[2] Vgl. *S. Freud,* Ges. Werke XII, 296 f.

[3] Wer vom Bösen spricht, sollte sagen, was das Gute ist. Durch den

ganzen Text geht der Versuch, dieses mit einer kurzen Definition kaum zu fassende Grundwort zu erläutern, bis zur letzten Seite.

[4] *J. Bochenski,* Wege zum philosphischen Denken, Herder-Bücherei 62 (Freiburg i. Br. 1959).

Für den Psychotherapeuten ist es nicht leicht, die philosphische und theologische Anthropologie zu finden, die für die Aufnahme der tiefenpsychologischen Befunde geeignet wäre. Für mich hat sich die von dem Experimentalpsychologen *Josef Nuttin* in seinem Buch „Psychoanalyse und Persönlichkeit" (Fribourg 1952) entwickelte psychologische Anthropologie sowie immer wieder das anthropologische Denken *Josef Piepers* und *August Brunners* bewährt. Von *J. Pieper* nenne ich nur: Über den Glauben. Ein philosophischer Traktat (München 1962), müßte aber fast alle Schriften aufführen. Von *A. Brunner* wurden mir besonders wichtig: Die Religion. Eine philosophische Untersuchung auf geschichtlicher Grundlage (Freiburg i. Br. 1956); Glaube und Erkenntnis (München 1951); Vom Christlichen Leben (Würzburg 1962); La personne incarnée (Paris 1947); Außer *Brunner* verdanke ich in der Erkenntnis- und Wissenschaftstheorie viel *J. de Vries,* Grundfragen der Erkenntnis (München 1981). Nach Abschluß meines Manuskripts fand ich in dem dichten Taschenbuch von *R. Spaemann:* Moralische Grundbegriffe (München 1982) die argumentative Begründung der von mir vorausgesetzten Ethik. Dem Psychoanalytiker *Peter Haerlin* verdanke ich überraschende Einsichten in die grundlegende Bedeutung des Rechtsbewußtseins und der Rechtsgefühle in der Psychoanalyse: Recht und Anerkennung. Philosophische Untersuchungen zum psychoanalytischen Prozeß (Stuttgart 1976). *W. Pannenberg,* Anthropologie (Göttingen 1983). *H. Thielicke,* Menschsein – Menschwerden (München 1976).

[5] Bei *S. Freud* (vgl. G. W. XIV, 504) finden wir einen bemerkenswerten Satz über den Marxismus: „Es scheint auch mir unzweifelhaft, daß eine reale Veränderung in den Beziehungen der Menschen zum Besitz hier mehr Abhilfe bringen wird als jedes ethische Gebot; doch wird diese Einsicht bei den Sozialisten durch ein neuerliches idealistisches Verkennen der menschlichen Natur getrübt und für die Ausführung entwertet."

[6] Die wichtigste Literatur über das Böse ist bei *H. Haag,* Vor dem Bösen ratlos (München 1978) zusammengestellt. Ich verdanke außer den im Text oder in den Anmerkungen genannten viel den folgenden Autoren: *J. Bernhart,* Chaos und Dämonie (München 1950); *I. Eibl-Eibesfeldt,* Liebe und Haß (München 1970); *A. Flew,* God and Philosophy (London 1966); *L. Oeing-Hanhoff / W. Kasper,* Negativität und Böses, in: Christlicher Glaube in moderner Gesellschaft, Teilband 9 (Freiburg i. Br. ²1981); *P. Ricoeur,* Die Fehlbar-

keit des Menschen (Freiburg i. Br. – München 1971); *A. D. Sertillanges,* Le Problème du Mal (Paris 48/51); *H. Schoeck,* Der Neid (München 1980); *B. Welte,* Über das Böse (Freiburg i. Br. 1959); *J. Werbick,* Glaube im Kontext (Zürich 1983). *M. Sievernich,* Schuld und Sünde in der Theologie der Gegenwart (Frankfurt 1982). *E. Drewermann,* Strukturen des Bösen. Die Jahwistische Urgeschichte in exegetischer, psychoanalytischer und philosophischer Sicht (Paderborn 1977) ist wohl das umfassendste Standardwerk zum Thema.

[7] Den Vortrag, den *Wittgenstein* 1929 oder 1930 in Cambridge gehalten hat, habe ich in einem Umdruck ohne Kennzeichnung der Herkunft.

[8] In derselben ursprünglichen Überzeugung, mit der ich mich als Rechtssubjekt erkenne, weiß ich auch, daß ich selbst und jeder andere zur Vernunft erwachte Mensch Rechte respektieren kann und soll. Die Selbsterfahrung des Rechtssubjektes ist gleichzeitig eine Freiheitserfahrung. Diesen Ausgangspunkt der folgenden Überlegungen verdanke ich *Walter Brugger.*

[9] In der Reduzierung des Ethischen auf Regelbeachtung sehe ich einen Mangel im Ansatz von *J. Piaget,* Das moralische Urteil beim Kind (Frankfurt a. M. 1973).

[10] Recht und Unrecht sind Gegenstände einer geistigen Erfahrung, welche die sinnliche Wahrnehmung radikal übersteigt. Wir können Recht und Unrecht zwar im menschlichen Umgang gleichsam mit Händen greifen und mit Augen sehen, aber auch nur gleichsam. Wir können so etwas weder mit unseren Sinnen wahrnehmen, noch können wir Recht und Unrecht messen, chemisch oder physiologisch analysieren. Sie sind für Physik, Chemie, Biologie, Physiologie und Neurologie in ihrem Wesen nicht zugänglich – nicht einmal für den Verhaltensbiologen, der darum auch, bleibt er bei seinem Leisten, nur über das „sogenannte Böse" schreiben kann. Zu diesem Bereich des sogenannten Bösen und der Vorbedingung des wirklichen Bösen allerdings haben uns die Naturwissenschaften eine Menge zu sagen; dort nämlich, wo das geistige Böse beim Menschen etwas mit stofflichen und leiblichen Voraussetzungen zu tun hat – das heißt: immer.

[11] Vgl. *S. Freud,* G. W. XIII, 412; XIV, 479, 506 u. a.

[12] *H. Schultz – Hencke,* Lehrbuch der analytischen Psychotherapie (Stuttgart [2]1965).

[13] Vgl. Handbuch psychologischer Grundbegriffe, hg. v. *Th. Hermann u. a.* (München 1977) S. 16.

[14] Zur Problematik in Psychologie und Psychoanalyse, insbesondere zu der sehr differenzierten Auffassung Freuds vgl. *A. Görres,* An den Grenzen der Psychoanalyse (München 1968); *ders.,* Grenzen der Freiheit, in: *J. Splett* (Hg.) Wie frei ist der Mensch? (Düsseldorf 1980); *D. Bierlein,* Ist der Mensch nur ein biologischer Automat? in:

Schriftenreihe der Universität Regensburg, Bd. 6, hg. v. *D. Henrich* (1982).

[15] *B. F. Skinner,* Jenseits von Freiheit und Würde

[16] *Viktor von Weizsäcker* sprach vom Pathischen Pentagramm in einem ungedruckten Vortrag.

[17] Determinismus gibt es in der kruden Form, die psychische Ursachen wegen ihrer vermeintlichen Unvereinbarkeit mit dem Naturgesetz nicht zuläßt. Der Akt des Armhebens hat nach ihm nichts mit meiner Absicht zu tun, den Arm zu heben, sondern gehört als Glied in eine physische Kausalkette. Das Bewußtsein ist lediglich Begleiterscheinung, „Epiphänomen". Es wird als naturwissenschaftliche Selbstverständlichkeit angesehen, der Geist sei gegenüber der Materie ohnmächtig. Diese These hat heute nicht mehr viele Anhänger. Anders steht es mit der subtileren These, nach der zwar das Armheben wohl einiges mit der Absicht zu tun hat, oder das Bewegen der Sprechmuskulatur eine gewisse Abhängigkeit von den im Sprechen ausgedrückten Gedanken nicht verleugnen kann; vielmehr wird unterstellt, die Absicht selbst sei das Glied einer fest determinierten psychischen Kausalkette.

Während vor allem auf die erste Form eine Untersuchung von *H. Jonas:* „Macht oder Ohnmacht der Subjektivität? Das Leib-Seele-Problem im Vorfeld des Prinzips Verantwortung" eingeht, berücksichtigt meine Arbeit vor allem den zweiten Aspekt (vgl. Anmerkung I 14). *Jonas* schreibt: „Der unbedingte Determinismus hat immer ein größeres Wissen von der Natur prätendiert, als wir besitzen und je besitzen können." Ich würde hinzufügen: Der unbedingte Determinismus hat immer mit einer unzureichenden Definition des Kausalitätsprinzips gearbeitet. Psychisch-geistige Ursachen wie eine freie Selbstbestimmung sind nicht unvereinbar mit dem Naturgesetz, sondern sie gehören zu einer Natur, die den Menschen umschließt. Natürlich kann die Problematik im Rahmen dieser Überlegungen nur genannt werden. Entscheidend ist, daß der Begriff des Bösen sinnlos wird, wenn es Freiheit schlechthin nicht gibt.

[18] Vgl. *A. Brunner,* Die Religion (vgl. oben Anmerkung I 4); ferner *A. Görres,* Kennt die Religion den Menschen? in: Internationale katholische Zeitschrift Communio X (1981) S. 85 ff.

[19] Vgl. *K. Rahner,* Meditation über das Wort „Gott", in: *H. J. Schultz* (Hg.), Wer ist das eigentlich – Gott? (Frankfurt a. M. 1970); *H. E. Richter,* Der Gotteskomplex (Frankfurt a. M. 1979).

[20] *S. Freud,* G. W. X, 198.

[21] *R. E. Brennan,* Thomistische Psychologie (Heidelberg 1957) S. 185.

[22] Die hier vorausgesetzte Anwendung des Personbegriffs auf das Göttliche wird oft als ganz unangemessen, als anmaßende infantile

Projektion empfunden, ja als unerträgliche Verkleinerung des Göttlichen auf das dem Menschen faßbare Maß. *L. Marcuse* findet die Lehre, Gott sei Person, ebenso absurd wie den Satz, Gott sei ein gleichseitiges Elfeck. Das ist auf den ersten Blick verständlich. Aber eine Gottheit, die weder so etwas wie Selbsterkenntnis hat, noch ein „Wissen" vom Nichtgöttlichen, vom All, von der Welt und vom Menschen, die wäre geringer als wir. Daß ich mehr sein sollte als das Göttliche, intelligenter, wissender als ein unbewußtes Göttliches, ist für mich eine absurde Idee. Jedes Wesen aber, das von sich weiß und von anderem, dürfen und müssen wir Person nennen, solange wir nicht vergessen, daß das Wort, angewandt auf den Unendlichen, Ewigen, Unvorstellbaren einen unabsehbaren Bedeutungswandel erfährt, ohne doch seinen Orientierungswert zu verlieren.

Wer Gott ist, bleibt unfaßbar und unbegreiflich. Aber Welterfahrung und Selbstwahrnehmung zeigen mir mich selbst und die anderen als Erkennende, Wissende, Ansprechbare und sich Mitteilende. Alle Gründe, die uns zwingen oder bewegen, außer allem Relativen ein Absolutes anzunehmen, sprechen in einem Atem auch dafür, dieses Absolute als unendlichen Geist zu denken. Das ist mit dem Personbegriff gemeint. Unter allen Weltwirklichkeiten ist die erfahrene *Seinsart der Person das geeignetste Gleichnis*, mit dessen Hilfe wir nach dem Göttlichen ausschauen und seelisch mit ihm umgehen können. Nur dieses Gleichnis ermöglicht Anbetung, Gebet, Vertrauen, Beziehung oder auch Mißtrauen und Haß.

Zum Trost aller, die den Gottesgedanken von anthropomorphen Verendlichungen freihalten wollen, sei gesagt, daß nach in diesem Punkte einmütiger theologischer Tradition die Ähnlichkeit und Vergleichbarkeit von Gott und Mensch, die eine Anwendung des Personbegriffs auf beide erlaubt, unendlich geringer ist als die Unähnlichkeit und Unvergleichbarkeit zwischen der unendlichen und den endlichen „Personen". *Karl Barth* hat mit dem Satz „Gott ist der ganz andere" die Unähnlichkeit extrem betont. Aber auch ihm blieb nicht erspart, mit dem für Gott und Mensch brauchbaren und unersetzlichen Wort „ist" eine letzte Gemeinsamkeit in aller Andersheit doch wieder einzuführen. Als ein den Gesetzen von Sprache und Sprachlogik unterworfener Denker und als christlicher Theologe konnte er dem nicht entkommen. Auch Jesus sprach in Gleichnisworten, die Vergleichbarkeit, Ähnlichkeit voraussetzen, von Gott, dem Vater, dem König und Herrn, dem Richter, Helfer und Retter. Er hielt Grunderfahrungen des Umgangs mit Mitmenschen für die richtige Orientierung im Umgang mit Gott. Das ist es, was wir auf den Begriff bringen, wenn wir Gott „Person" nennen.

²³ *K. Hemmerle,* Art. „Böse", in: Herders theologisches Taschenlexikon 1 (Freiburg i. Br. 1972) 339 ff.

[24] Compend. theol. I, 114; Zit. bei *R. E. Brennan,* vgl. Anm. I 21.
[25] *S. Freud,* G. W. VIII, 108
[26] *Freud* hat diese Mitteilung der ersten Auflage seiner „Selbstdarstellung" in den späteren Auflagen getilgt. Sie fehlt in den Gesammelten Werken und ist erst wieder in die einzige philologische Gesamtedition von *Freuds* Schriften aufgenommen worden, die nur in englischer Sprache vorliegt. Der Sachverhalt ist ferner in der Widmung der Bibelausgabe bezeugt, die *Freuds* Vater dem Sohn zum dreißigsten Geburtstag geschenkt hat.
[27] *Th. von Aquin,* Summa contra gentiles III, 122.

II. Motive des Bösen

[1] Eine philosophische Untersuchung müßte hier auf die Diskussion um die Wertphilosophie eingehen, wie sie z. B. unter dem von *N. Hartmann* gegebenen Stichwort „Die Tyrannei der Werte" geführt wird. Ihre Kernfrage ist die nach dem Wesen der Werte. Sind Werte eine Dimension der Wirklichkeit selbst oder haben sie anstelle der Begründung im Sein nur ein „Gelten" wie etwa ein in sich wertloser Geldschein? So fragt auch der große Psychologe *W. Köhler* in seinem Buch „The place of values in a world of facts".

Ich meine mit dem Wort „Werte und Güter" nur den simplen Sachverhalt, daß, wo immer Streben und Wollen zu finden sind, diese sich auf etwas richten, was dem Strebenden als erstrebenswert, als in irgendeiner Hinsicht gut erscheint; sei es Wasser für den Durst, Geld für dies und jenes, Schmerzfreiheit für das Wohlbefinden oder Schmerz zum masochistischen Lustgewinn, zur sühnenden Buße oder, wie in der Primärtherapie, zur Heilung von Neurosen. Der Aspekt des wirklich oder scheinbar Wünschenswerten fehlt nie, wo wir etwas wünschen und wollen. Die Wirklichkeit ist nicht nur ein Getümmel von Fakten. Dinge, Sachverhalte, Zustände selbst sind, weil sie sind wie sie sind, und weil wir sind wie wir sind, die Grundlage unserer Wertungen. Sie sind für uns werthaltig; wertvoll oder das Gegenteil. Das gilt selbst dann, wenn wir auf etwas „Wert legen".

Der sittliche Wert und der christliche Wert ist das, was wir zu Recht und mit der Zustimmung Gottes gutheißen. Vgl. *C. Schmitt, E. Jüngel, S. Schelz,* Die Tyrannei der Werte (Hamburg 1979).
[2] *D. M. Luther,* Die ganze Heilige Schrift. I. Buch Mose, C. III, 6.
[3] Dieses Gefühl hat oft gute Gründe. Junge Menschen fühlen, daß die Mächtigen, die Verantwortlichen, die Erwachsenen ihnen fühllos eine Welt zumuten, die sie durch menschenunwürdige Formen der Arbeit wie der Freizeit einem Unmaß von Unlust und Mangel an

Befriedigung aussetzt; darüber hinaus einer Sinnlosigkeit, die Aggression, Rachsucht und Neid hervorrufen muß.

Diese technische Zivilisation mit ihrer Hochreizung der Ansprüche schafft Gereiztheit und Abstumpfung zugleich, jenes „uninteressierte, unverantwortlich und explosive Plebejertum", das *A.* und *M. Mitscherlich* beschrieben haben. Vgl. Die Unfähigkeit zu trauern (München [11]1979) S. 176.

[4] *S. Freud / O. Pfister,* Briefe (Frankfurt a. M. 1963) S. 136.

[5] *S. Weil,* Fabriktagebuch (Frankfurt a. M. 1978).

[6] *S. Weil,* ebda. S. 34.

[7] „Menschenliebe" ist der Zentralbegriff der Ethik *Freuds:* „Der Menschenliebe hing ich selbst an, nicht aus Motiven der Sentimentalität oder der Idealforderung, sondern aus nüchternen ökonomischen Gründen, weil ich sie, bei den Gegebenheiten unserer Triebanlagen und unserer Umwelt, für die Erhaltung der Menschenart für ebenso unerläßlich erklären mußte wie etwa die Technik" (*S. Freud,* G. W. XIV, 553).

Das ist eine utilitaristische Ethik, die in sich zusammenfällt, sobald man die Menschenart nicht für erhaltenswürdig hält oder auch nur der Meinung ist, dieses oder jenes Böse, das ich gern täte, würde nicht gerade die Erhaltung der Menschenart in Frage stellen. Die Erhaltung der Menschenart rechtfertigt *Freud* nicht weiter, er kann es nicht und er gibt dies zu. Sein ethischer Grundsatz: „Das Leben zu ertragen, bleibt ja doch die erste Pflicht aller Lebenden" (G. W. X, 354 f.) kennt keine Antwort auf die Gegenfrage: „Warum eigentlich?". Natürlich kann die Ethik *Freuds* „Werte" aufweisen. Aber sie kann keinen Grund für eine unbedingte, nicht utilitaristische Verpflichtung zeigen. Wie kann es eine Pflicht sein, Leben zu erhalten, wenn das Leben nichts anderes ist als ein evolutionäres Zufallsprodukt?

[8] Acceptance ist der tragende Grundakt in *Ch. Morgans* Roman „Die Lebensreise". Vgl. *A. Görres,* Hiob und Freud; Sinn und Unsinn der Krankheit, in: *ders.,* Kennt die Psychologie den Menschen? (München 1978).

[9] *A. Janov:* Der Urschrei (Frankfurt a. M. [2]1973); Revolution der Psyche (Frankfurt a. M. 1976); Gefangen im Schmerz (Frankfurt a. M. 1981). Zur Kritik dieses Ansatzes vgl. *A. Görres,* Der Urschmerz als Streßfaktor, in: Kennt die Psychologie den Menschen? Ferner: Die Primärtherapie Arthur Janovs, in: Die Psychologie des zwanzigsten Jahrhunderts, III, 2, hg. v. *D. Eicke* (Zürich 1977) S. 1210 ff.

[10] Die Lehre der Tradition, die läßliche, leichte Sünde sei Sünde nicht im eigentlichen Sinne der Abwendung von Gott, sondern nur in einem analogen Sinne einer Verfehlung, die die Gottesfreund-

schaft nicht aufgibt, ist wohl in der Seelsorge nicht immer gut vermittelt worden. In der begreiflichen Furcht, einem Laxismus zu verfallen, wurden willkürlich Schwellen zwischen läßlicher und Todsünde angesetzt, die gelegentlich ans Lächerliche grenzten. In einem berüchtigten Kompendium der Moraltheologie, das zwischen den beiden Weltkriegen erschienen ist, wurde bei Diebstahl die Grenze bei drei Reichsmark angesetzt. Die Gottesfreundschaft war also auch von Währungsschwankungen abhängig. Diese Art, mit Gott umzugehen wie mit dem Finanzamt, ist wohl heute glücklicherweise überwunden, nicht aber die Schwierigkeit, solche Grenzen einzuschätzen.

[11] *E. Fromm* schreibt in „Ihr werdet sein wie Gott" (Reinbek 1980) S. 142: „Da wir alle der Menschheit angehören, hat das Sündigen nichts Unmenschliches an sich, und es ist daher auch nichts, dessen man sich schämen müßte." Das ist allerdings schon sprachlich ein Sophismus; denn unmenschlich nennen wir ja das und nur das Abscheuliche, was von Menschen getan wird.

Vielleicht tut man aber einem viel und schnell Schreibenden Unrecht, wenn man ihn so beim Wort nimmt. Über dem Eingangstor von Auschwitz würde Fromm diesen Satz wohl nicht gern anbringen – ohne sich sehr schämen zu müssen. Das Gleiche gilt von vielen Sätzen *C. G. Jungs*, in denen das Böse gnostisch als notwendiges Element der Gesundheit und Persönlichkeitsentwicklung geschätzt wird. In den Überlegungen dieser Arbeit fehlt im übrigen eine ins Einzelne gehende Auseinandersetzung mit *C. G. Jung*. Das hat zwei Gründe. Es ist schwer und wenig fruchtbar, sich mit Autoren auseinanderzusetzen, die durch Unempfindlichkeit für undialektische Widersprüche gekennzeichnet sind. *Jung* kann man nicht widersprechen, weil er irgendwo und irgendwann auch das grade Gegenteil vieler seiner Behauptungen geäußert hat. Vor allem aber scheint mir seine Religiosität die Menschenwürde zu zerstören. Für ihn gehört das Böse zum Göttlichen. Ich kann und will nur eine Gottheit anbeten, die anbetungs *würdig* ist. Nur ein heiliger Gott ermöglicht eine menschenwürdige Religion. Wenn ich wie *Jung* von der Gottheit sage, daß sie auch das Böse enthält, dann sage ich, daß die Gottheit auch verachtenswürdig ist. Ich müßte lügen, wenn ich einen verächtlichen Gott verehren könnte. *Jung* würde das rationalistisch finden, aber ohne diese Art von Rationalismus gibt es keinen Unterschied von gut und böse, von wahr und falsch. Dies ist nicht, was *Nikolaus von Kues* die Coincidentia oppositorum nennt, sondern das Zerfließen aller Unterschiede in einem psychosophischen Brei. Es ist eben u. a. diese Unempfindlichkeit für Widersprüche und Unterschiede, die *C. G. Jung* auch zur Verherrlichung des Nationalsozialismus verführt hat. Die Wirrnis der Jungschen Pseudometaphysik hindert mich nicht an der Anerkennung des großen Reichtums an psychologischen Einsichten, die bei ihm zu finden sind.

Zur gnostisch-dualistischen Deutung des Bösen, die *Jung* bevorzugt, schreibt *W. Kasper:* „Im Verlauf des mühsamen Prozesses, in den sich der Glaube der Bibel um die Deutung allgemeinmenschlicher Erfahrungen bemüht, ist immer klarer geworden, daß zwei in der Religions- und Geistesgeschichte sonst weit verbreitete Deutungsmöglichkeiten ausscheiden. Ausgeschieden werden muß erstens die monistische Lösung, die Gott selbst zum direkten oder indirekten Ursprung des Bösen macht ... Der biblische Gott ist eindeutig. Ausgeschieden muß zweitens aber auch die dualistische Lösung, die das Böse zu einer eigenständigen Gegenmacht Gottes erklärt. Diese Lösung widerspricht der Allmacht Gottes, der nichts widerstehen kann, so daß alles, was außer Gott ist, nur als von ihm radikal abhängige, von Gott gut erschaffene Wirklichkeit begriffen werden kann. Scheiden Monismus und Dualismus aus, dann bleibt im Grund nur noch eine dritte Deutungsmöglichkeit. Die Wirklichkeit des Bösen ist durch freie Entscheidung des gut geschaffenen Geschöpfes entstanden" (Stimmen der Zeit, 8, 1978, Bd. 196, S. 510).

In der Therapie kann *Jungs* Lehre in eine Sündenromantik führen, die unter dem Stichwort „Integration des Schattens" einen fragwürdigen Frieden mit den eigenen üblen Eigenschaften besonders reif und gut findet, statt etwas gegen sie zu tun. Das Böse wird zum Wachstumshormon verharmlost. Ich weiß, daß viele Therapeuten der *Jung*-Schule diese Gefahr kennen und ihr begegnen. Aber der gnostische Ansatz macht das einigermaßen schwierig. Er führt leicht zu einem Abbröckeln des Gewissens und fördert den Flirt mit dem Bösen. Dies kann freilich in allen Formen von Psychotherapie geschehen.

Natürlich ist es sinnvoll, die Anthropologie *Jungs* nach ihren Schätzen zu durchsuchen. Notwendig bleibt aber die Aufmerksamkeit auf das schlechthin Unvereinbare, das es gibt. Die Lehre vom Bösen im Wesen Gottes gehört dazu. Vgl. vor allem: *C. G. Jung,* Antwort auf Hiob (Zürich 1952).

[12] *K. Hemmerle,* Art. „Das Böse" in: Sacramentum mundi (Lexikon)
[13] Wir sehen heute deutlicher als frühere Zeiten, daß viele Menschen in weiten sittlichen Bereichen in ihrer Umwelt keine ausreichende Hilfe für eine Feinwahrnehmung von Pflicht und Unrecht erhalten, so daß ihr Gewissen viele blinde Flecke enthält. Soweit sie für diese partielle Blindheit nicht oder nur wenig verantwortlich sind, ist auch der Schuldcharakter der einzelnen Tat für den Täter nicht mehr einschätzbar. Das Moralische ist eben keineswegs selbstverständlich, es will gelernt sein und ist in vielen Fällen schwer ver-

ständlich, weil die Sachzusammenhänge schwer durchschaubar sind.

Wir wissen z. B. heute, daß das Inzestverbot erbbiologisch sinnvoll ist; doch ist diese naturwissenschaftliche Kenntnis neu. Im Mittelalter wurde die nahe Verwandtenehe noch mit einer weniger überzeugenden soziologischen Begründung abgelehnt; sie verhindere jenen sozialen Wert der Ehe, der in der Ausbreitung der Freundschaft über die Familiengrenzen hinaus liegt. Ferner sei in der Geschwisterehe so viel Leidenschaft zu erwarten, daß die Zuwendung zu den Kindern und Mitmenschen in Gefahr komme. Eine These, die ein feines psychologisches Spüren zeigt, obwohl ihr nur wenige Erfahrungsbefunde zugrunde liegen konnten. Hier hat der gesellschaftliche Brauch, vielleicht auf Instinktreste gestützt, als Tabu eine sittliche Einsicht vorläufig ersetzen müssen, die erst aufgrund von komplizierten wissenschaftlichen Erkenntnissen voll gewonnen werden konnte. Merkwürdig, daß ein der Vernunft so lange Zeit schwer zugängliches Gesetz doch zu den unbestrittensten gehörte.

Gewiß ist es wünschenswert, daß gut und böse soweit möglich von der Vernunft begriffen werden. Zur Mündigkeit gehört Vernunfteinsicht in den Sinn von Verboten und Geboten. Aber nicht jeder kann und muß über eine reflektierte sozialphilosophische Begründung der Unerläßlichkeit von Privateigentum verfügen, um Mein und Dein zu unterscheiden und das Unrecht des Diebstahls zu begreifen.

In Zeiten freilich, in denen alles Überlieferte nicht ohne Grund „hinterfragt" wird, alles Bestehende dem Ideologieverdacht verfällt, kommt es zu einer Probleminflation, die unsere sittliche Urteilskraft weit überfordert. In weiten Bereichen ist der Einzelne nicht mehr in der Lage, Recht und Unrecht, gut und böse klar zu unterscheiden. Die Grauzonen der Ethik werden übergroß. Die für die Gewissensbildung faktisch früher als zuständig anerkannten Autoritäten, Staat, Kirche, Familie, Schule erfahren eine weitgehende Abwertung in der öffentlichen Meinung und also auch fast unvermeidlich im Gewissen des Einzelnen.

[14] *K. Rahner,* Schriften zur Theologie X (Einsiedeln 1972) 104–112; XII (1975) 19 ff; 85 ff.

[15] Wie viele als spezifisch christlich geltende Werte und Tugenden schon im „Tao" nichtchristlicher Kulturen entdeckt wurden, zeigt in überraschender Weise die Beispielsammlung im Anhang des Buches „Die Abschaffung des Menschen" von *C. S. Lewis* (Einsiedeln 1981).

[16] Viel dazu trägt eine emphatische Übersteigerung des Wahrheitsbegriffs ins Ewige und Absolute bei, die blind macht für den ebenso

nüchternen wie weittragenden Wortgebrauch der Alltagssprache, in der „wahr" jedes geringste Urteil genannt wird, das schlicht zutrifft, stimmt, dem Sachverhalt entspricht. Ein so trivialer Satz wie „es schneit" ist so lange wahr und als Wahrheit erkennbar, als es wirklich jetzt sichtbarlich schneit. Das ist nichts besonders Metaphysisches, aber zur Not als Startloch ausreichend für ziemlich viel Metaphysik, wie jede Trivialität. Wahrheit ist ein Alltagswort, brauchbar und unersetzlich auch ohne Feierlichkeit, auch in der Wissenschaft, auch in der Philosophie.

Der Unterschied von Recht und Unrecht, die jedermann verpflichtende Unverfügbarkeit der Rechte von Personen ist eine Alltagswahrheit. Sie kann nicht wie viele mathematische und naturwissenschaftliche Wahrheiten in einer Weise bewiesen werden, die zur Zustimmung zwingt. Ich bin zwar sicher, daß ich Rechte habe und daß mein Nachbar sie hat, aber diese Sicherheit über das Moralische kann ich niemand aufnötigen, der sie ablehnen will. Eine freie Zustimmung zu einer möglicherweise sogar „evidenten", aber dennoch nicht zwingenden Einsicht wird oft im weiteren Sinn als „Glaube" bezeichnet.
[17] Es gibt einen großen Bereich des Guten, das um seiner selbst willen getan werden kann, weil eine Verpflichtung gar nicht vorliegt.

Wo aber ein Handeln nicht nur gut ist, sondern dazu noch verpflichtend, wäre es unwahrhaftig, diese Seite zu verleugnen. Wenn ich meine Schulden bezahle mit der Bemerkung: Ich bezahle nicht, weil ich es Dir schulde, sondern weil ich es um seiner selbst willen für gut und schön halte, Dir eine Gabe zukommen zu lassen – dann habe ich nicht die wahre Sittlichkeit vollendet, sondern Etikettenschwindel getrieben. Das richtige wäre, die Schulden als Schulden anzuerkennen und sie dann nach Möglichkeit auch gern zu bezahlen. Dann habe ich das Gute um seiner selbst willen oder einem anderen zuliebe getan ohne die Verpflichtung zu verleugnen.

Wer bei einem Unfall zugegen ist, wird einen Impuls spüren: Du solltest hier helfen. Er könnte zurückfragen: Warum eigentlich? Was würden wir antworten? Vielleicht: Es gibt doch eine Pflicht der Hilfeleistung. Das sagt uns das Gewissen. Menschen sind aufeinander angewiesen, das ist doch ganz klar. Es wäre gemein, den Verletzten einfach liegenzulassen.

Im Unterschied zu allen anderen Werten, den ästhetischen, ökonomischen, den Gestalttendenzen usw. bringt der sittliche Wert oft eine Verpflichtung mit sich. In vielen Fällen scheint das evident und keiner weiteren Begründung mehr bedürftig. Jedoch, dieses Gewissen fällt nicht vom Himmel. Es folgt den Anschauungen der Umgebung, die es bildet. Würde in einer Gemeinschaft jeder Unfall als Strafe oder Fügung eines Gottes angesehen, in deren Ablauf niemand eingreifen darf, so würde das Gewissen jede Hilfeleistung wie selbstverständlich verbieten: Halte Du Dich da raus. Der Priester, der im Gleichnis vom barmherzigen Samariter den von Straßenräubern Zerschlagenen auf dem Weg nach Jerusalem am Straßenrand liegen sah, mag keine Hilfspflicht verspürt haben, weil er sich für den Tempeldienst von Verunreinigung mit Blut freihalten mußte.

Auch die Rechte der Mitmenschen, die wir als unmittelbare Quelle unserer Pflichten empfinden, fühlen sich zwar an wie solide Begründungen des Sollens und reichen auch für den Hausgebrauch; sie genügen oft zur Motivation. Und wo sie nicht genügen, ist es sehr fraglich, ob der Rückgriff auf den Willen Gottes mehr bringt. Aber menschliche Rechte können sich nicht selbst begründen. Warum sollen wir fremde Rechte achten? Es ist nicht einfach selbstverständlich.

Ein jüdischer Witz läßt den Leutnant an den Rekruten Salomon die Frage richten: Salomon, warum soll der Soldat den Vorgesetzten gehorchen? Salomon antwortet: Ganz recht, Herr Offizier, warum soll er?

Und warum sollen wir fremde Rechte achten? Die Antwort, weil ohne Rücksicht auf Rechte kein soziales Gebilde überleben und kein menschliches Wohl gedeihen kann, mag richtig sein. Sie setzt aber voraus, wie jede Zweckmäßigkeitsethik, daß der Zweck fraglos anerkannt wird. Warum muß ich Rechte beachten, wenn mir am Wohl der Gesellschaft, an ihrem Überleben und möglicherweise auch an meinem eigenen nichts liegt? Ich zweifle nicht, daß sittliche Werte für viele Leute psychologisch eine gewisse, meist begrenzte, Anziehungskraft haben, und daß sie tatsächlich so etwas wie Gefühle des Sollens oder Nichtdürfens hervorrufen. Aber diese normative Kraft des Faktischen, des Fühlens, kann durch die Gegenkraft des Zweifels völlig aufgelöst werden, solange nicht das unverbindliche Faktum des Vorkommens von Verpflichtungsgefühlen geistig begründet wird. Ein unbedingtes Sollen müßte in seinen Gründen verstanden sein, jenseits aller hypothetischen Zweckmäßigkeit. Eine solche sagt der Satz aus: Wenn du einen Motor lange erhalten willst, mußt du regelmäßig Öl wechseln. Wenn du dagegen seine Lebensdauer ohne Ölwechsel feststellen willst, mußt du ihn konsequent ohne Wechsel fahren. Die Motorerhaltung selbst ist keine unbedingte Pflicht.

[18] Hier wird die Bedeutsamkeit jener nominalistischen Fehlentwicklung der Theologie sichtbar, nach der der Unterschied von Gut und Böse ganz dem willkürlichen Wollen Gottes entstammt. Wenn aber dieser Wille Gottes nicht sozusagen wiederum „normiert" ist, freilich nicht von außen, wohl aber aus dem heiligen und weisen Wesen Gottes, der sich nicht selbst widersprechen kann, dann fühlt der

Mensch sich entwürdigt, weil er einem willkürlichen Despoten gehorchen muß. Genau dieses untergründige Mißgefühl ist aber eine Quelle jeder Auflehnung gegen den Gotteswillen, eine Quelle alles Bösen. Die Frage des Menschen, warum er von seiner Freiheit, die das Beste an ihm ist, auch nur einen Fußbreit aufgeben soll, ist eine gute Frage, eine grundmenschliche Frage. Er muß wissen, *warum ein anderer ihm etwas zu sagen haben sollte.* Erziehung zum Ungehorsam ist notwendig, ebenso wie Erziehung zum Gehorsam, weil die Würde der Freiheit nicht nur von Eigensinn und Eigenwille des Hochmuts, sondern auch von einer bequemen Unterwürfigkeitsbereitschaft des Kleinmuts, der Schwäche und der Bequemlichkeit bedroht ist. Gehorsam am falschen Platz ist ebenso böse wie Ungehorsam am falschen Platz.

[19] *S. Freud,* Briefe (Frankfurt a. M. 1960) S. 305.

[20] *F. Stier,* Vielleicht ist irgendwo Tag. Aufzeichnungen (Freiburg i. Br. 1980) S. 156.

[21] *E. Fromm,* Ihr werdet sein wie Gott (Reinbek 1980) S. 64 ff.

[22] *R. Spaemann,* Die Frage nach der Bedeutung des Wortes „Gott", in: Communio. Internationale katholische Zeitschrift I (1972) S. 54.

[23] *L. Wittgenstein,* Tractatus logico-philosophicus (Frankfurt a. M. 1979) S. 12.

[24] *K. Hemmerle* a. a. O.

[25] In einem sogenannten wissenschaftlichen Milieu liegt das Vorurteilssystem aufdringlich nahe, Überzeugungen dürften nur auf eigener, in Erfahrung und evidenten Prinzipien gegründeter Erkenntnis aufgebaut werden. Die Unmöglichkeit, dieser Forderung gerecht zu werden, zeigt sich nur im gründlichen Nachdenken. Von diesem Vorurteilssystem her ist Glauben ein menschenunwürdiges, sittlich fragwürdiges Verhalten. Die Einsicht, daß unter Umständen das Jemand-Glauben-Schenken in einer Situation die einzig menschenwürdige, vernünftige und den Umständen angemessene Verhaltensweise sein kann, zu der man *verpflichtet* ist, diese Einsicht ist wiederum nur durch sorgfältiges Nachdenken gegen einen reißenden Suggestionsstrom von Jahrhunderten des Szientismus zu haben und zu halten.

Es gibt Jetströme der Meinungsbildung in geistigen Regionen, wie sie eine Schulklasse, eine Vorortstraße, eine Universität, eine Clique, ein Betrieb bilden, deren suggestiver Wucht ein einzelner selten gewachsen ist. Wer dann im letzten Sturm das Wissen verloren hat, daß gegen den jeweiligen Gruppendruck nur die Solidarität einer denkenden Gemeinschaft standhält, der wird vom Winde verweht, verweht in die Bodenlosigkeit beliebigen Geredes und Meinens. *Meinen macht dann gemein.*

Wer notieren wollte, welche Werte und Normen im Laufe eines

Tages um die Seele eines Schulkinds werben, der würde eine von Widersprüchen zerrissene und zerklüftete geistige Wirrnis vorfinden, ein Labyrinth, in dem fast unvermeidlich die Führung wenigstens zeitweise den Emotionssophisten und der einschmeichelndsten Stimme zufällt; jenen Leuten, die *Platon* die „Schmeichler", und die das Neue Testament „Ohrenkitzler" nennt. Heute sind es Schlagersänger, manche Film- und Liedermacher, Demagogen aller Art und die leichtfertigen oder bösartigen unter den Journalisten und Lehrern. Es hilft viel, daß auch solche von gutem Willen und gutem Verstande nicht selten sind.

[26] Über diesen Gedanken hatte ich wenige Tage vor seinem Tod mit *Joachim Illies* noch eine freundschaftliche Auseinandersetzung. Er warf mir aufklärerischen Vernunftoptimismus vor. Aber mein Vernunftoptimismus ist einer, der die ersten zwölf Jahrhunderte der ungeteilten Christenheit durchzieht und sich bis zum heutigen Tage auch in ihr gehalten hat. *Thomas von Aquin* hat ihn, wenn er sagt, das Gute sei das Vernunftgemäße.

Vernunft wird ja durch den Glauben nicht ausgeschaltet, sondern mit neuen Kräften und Daten informiert. „Metanoeite", Sinnet um, geht nicht ohne „Noeite", Sinnet nach. Mit welchem anderen „Seelenorgan" sollten wir *Jesus* und seine Wahrheit denn erfassen als mit dem Erkenntnisvermögen, das auch dann bei Verstand und Vernunft bleibt, wenn es die Nachricht eines Anderen auf Treu und Glauben aufnimmt als eine, die verstanden und mit der weiter nachgedacht werden soll. *Jesus* ist mehr als ein vernünftiger Denker, aber er ist ein vernünftiger Denker und appelliert ständig auch an unsre Fähigkeit und Bereitschaft, zwei und zwei zusammenzuzählen. Wer nicht nachdenken will, versteht ihn nicht. Selbst der Vorwurf von *Illies*, den er mit manchen evangelischen Theologen teilte, hat nur Sinn, weil es auf den ersten Blick vernünftige Gründe sind, die gegen die Vernunft zu sprechen scheinen. Wer aber überhaupt zum Reden den Mund aufmacht oder zur Feder greift, hat ihr schon die erste Reverenz erwiesen. Ohne Verstand und Vernunft können wir keine Zeile der vielen klugen Bücher begreifen, welche zur Angefochtenheit der Vernunft beitragen. Anfechtbar ist nur ihr Mißbrauch. Der unermüdlich vernünftig argumentierende Freund *Illies* war von dem leuchtenden Vernunftoptimismus des dem Schöpfer der Vernunft vertrauenden Christen ganz durchdrungen.

[27] Auch diese Analyse des Bösen ist von *H. Melville*, dem „Theologen" unter den Agnostikern, in „Billy Budd" bis auf den Grund getrieben; der junge Seemann wird auf diese Weise unbeabsichtigt zu einem Bruder Jesu. Der Verfolger des Billy Budd ist auch eine Kainsgestalt des Neides, so sieht ihn *H. Schoeck;* aber mehr noch ein Symbol jenes Ärgernisses, das nicht von jedem Reichtum des Nach-

barn hervorgerufen wird, sondern ausschließlich von seinen Tugenden, um es mit einem ebenso altmodischen wie unersetzlichen Wort
zu sagen.

Die graue Tarnfarbe dieses Neidärgers am Guten, die ihn un-
kenntlich macht, ist Unaufmerksamkeit, Mangel an Interesse, Vermeidung des Kontakts mit der Herausforderung des Guten und
Heiligen durch gelangweiltes Wegschauen. Interesselosigkeit ist oft
Vermeidungsverhalten. Das Ärgernis an Gott und seinen Freunden
läßt sich umgehen, wenn man ihnen einfach Aufmerksamkeit und
Interesse entzieht. Unfehlbar werden sie dann langweilig. Diese
stille Art des Aus-der-Welt-Schaffens ist die weitaus erfolgreichste,
eine unblutige Kreuzigung, die keine Mühe kostet, sich nicht böse
anfühlt und kaum Schuldgefühle macht. Sie ist unbesieglich. Wer
könnte Blasiertheit überwinden? „Selig, wer sich an mir nicht lang-
weilt" könnte das Jesuswort heute sagen.

Wenige Symptome im Erscheinungsbild des Christentums der
Gegenwart wecken so sehr den Verdacht auf eine schwere Erkrankung der Kirche wie das Nachlassen des Interesses an den Heiligen.
Individuation kann sich nur reich entfalten in der Begegnung und
Beziehung mit anderen Menschen, mit Vorbildern, die Identifizierung ermöglichen und zur Auseinandersetzung herausfordern. Dieses humane Grundgesetz ist natürlich im Christentum nicht aufgehoben. Eine Einschränkung auf die Person *Jesu* als einzige Orientie-
rungsgestalt ist nicht im Sinne des Erfinders und bedeutet eine
seelische Verarmung. Schon *Paulus* fordert unbefangen und mit
Recht zur Nachahmung seiner eigenen Person auf.

III. Die psychoanalytische Erklärung des Bösen

[1] *Freuds* Lehre über das Böse ist vorzüglich und erschöpfend dargestellt bei *M. Battke,* Das Böse bei Sigmund Freud und C. G. Jung
(Düsseldorf 1978).

[2] *S. Freud,* Briefe a. a. O. S. 305.

[3] *S. Freud,* G. W. VII, S. 418.

[4] In der Geschichte der Psychoanalyse ist das Schwanken zwischen
einer Theorie, die das Böse mehr als umweltbedingt oder mehr als
Naturanlage (Destruktions- bzw. Todestrieb) erklärt, dokumentiert
in den Büchern von *A. Miller,* Das Drama des begabten Kindes und
die Suche nach dem wahren Selbst (Frankfurt a. M. 1979); und: Du
sollst nicht merken (Frankfurt a. M. 1981).

[5] *S. Freud,* G. W. XIV, S. 479.

[6] Vgl. *D. E. Zimmer,* Doppelmensch. Ein Experiment der Natur
(Übersicht über die Zwillingsforschung in USA), in: ZEIT-Magazin

3/1982. *A. Heigl / H. Schepank,* Ursprünge seelisch bedingter Krankheiten (Göttingen 1980/81).

[7] *A. Plack,* Die Gesellschaft und das Böse (München 1970).

[8] Vgl. *A. Görres,* Vernunft und Leidenschaft; Determination und Freiheit im Spiegel der Psychoanalyse, in: An den Grenzen der Psychoanalyse (München 1968).

[9] *S. Freud,* G. W. Die Stelle ist in dem leider lückenhaften Gesamtregister nicht zu finden.

[10] *S. Freud,* G. W. VIII, S. 230.

[11] Vgl. *F. Schottlaender,* Das Ich und seine Welt (Stuttgart 1959).

[12] Vgl. Literatur unter Anmerkung B 9.

[13] Vgl. dazu *D. Mieth,* Die Kunst, zärtlich zu sein. Wege zur Sensibilität (Freiburg i. Br. 1982) S. 64 ff.

[14] Bei der Vielzahl der wahrscheinlich beteiligten Faktoren des Entstehens von Unbefriedigung lassen sich solche Zusammenhänge kaum beweisen, es sind Deutungen, die allenfalls plausibel gemacht werden können.

So ist z. B. denkbar, daß bei der geschichtlichen Beeinträchtigung der sexuell-erotischen Sphäre ein ganz anderer Faktor ins Spiel kommt, nämlich ein mangelhaft ausgebildeter Sinn für persönliche Freiheit, eine Überbetonung des Gehorsams, wie er in der alten Standes- und Wirtschaftsehe zum Ausdruck kommt. Es wäre verständlich, wenn sich bei Verbindungen, die ohne gegenseitige Zuneigung der Partner geschlossen werden, der Gefühlsbereich ungut entwickelt. Wir bewegen uns hier zwar ganz im Bereich von Vermutungen, aber wo nichts bewiesen werden kann, müssen Vermutungen erlaubt bleiben.

Allerdings entspricht diese Vermutung der verbreiteten Tendenz, „Schuldige" oder jedenfalls Ursachen in Vergangenheit zu finden. Vergessen wird dann leicht, daß vielleicht das größte Hindernis im Entstehen einer liebevollen, zärtlichen Familienatmosphäre der von Beteiligten persönlich zu verantwortende Anteil an Selbstsucht und anderem Unguten sein könnte.

[15] *S. Freud,* G. W. XI, S. 369.

[16] *Freud* hat schon in seinen ersten Semestern bei dem Philosophen und Psychologen *Franz von Brentano* studiert, der einen großen Einfluß auf die Entwicklung vor allem der phänemonologischen Philosophie gehabt hat. *Husserl, Scheler, Pfänder, Meinong, Ehrenfels, Heidegger* wurden von ihm angeregt. *Freuds* älterer Freund *Josef Breuer,* der Entdecker der tiefenpsychologischen Methode der Hypnokatharsis hat eine umfangreiche philosophische Korrespondenz mit ihm geführt. *Freud* wollte bei *Brentano* in Philosophie promovieren. Für *Brentano* war das seelische Leben durch „Intentionalität" gekennzeichnet, die Zuwendung des Bewußtseins zum Gegenstand.

IV. Die Versuchung

[1] Diese Auffassung entspricht der Lehre des *Anselm von Canterbury,* nach der der Wille von zwei Neigungen bestimmt ist, der Neigung zum Richtigen (rectitudo) und der zum Angenehmen. Der Wille zum Richtigen ist immer gut. Der Wille zum Angenehmen kann gut oder schlecht sein. Schlecht ist er, wenn das Angenehme gegen das Richtige steht, das der Geist erkennt und befiehlt. (Vgl. *R. Allers,* Anselm von Canterbury, Leipzig 1936.)

[2] Mancher Leser mag solche Aussagen als unerlaubt naiv empfinden. Es gibt doch nicht wenige Menschen, die sich selbst als völlig lieblos erleben. Zwar kennen sie oberflächliche Sympathie und erotische Attraktion. Aber sie meinen, niemand wirklich zu lieben, nicht Menschen und nicht Gott – obwohl sie vielleicht beides wünschen und wollen. Sie bedauern den Zustand, ohne eigentlich darunter zu leiden. Freundschaften pflegen sie mit delikater Distanz, weil Nähe durch ihre Verletzlichkeit und ihren kritischen Sinn bald Verstimmungen mit sich bringen würde. Die Psychiatrie ordnet sie bald als schizoide, bald als latent depressive, als narzißtische oder egozentrische Persönlichkeiten ein. Kennzeichnend ist als zentrale Störung eine gewisse Unfähigkeit zu Fühlen, der Mangel an Gemütswärme. In der Psychotherapie zeigt sich manchmal, daß unter dieser Kälteschicht ein früh verängstigtes Kind versteckt und wie in einem Schneckenhaus beschützt ist. Ziemlich grotesk gezeichnet finden wir einen solchen Charakter bei *Charles Dickens* in der Gestalt des hartherzigen Scrooge aus den Weihnachtsgeschichten. Auch das Märchen kennt diesen Typus. Es ist verständlich, daß solche Menschen manchmal aus ihrer oft unverschuldeten Belastung das beste zu machen suchen, indem sie eine zölibatäre Lebensform wählen. Sie wirken oft verknöchert, in der Tugend verhärtet, können aber voll entschiedenen guten Willens sein, scheinbar lieblos Liebende.

[3] Die heutige Psychologie kennt noch ein „Denken" und eine Denkpsychologie. Das Wollen, der Wille erscheinen durch das Stichwort „Motivation" ersetzt. Da mir die Argumente für eine Psychologie des Wollens und des Willens zwingend vorkommen, bleibe ich bei diesen Grundbegriffen. Die empirischen und experimentellen Befunde der klassischen Willenspsychologie sind in hervorragend praktischer Weise in dem Büchlein von *J. Lindworsky,* Willensschule (Freiburg i. Br. [2]1956) dargestellt. Sie sind heute noch grundlegend wichtig. Der Herausgeber der Neuauflage ist ein Psychoanalytiker, *H. Thurn.*

[4] Sie ist eindringlich beschrieben bei *E. Drewermann,* Strukturen des Bösen (Paderborn 1977). Die Jahwistische Urgeschichte in exegetischer, psychoanalytischer und philosophischer Sicht.

[5] Dieser Satz enthält die einzige These, in der ich von der Theorie des Bösen, wie sie *Drewermann* überzeugend entwickelt, vielleicht ein wenig abweiche. Doch kann ich nicht ausschließen, daß auch dieser Aspekt, der über die Begründung durch Angst hinausgeht, in dem gedankenreichen, freilich auch umfänglichen Werk *Drewermanns* berücksichtigt ist. Mein Widerspruch zu *Drewermann* würde allenfalls da einsetzen, wo er die Unterschiede zwischen Neurose und Schuld, den Unterschied zwischen personalen Akten und Haltungen auf der einen, vorpersonalen Vorgängen und Strukturen auf der anderen Seite allzusehr einebnet. Vgl. *A. Görres,* An den Grenzen der Psychoanalyse (München 1968) S. 53 ff.; Methode und Erfahrungen der Psychoanalyse (München ²1973) S. 83 f. und 90 f. oder Kindler-TB Nr. 2019³, S. 83 ff.

W. Kasper bringt die These auf einen Satz: „Die Faszination des Bösen ist die Faszination des Scheingöttlichen, die Faszination einer Gegenmöglichkeit zur bestehenden Wirklichkeit. Das Böse ist damit das Nichtige im Sinn des Eitlen, das sich selbst übertrieben wichtig nimmt" (a. a. O., S. 512; vgl. oben Anmerkung II 11).

[6] Vgl. *K. Rahner/A. Görres,* Der Leib und das Heil (Mainz 1967). Mein Anteil an dem vergriffenen Bändchen ist nachgedruckt in: *A. Görres,* An den Grenzen der Psychoanalyse (München 1968).

[7] *S. Freud,* G. W. I, 59 ff. passim.

[8] In der Vergangenheit war es selbstverständlich, daß zum christlichen Leben ein gewisses *Minimum von „Methodismus"* gehört. Das gilt auch für die gegen „Werke" mißtrauische protestantische Tradition. Im katholischen Raum war es klar, daß ohne regelmäßiges Gebet, Sakramente, Gewissenserforschung, Zeiten des Fastens und andere Verzichte, kurzum ohne ein Minimum von „geistlicher Übung" des Einzelnen, der Familie und der Gemeinde das innere Leben versanden müsse.

Im katholischen Raum findet man freilich auch nicht selten einen magischen Mißbrauch von Sakramenten. Sie werden dann nicht gebraucht, um dem Empfangenden die Akte und Haltungen zu vermitteln, die sie vermitteln sollen; sie werden gebraucht, um diese Akte und Haltungen zu *ersetzen.* Man empfängt das Bußsakrament dann *anstelle* einer Sinnesänderung. Das ist, als wollte man sich von Abbildungen der Nahrungsmittel ernähren. Zur Psychologie der Gewissenserforschung vergleiche *A. Görres,* „Über die Gewissensprüfung nach der Weise des Ignatius von Loyola", in: *ders.,* An den Grenzen der Psychoanalyse, S. 153 ff.

[9] Die psychologischen Grundlagen zu diesem Kapitel verdanke ich auch zum guten Teil dem schon zitierten Büchlein von *Lindworsky,* Willensschule. Vgl. auch Anm. IV, 2.

[10] Die Verengung des Begriffes „Fleisch" auf die sexuelle Sinnlich-

keit ist zwar nicht berechtigt, aber verständlich. Der sexuell-erotischen Versuchung ist es eigentümlich wie sonst fast nur noch dem Rauschgiftverlangen, die Anziehungskraft des Spirituellen und Geistigen bis zur Unsichtbarkeit im sinnlichen Dunst versinken zu lassen. Diese aktuelle Wirkung des Sexuellen eignet aber in noch höherem Maße der habituellen sexualistischen Fehlhaltung. Sie trübt den Blick und nimmt das Interesse nicht für alle geistigen Dinge, aber für die, welche das „höchste Gut" der sexuell-erotischen Beglükkung in Gefahr bringen. Darum ist ein Ausweichen auf einen Kompromiß zwischen Sexualismus und Kultur hochbeliebt. Es gibt niedrige und große Musik, Literatur, Malerei, Religion, die erlauben, an der Größe des Geistig-sinnlichen und an der Erhabenheit des Religiösen teilzuhaben, ohne sich in Abenteuern der Lüsternheit stören zu lassen. Vorübergehend können sich z. B. rauschhafte Promiskuität und Religion auch gegenseitig steigern. Der Kater kommt, aber möglicherweise erst nach Jahren; als Sexualekel und als Abscheu vor Religion. Die Faszination der Rattenfänger-Gurus hat hier eine Wurzel.

Was *Paulus* „Fleisch" nennt, ist nicht Sinnlichkeit, sondern alles im Menschen, auch alles Geistige, was sich gegen das beständig andrängende Licht zur Wehr setzt oder es ignoriert. „Fleisch" ist gnadenloses Menschsein. Was Versuchung ist, wird bei *Jesus* in fünf Worten zusammengefaßt: Verfolgungen, Schikaniertwerden; Sorgen dieser Weltzeit (das griechische Wort „merimnai" bedeutet ursprünglich „Geteiltheit"), Blendung des Besitzes (nicht nur des „Reichtums"), alle anderen Begierden (Mk 4,19).

Solche Sorgen und Begierden sind häufig auch vorwiegend geistiger Natur, z. B. Prestigebedürfnis, Ruhm- und Geltungssucht, Machtstreben, Rechthaberei und Hochmut. Die sexuellen Versuchungen wurden von Jesus weder bagatellisiert noch herausgehoben.

Den Begriff „spirituell" gebrauche ich für alle, auch die alltäglichsten Absichten und Handlungen, in denen Rücksicht auf die Zustimmung Gottes mitschwingt. Nicht gemeint ist die heute häufige Verwechslung mit einer selbstgefälligen Pseudospiritualität etwas frühreifer Heiliger, die High- oder auch Leere-gefühle für religiös bedeutsam halten. Religiös gefärbtes Wohlgefühl allein ist noch keine Spiritualität. Sie besteht nicht in unverbindlichem Seelenwabern, sondern in der oft nüchternen und trockenen Bereitschaft, sich selbst zu überwinden und das Leben auf sein Ziel hinzuordnen, ohne durch launische, eigenwillige Neigungen sich ablenken zu lassen. Spiritualität ist Aufmerksamkeit für göttliche Weisung, Sinn für das Heilige und Ewige in jedem Augenblick. Diese Aufmerksamkeit erscheint unter vielen Namen in der Geschichte, wir finden ihre Intention wahrscheinlich bei *Buddha, Lao Tse, Sokrates* und *Moham-med.* Christen sehen ihren reinsten Ausdruck in dem *Paulus*-Wort, „gesinnt sein wie Christus Jesus". In ihm ist freilich die quälende Spannung des Christlichen schon enthalten: Wie war *Jesus* gesinnt? Wie kann ich diese Gesinnung in meinem sperrigen „seelischen Apparat", in meinem Triebschicksal und Charakter, in Bedürfnissen und Begierden unterbringen? Spiritualität ist ein herzzerreißendes Geschäft, es braucht oft viele tausend Tage des Sich-lösen-Lassens.

V. Sind wir böse?

[1] Ideen zu einer allgemeinen Geschichte in weltbürgerlicher Absicht, in: *I. Kant,* Werke, hg. v. *W. Weischedel,* 6. Bd. (Frankfurt a. M. 1964) S. 41.

[2] *S. Freud,* G. W. XIV, S. 506.

[3] Gerade psychoanalytisch geschulte Psychologen müssen sich vor dem Mißbrauch des Narzißmusbegriffes hüten. Er sollte nicht dazu mißbraucht werden, selbstlose Güte als immer egoistisch zu denunzieren, weil natürlich jede selbstlose gute Tat auch dem Täter etwas bringt, z. B. ein gutes Gewissen, Befriedigung, Freude, Selbstachtung. Man kann einfach niemand etwas Gutes antun, ohne sich selbst im selben Handgriff gleichzeitig eine Wohltat zu erweisen. Und dies ist ganz in Ordnung. Selbst der Gastwirt, der an seiner Gastlichkeit verdient, ist dadurch nicht gehindert, wirkliche Gastfreundschaft zu üben, für die er nicht nur Geld, sondern dazu noch Dankbarkeit für eine unbezahlbare Gabe verdient.

[4] *H. Hemminger,* Kindheit als Schicksal (Hamburg 1982), zeigt, daß diese allgemeine Annahme ungeahnte Probleme mit sich bringt.

[5] Ist Selbstsucht dasselbe wie Narzißmus? Wie ist ihr Verhältnis zu den von *Freud* angenommenen Grundtrieben Libido und Aggression? *Freud* spricht noch in seinen klassischen „Vorlesungen zur Einführung in die Psychoanalyse" von Ich-Trieben, später auch vom Egoismus als einer dritten Kraft neben Libido und Aggression. Er benutzt auch den Ausdruck Eigensucht. Aber im ganzen bevorzugt er die weniger umgangssprachlichen Worte. Das hängt mit seiner Neigung zusammen, wissenschaftlichere Begriffe zu prägen, deren Gegenstände nach der Art von physikalischen Kräften zu denken sind, ähnlich wie Wärme, Elektrizität, Hydraulik, Strömung, Energie usw. Ich bevorzuge die umgangssprachlichen Begriffe, weil sie der ungegenständlichen Innenerfahrung von Personen entnommen und ihr angemessener sind. Wenn ich Selbstsucht sage, bin ich meinem Erleben näher, als wenn ich den äußerst komplizierten theoretischen Umwegbegriff Narzißmus benutze. Selbstsucht ist auch treffender als Eigenliebe, weil es eine gute Eigenliebe, aber keine gute

Selbstsucht gibt. Eigenliebe hat den Vorzug, ein biblischer Begriff zu sein: Philautia, der allerdings wie Selbstsucht von negativer Bedeutung ist (2 Tim 3,2).

[6] Vgl. *A. Brunner*, Vom Christlichen Leben (Würzburg 1962).

[7] *Th. von Aquin*, Summa theologica II, II, 125, 2.

[8] *K. Rahner*, Schriften zur Theologie II, 279 ff.

[9] *Th. von Aquin*, De Veritate XXIV, 7. Der Gedankengang ist klar dargestellt in: *B. Welte*, Über das Böse (Freiburg i. Br. 1959); dort sind die einschlägigen Texte aus De Veritate vollständig zitiert.

[10] *R. Allers*, Anselm von Canterbury, S. 106 f.

[11] Die Sinndeutung des Leides als Buße oder Sühne, möglicherweise auch für fremde Schuld, ist nicht die einzige, aber doch für alle anderen tragend. Ich habe dies in einem Aufsatz „Sinn und Unsinn der Krankheit: Hiob und Freud" zu zeigen versucht (in: Kennt die Psychologie den Menschen?).

[12] „Hölle" ist nicht das, was wir auf den Bildern des *Hieronymus Bosch* finden. Hölle bedeutet die unvorstellbare Qual des endgültig verzweifelten Bewußtseins, dessen Zerrissenheit nicht mehr verborgen ist wie im irdischen Zustand, sondern (ohne den Schutzverband eines verdrängten Unbewußten) ungeschützt bloßliegt. Dieses Bewußtsein „brennt" im Feuer des Entsetzens, das verzweifelt sowohl seiner totalen Angewiesenheit auf die Gottesnähe als auch seiner selbstgewählten Ausschließung von ihr innewird; in einer Weise, wie kein lebender Mensch seiner selbst innewerden kann. Dieses „brennende Bewußtsein" wird in der Kunst *Dantes* und in den Höllenbildern des Spätmittelalters in krasser sinnlicher Symbolik angedeutet. Tatsächlich ist das sinnliche Leiden das stärkste Erfahrungsgleichnis für jenes unheilbar unglückliche Bewußtsein, das wir Verdammnis nennen.

[13] *K. Rahner*, in: *A. Bsteh* (Hg.), Erlösung im Christentum und Buddhismus. (Das Zitat enthält im Original einen sinnentstellenden Satzfehler, den ich hier im Einverständnis mit dem Autor korrigiert habe.)

[14] Wie erheblich die Unrechtsneigung des Menschen ist, zeigt ein Blick in die Tageszeitung und Weltgeschichte. Noch deutlicher macht ihn eine makabre Phantasie. Stellen wir uns vor, eine finstere Organisation erfände ein elektronisches Gerät, mit dem man einen Menschen aus großer Entfernung mit einem unsichtbaren Todesstrahl schmerzlos und spurlos für beliebige Zeit dematerialisieren oder auch ganz in Nichts auflösen könnte. Das Gerät wird anonym vielen Empfängern zugesandt. Die Entdeckung seines Gebrauchs wäre ausgeschlossen. Ein wie großer Anteil der Empfänger würde es wohl benutzen, um Feinde und Konkurrenten zu beseitigen? Wie viele würden auf diese soziale Subtraktion ganz verzichten oder

auf kurzfristiges Aus-dem-Verkehr-ziehen der Betroffenen beschränken?

Aus der tatsächlichen Erfahrung mit dem Bösen hielt ein theologisch hochgebildeter Laie, *Dante Alighieri,* es noch in großer Unbefangenheit für möglich, den Bosheitsrang von Lebenden und Toten ziemlich genau einzuschätzen. Die solchem Urteil entgegenstehenden strengen Verbote der Schrift waren ihm und seiner Zeit offenbar nicht so gegenwärtig, daß sie daran gehindert hätten, Rangplätze in der Hölle zu verteilen und grausige Strafen zu ersinnen.

Die aufdringliche Erfahrung schier unfaßlicher Bösartigkeit begegnet auch uns täglich. Sie macht es verständlich, wenn ein spontanes, naives Rechtsgefühl bei zynischen Schurken Verwerfung für angemessen hält.

Ist der alle rettende Gott *K. Rahners* noch einer, der Seiner nicht spotten läßt? Ist nicht der Gott *Jesu* einer, der zwar Mördern und Huren, nicht aber Pharisäern und Unbarmherzigen verzeiht; auch nicht solchen Tugendbolden, die keineswegs dramatisch böse sind, aber eben darum in dem Wahn leben, keiner Verzeihung zu bedürfen? Wirft der Gott seine Nähe und ihr Heil auch allen nach, die Ihn niemals darum gebeten haben noch ihn bitten wollen?

Die Frage ist falsch gestellt. Sicher wird niemand gegen seinen Willen Gott schauen. Aber vielleicht dürfen wir denken und hoffen, daß eines Tages die siegreiche Gnade, eine Motivatio victrix, alle in Bittende verwandelt. Etwas unheimlich bleibt mir die optimistische Theologie. Jedenfalls wäre auch eine Glaubensmeinung, mit der über Jahrhunderte die großen reinen Herzen ausgekommen sind, für mich gut genug, wenn es sein müßte.

[15] Trotz des ganz andersartigen Lösungsversuches, den die Reformation entwickelt hat, fand ich bei protestantischen Patienten unter einer anderen Terminologie ganz ähnliche Probleme.

[16] *K. Rahner/H. Vorgrimler,* Kleines theologisches Wörterbuch (Freiburg i. Br. [13]1981) S. 363 f.

VI. Die Psychotherapie und das Böse

[1] Z. B. *W. Daim,* Umwertung der Psychoanalyse (Wien 1950).

[2] *S. Freud,* G. W. XIV, S. 506.

[3] *W. Zander,* in: Experimentelle Forschungsergebnisse in der Psychosomatischen Medizin (Göttingen 1981).

[4] *S. Freud,* G. W. V, S. 65.

[5] *K. C. Reinhardt/P. Sloterdijk* (Hg.), In irrer Gesellschaft. Verständigungstexte über Psychotherapie und Psychiatrie (Frankfurt a. M. 1980) S. 9 ff.

[6] *F. Kafka,* in: Hochzeitsvorbereitungen auf dem Lande (New York 1953).

[7] *K. Rahner:* „Der Mensch von heute sieht, was man Schuld nennt, als ein Stück jener allgemeinen Misere und Absurdität des menschlichen Daseins, denen gegenüber der Mensch nicht Subjekt sondern Objekt ist, je mehr Biologie, Psychologie und Soziologie die Ursachen des sogenannten sittlich Bösen erforschen" (vgl. u. Kap. VIII).

[8] In diesem Zusammenhang muß auch etwas zur Frage der Therapiedauer angemerkt werden: Bei manchen überlangen Behandlungen wundern wir uns, wie ein nicht unerträglich belasteter Patient es verantworten kann, einen Therapeuten über Jahre mit Beschlag zu belegen, anderen dadurch die Behandlungschance zu nehmen und die Versichertengemeinschaft finanziell zu belasten, ohne eben damit seinen Egoismus auf die Spitze zu treiben. Das geht freilich nur, wenn und weil der Patient für all das mit Recht vorwiegend den Therapeuten verantwortlich machen darf – vorwiegend. Für diesen liegt die Verantwortbarkeit darin, daß manchmal, freilich selten, Behandlungen auch nach mehreren Jahren noch eine ungeahnte Wende zum Besseren nehmen können und sich nachträglich in ihrer Dauer rechtfertigen. Von der leidigen Statistik her gesehen wird man vielleicht für recht wahrscheinlich halten dürfen, daß in der Regel Behandlungen, die über vier oder fünf Jahre hinausgehen, den Verlauf einer Infinitesimalkurve annehmen, also verhältnismäßig geringen weiteren Fortschritt erbringen. Kenner der statistischen Situation in der Welt behaupten, daß sowohl Behandlungen, die von vornherein auf eine bestimmte Frist beschränkt werden als auch Behandlungen mit geringer Frequenz (ein bis zwei Wochenstunden) im Gegensatz zur öffentlichen Meinung der meisten Psychotherapeuten größere Erfolgschancen mit sich bringen als solche mit hoher Frequenz von 4 oder 5 Wochenstunden und unbeschränkter Dauer. Vgl. hierzu *H. Kind,* Psychotherapie und Psychotherapeuten (Stuttgart 1982).

VII. Das Christentum und das Böse

[1] Die weise Variante verdanke ich meinem Fakultätskollegen, dem Medizinhistoriker *Gerhard Pfohl.*

[2] Double-bind nennt die Kommunikationspsychologie zwiespältige Botschaften.

[3] Vgl. *A. Görres,* „Pathologie des katholischen Christentums", in: Handbuch der Pastoraltheologie, hg. von *F. Arnold, K. Rahner u. a.,* Bd. II/1[2]. Die Frage nach den neurotisierenden Faktoren in der christlichen Erziehung habe ich in dem Kapitel „Verdirbt das Chri-

stentum den Charakter?" in dem Buch „Kennt die Psychologie den Menschen?" (München 1978) ausführlicher behandelt.

4 *S. Kierkegaard,* Die Krankheit zum Tode (Gütersloh 1978) S. 155 ff. Im neurotischen Selbsthaß scheint Aggression, die ursprünglich anderen gilt, der eigenen Person zugewandt zu werden, oft mit dem Ergebnis depressiver Verstimmung. Freud hat das in seinem Aufsatz „Trauer und Melancholie" beschrieben. Ein gerechtfertigter Selbsthaß mag sich gegen jenes schwer faßbare Ego richten, welches als Subjekt der Selbstsucht widerwärtig ist. Immerhin hatte einer der seelisch gesündesten, geglücktesten und heitersten Heiligen, *Philipp Neri,* den selbst *Goethe* liebenswürdig fand, den Wahlspruch: „Spernere neminem, spernere se ipsum, spernere sperni" (niemanden verachten, sich selbst verachten, verachtet werden verachten). Es gibt bekömmliche Formen der Selbstverachtung.

5 *O. Pfister,* Das Christentum und die Angst (Zürich 1944); *W. Pannenberg* in: Z. f. evang. Ethik, XXI. Jg. (1977) S. 161 ff.

6 Vgl. „Wunder und Wunderglauben" in: *A. Görres,* An den Grenzen der Psychoanalyse.

7 Vgl. den Roman von *A. Solschenizyn.*

8 *Thomas von Aquin:* S. th. I, 60, 5 ad 1; S. th. I, 65, 1 ad 3; übersetzt von *J. Pieper.*

9 *Th. von Aquin,* S. th. I–II, 34, 1 ad 1.

10 *Th. von Aquin,* Summa contra gentiles III, 122.

11 Diese Bemerkung weist auf den sehr frühen Ursprung einer Entwicklungslinie hin, die *A. Adler* zur Hauptsache seines psychologischen Systems der Individualpsychologie gemacht hat. Ihr Beitrag zum Verständnis des Bösen ist unschätzbar.

12 Die Frühentwicklung des Geistes beschreibt unvergleichlich: *G. Siewerth,* Metaphysik der Kindheit (Einsiedeln 1957).

13 *C. S. Lewis,* Die Abschaffung des Menschen (Einsiedeln 1980). Dieses kleine Buch halte ich für die wichtigste gegenwärtige Abhandlung über die gemeinsamen Grundlagen der Ethik der Völker.

14 *Aristoteles,* Sophistische Widerlegungen, 2, 2. Zit. n. *J. Pieper,* Über den Glauben (München 1962).

15 *M. Buber,* Werke III (München – Heidelberg 1963) S. 348.

16 Vgl. *J. Ratzinger,* Einführung in das Christentum (München) S. 18 f.

17 Diese Definitionen verdanke ich *R. Spaemann.*

18 Diese Bereitschaft des Geschöpfes, nicht Gott, sondern sich selbst als Quelle alles Bösen anzuerkennen, der Verzicht also auf die Gottesverleumdung, ist der Ansatz der Demut. Wie alle Tugenden ist auch sie eine Verähnlichung mit der Gottheit, weil sie sich dem Urteil angleicht, die Gott über das Geschöpf hat. Demütig sein heißt, nach Möglichkeit mich selbst so sehen, wie Gott mich sieht.

[19] Nicht ganz umsonst ist vielleicht die Überlegung, daß niemand den ganzen Schmerz der Menschheit zu tragen hat. Die Menschheit ist kein Subjekt unermeßlicher Schmerzen. Leid gibt es sozusagen nur für jeweils einen. Jeder einzelne ist nur gefragt, ob er *sein* Leidquantum annehmen kann, einschließlich dessen, das Verbundenheit mit geliebten Anderen beiträgt. Schmerz ist durch den begrenzt, der ihn leidet. Er ist nicht uferlos. Die Addition ist nichtssagend. Es gibt kein „Leiden von Millionen", wie es ein Gesamtgewicht vieler Gegenstände gibt.

Am Aufbegehren gegen den leidbringenden Gott ist oft nicht der Blick auf die mich treffende Last schuld – die könnte ich vielleicht annehmen –, sondern die sentimentale und indiskrete Einmischung in das Los anderer, die vielleicht für sich selbst die Last gar nicht abweisen. Das ist eine Erfahrung, die der Arzt bei schmerzgequälten Kindern machen kann. Die Eltern hadern mit Gott, aber das Kind leidet vielleicht friedvoll, ohne Aufhebens davon zu machen mit jener „acceptance", von der die Rede war.

[20] *S. Freud,* G. W. XIV, S. 433 f.

[21] ebda.

[22] Es gibt Lehrer und Ärzte, die für einen Schüler oder Patienten jahrelang einfach keine Sympathie aufbringen, aber dennoch ihnen viel zuliebe tun. Sie geben, was sie haben. Niemand kann geben, was er nicht hat. *Sigmund Freud* hat lange der Theorie zugeneigt, die ursprüngliche Beziehung zwischen Menschen sei nicht die Liebe, sondern der Haß. „Die menschliche Aggression ... bildet den Bodensatz aller Zärtlichkeiten und Liebesbeziehungen unter den Menschen" (G. W. XIV, S. 473). Dann wäre jede Liebe Feindesliebe. Der klinische Hintergrund der Theorie ist die psychoanalytische Erfahrung, daß nicht wenige Patienten, die sich auf ihre scheinbar tiefsten Gefühle einlassen, wenn also ihre wahre Natur zum Vorschein kommt, vor allem Fluten von Angst, Auflehnung, Mißtrauen, Neid und Haß in sich vorfinden, auch denen gegenüber, die sie zu lieben meinen oder einmal geliebt haben.

Haltbar an der etwas extremen Theorie ist wohl, daß unsere Gefühlsbeziehungen selten oder nie ganz frei von Ambivalenz sind und daß darum jede Mühe, das Gute und die Zuwendung zu fördern, eine Löschung, Milderung, eine Bewältigung von Haß einschließen muß.

Haßauflösung ist ein guter Anfang. Die ernste Absicht, Haß zu löschen, führt oft am besten in flagranti zum Erfolg, wenn das Haßgefühl deutlich und voll empfunden wird.

CHRISTLICHER GLAUBE
IN MODERNER GESELLSCHAFT

„Eines der bedeutendsten theologischen Werke der Gegenwart"
EKZ-Informationsdienst

„Gute Lesbarkeit auch für den nicht unmittelbaren Fachmann – ein modernes Studienkompendium."
(Der Prediger und Katechet)

„Die konzeptive Anlage hat bewußt ökumenischen Charakter. Die Sprache lädt zum fortlaufenden Lesen ein. Einförmige Langeweile ist nicht zu befürchten."
(Lutherische Monatshefte)

„Die Zielsetzung der Herausgeber und der Autoren: die Begegnung zwischen dem christlichen Glaubensdenken und dem modernen Wissenschaftsdenken zu fördern und sich mit den Bedingungen und Voraussetzungen, mit den Problemen und Schwierigkeiten, aber auch mit den Möglichkeiten und Chancen des Glaubens und der Glaubensverkündigung .heute kompetent zu beschäftigen, ist dieses Werk im großen und im Detail konsequent treu geblieben."
(Welt der Bücher).

Verlag Herder Freiburg · Basel · Wien